良知与勇气

——一部眼光卓著的 CEO 亨利·特米尔的
生物科技巨头炼成记，一场罕见病行业的
开创史

CONSCIENCE AND COURAGE
HOW VISIONARY CEO HENRI TERMEER BUILT A BIOTECH GIANT
AND PIONEERED THE RARE DISEASE INDUSTRY

〔美〕约翰·翰·霍金斯（John Hawkins） 著

张抒扬 译

科学出版社

北京

图字：01-2021-4815

内 容 简 介

他，是"生物技术历史上最伟大CEO"，也是广大罕见病患者眼中的"希望之父"；他，把说服医保机构为每年治疗费用高达25万美元的孤儿药"买单"看成自己义不容辞的责任，也因推动美国乃至全球生物制药的发展而备受称颂；他，将毕生的追求和信念传递给更多的同行，鼓励他们去争胜、创新、回馈，为罕见病患者不断推出治疗药物，改变了他们的生存状况乃至人生！他就是生物技术和罕见病行业创始人之———亨利·特米尔，也是罕见病领域的传奇。

作为土生土长的荷兰人，特米尔从美国弗吉尼亚大学达顿商学院获得工商管理硕士学位后，加入了美国百特（Baxter）公司，在将近10年的时间里从一名助理成为执行副总裁。1983年，特米尔放弃了百特优厚的待遇，仅以11万美元的底薪成为健赞这个初创公司的总裁和董事。三年后，他带领健赞公司上市，并开启了与健赞风雨同舟共同致力于罕见病事业长达28年的精彩传奇！

Originally published in English as *Conscience and Courage: How Visionary CEO Henri Termeer Built a Biotech Giant and Pioneered the Rare Disease Industry* by John Hawkins
© 2019 Odgers Berndtson, LLC, New York, New York, USA

© 2021 Science Press. Printed in China.
Authorized Simplified Chinese translation of the English edition © 2019 Odgers Berndtson, LLC, New York, New York, USA. This translation is published and sold by permission of Cold Spring Harbor Laboratory Press, the owner of all rights and/or legal authority to license, publish and sell the same.

图书在版编目（CIP）数据

良知与勇气：一部眼光卓著的CEO亨利·特米尔的生物科技巨头炼成记，一场罕见病行业的开创史 / （美）约翰·霍金斯（John Hawkins）著；张抒扬译. —北京：科学出版社，2021.11
书名原文：Conscience and Courage: How Visionary CEO Henri Termeer Built A Biotech Giant and Pioneered the Rare Disease Industry
ISBN 978-7-03-069999-2

Ⅰ. ①良… Ⅱ. ①约… ②张… Ⅲ. ①生物制品－制药工业－美国 Ⅳ. ① F471.267

中国版本图书馆 CIP 数据核字（2021）第216951号

责任编辑：周万灏 林梦阳 / 责任校对：严 娜
责任印制：张 伟 / 封面设计：蓝正设计

斜 学 出 版 社 出版
北京东黄城根北街16号
邮政编码：100717
http://www.sciencep.com
北京凌奇印刷有限责任公司 印刷
科学出版社发行 各地新华书店经销

＊

2021年11月第 一 版 开本：720×1000 1/16
2022年 8 月第三次印刷 印张：16
字数：235 000

定价：118.00元
（如有印装质量问题，我社负责调换）

谨以本书献给

我的太太安妮，以及我的母亲贝蒂（1927—2014）

译 者 序

　　《良知与勇气》能够和中国的读者见面，在全球罕见病领域是一件非常具有现实意义的事件。

　　这本书通过讲述亨利·特米尔在罕见病领域的卓越贡献和传奇经历，向人们展示了他如何带领美国健赞公司从波士顿只有 17 名员工的"小公司"到成为全球生物制药行业引领者的发展历程。作为生物技术和罕见病行业创始人之一，亨利·特米尔凭借自己毕生的努力不仅成为"生物技术历史上最伟大 CEO"，更是广大罕见病患者眼中的"希望之父"。他因推动美国乃至全球生物制药的发展而备受称颂，也将毕生的追求和信念传递给更多的同行，鼓励他们去进取、创新、回馈，为罕见病患者不断推出治疗药物，改变了他们的生存状况乃至人生！

　　亨利·特米尔在全球罕见病领域产生的深远影响和重要贡献，也从侧面展示了美国从 20 世纪 80 年代开始，在关注罕见病现状、推动罕见病立法、鼓励罕见病药物的研发，最终作用于临床救助患者等领域采取的一系列举措。1983 年，美国出台的《孤儿药法案》激励了新药的研发，在特米尔的不断努力和引领下，健赞成功转型成为一个以研发和生产系列罕见病治疗药物为主业的全球化医疗产品公司，最终成为业界标杆。2008 年，特米尔获得美国 BIO（生物技术创新组织）所颁发的"生物技术遗产奖"，这是对每一位帮助"治愈世界、助力世界、养育世界"（to heal，fuel and feed the world）的生物技术领导人的最高褒奖！

　　如今，罕见病仍是中国乃至全球共同面临的挑战，存在巨大未满足的需求。各国对于罕见病的关注和采取的相关救助措施并非只为解决医学问题，更是向威胁人类健康的公共卫生问题吹响的冲锋号角！

　　我们一直称罕见病为"孤儿病"，意指发病率和患病率极低的疾病。目前，全球已知的罕见病超过 7000 种，其中大多数威胁患者生命。全球罕见病患者约有 3 亿人，这一数量已经超过了全部癌症与艾滋病患者的总和！由于中国人口基数较大，我国的罕见病群体约 3000 万人，不幸的是，这些患者中有 80% 为遗传病人，其中一半是儿童；更不幸的是，这些孩子中有 30% 活不到 5 岁。

虽然我国的罕见病一体化防治才刚刚起步，但在党和政府高度重视下，北京协和医院与中国罕见病联盟共同构建了中国罕见病诊疗研、学、产体系。目前已经创建了国家罕见病注册登记系统和诊疗直报系统，并在此基础之上建立了近二百种罕见病研究队列，形成了从发病机制、诊疗路径、临床试验创新治疗新方法等全路径研究模式，临床研究实现了从单一的采集数据，到数据应用，再到数据价值进一步挖掘的转化。此外，面对罕见病诊疗难题，人工智能面部识别、自由文本自动提取预测罕见病等新技术的运用，也为罕见病的早诊早治带来新的手段。

"罕见病医生比患者更罕见"是提升罕见病诊疗能力必须要解决的问题。2019 年，国家卫生健康委员会遴选了 324 家医疗单位组建全国罕见病诊疗协作网。北京协和医院作为唯一一家国家级牵头单位，与其他省市级医院一起为罕见病分级诊疗的实现提供了保障。此外，全国多家医院已建立专门的罕见病门诊，以及罕见病多学科会诊（MDT）中心，为甄别、治疗罕见病提供了帮助。

罕见病患者是弱势群体中的极弱势者，其权利保护是现代文明社会和法治社会的价值追求，体现了一个国家、一个政府对人人享有基本人权的保护和追求。因此罕见病患者及其家庭所面临的诊断救治等一系列问题，不仅与医院、医生、企业和社会组织等紧密相连，还需要全社会的关注和支持。

在我国目前所处的大时代、大背景下，我相信国内会涌现出越来越多的具有社会责任感和历史使命感的生物制药企业和企业家，立足中国走向世界，成为国际范围内的罕见病研究发展、技术创新的灯塔，并在国际罕见病诊疗保障领域发出中国声音！

北京协和医院院长，中国医学科学院北京协和医学院副院校长

罕见病诊疗与保障专家委员会主任，罕见病国家重点实验室主任　张抒扬

中国罕见病联盟副理事长，内科学教授

2021 年 10 月

原 著 序

房间里所有人都爆发出了紧张的笑声，但前排中皱着眉头、双臂交叉胸前的亨利·特米尔（Henri Termeer）除外，我刚刚讲的一个视觉笑话说的就是他。这件事发生在 1994 年，一个伟大友谊由此开始。

当时是在举行马萨诸塞州生物技术协会的年会，选择我来致开幕词比较奇怪：我是福泰制药公司的 CEO，这是一个成立时间只有五年的初创公司，五年之后我们才推出自己的第一个产品，而听我讲话的却是由标志性公司如百健、遗传学研究所（GI）和健赞引领的迅速发展行业的领导人。但 GI 在一场灾难性的专利权之争败北后已被收购，百健也在艰难地寻找突破性产品。相比之下，由亨利·特米尔领导了 11 年的健赞却在科学上成功率极低，又受到普遍怀疑的情况下创造了一个医学奇迹：该公司生产出了治疗超罕见疾病"戈谢病"的药物"西利酶"，并且打造出了一个大胆的商业销售模式。横跨查尔斯河的健赞大楼象征着所有与会者都想实现的商业和科学成功。这座建筑虽说是一个工厂，却更像一个教堂，其巨大的现代化钢框玻璃窗构成多层的仿哥特式拱形结构。所以，我以"马萨诸塞州生物技术年度亮点：健赞新工厂！"结束了我的讲话，并用鼠标点出了泰姬陵的一张彩色幻灯片。

除了亨利外，房间里所有人都在笑。在之后的几年里，他从未向我提到过这件事。

在我自作聪明的讲话之前，我几乎不认识他。他所拥有的地位我只有憧憬的份儿。但在这之后，他经常主动找我或约见我。有时只是简短的个人交谈，祝贺福泰制药取得一些小小的进步；有时则是在某个行业活动时私下交谈一下或小声发表评论，尤其是在整个行业范围内需要集体行动的一些问题上。渐渐地，在关于怎样成为一家上市公司 CEO 方面，他成了我的主要导师和榜样。

人们经常建议 CEO 们在主持会议时要谨慎发表自己的观点，以免压制新思想。但在亨利主持的任何会议上，他想要的结果都会一目了然，因为他会事先说明。然后，他会非常真诚地鼓励对话和发表不同意见。当然，在发表了我们自己的意见后，我们最后几乎总会决定按亨利说的办。

对亨利·特米尔领导权威的这种尊重，也从其他生物技术公司 CEO 们延伸到了美国国会中负责制药行业监管或对基础研究提供支持的相关人士，这也是他所带头推进的一项工作。在我担任全国性的"生物技术创新组织（BIO）"主席时，我反复观察到这一点。在参议员爱德华·肯尼迪（Edward Kennedy）的参议院内部办公室召开了一个会议，该会议争论特别激烈，亨利、BIO 领导层和我都参加了。当时美国国会在考虑怎样将小分子药物的化学专利所提供的有限但重要的排他性公平地应用于生物药上。整个行业（不管是像福泰制药这样的"小分子"公司还是像健赞这样的生物制药公司）的目标，并不是让一种模式相对于其他模式享有优势——比如说让片剂相对于针剂享有优势，而是要为这些较新的生物药提供一个可预测的公平竞争环境。肯尼迪参议员为了让政府能够快速节省经费据理力争，认为这一点可以通过缩小某些昂贵大牌生物药的专利排他性做到。亨利认为政府应当批准与仿制药相似的"后继生物药（follow-on biologics）"参与竞争。肯尼迪情绪激动，在降价方面态度坚决。亨利也很坚决，他着重强调激励创新的价值。肯尼迪没有让步，还表现出对我们有些生气，我们在离开其房间时，都认为自己这次失败了。但后来我们听说，肯尼迪参议员之后立即去找了参议院其他关键领导，认为也应当鼓励创新，等于是重复了亨利的观点。最终（2010 年），为"后继生物药"所采用的通道有效保护了这个行业的创新。

亨利·特米尔是一位商人和创新者。他以自己的信念和原则为主导，他对自己信念和原则的坚持与对将患者需求置于首位的义务同样坚定。他在激励他人方面所具有的天赋，体现在他能够在关注患者的当前利益与持续创新地考虑对所有患者的长远利益之间取得平衡。他预见到，如果创新机制无效的话，患者将面临很大威胁。这种洞察启迪了一代生物技术领导人，我也包括在内，让我们在打造减轻人类疾病负担所需的企业时，能够兼顾创新过程的可持续性和系统性改进。

　　这是亨利·特米尔的最大天赋。他提醒我、挑战我和辅导我，让我相信，仅仅研发一种药物是不够的，仅仅打造一家公司也是不够的。面对这些挑战，他以自己的活力、谦卑和幽默，为医学的未来增添了责任。谢谢你，亨利·特米尔！

约书亚·博格（Joshua Boger）博士

前　言

　　我想写一部关于亨利·特米尔非凡人生和领导经历的书，主要是出于三个原因。第一，是回馈一个行业，在这个行业中，我度过了自己的大部分职业生涯，既做过公司高管，又做过生命科学领域很多公司CEO和董事的顾问；第二，是表达我对这个行业中一位总裁开创性领导方法和领导实践所做的观察，这些方法和实践很少有人知道，对其认可的甚至更少；第三，是昭示特米尔作为生物技术和罕见病行业创始人之一所产生的深远影响和所做出的重要贡献。

　　亨利·特米尔的故事是一个能够给人以启迪的故事。这是一个关于大刀阔斧的领导作风的伟大故事，也是一个关于奉献、同情和同理心的故事。在帮助人们进行决策方面，这个故事将是老少咸宜的，同时它也将给患者和他们的家人以希望，给领导者以指引，并且还会让我们看到一个为那么多人做了那么多好事，既很慷慨，又有勇气的人的谦逊之处。

　　也许，促使我写这部书的决定性时刻，是2016年冬天一个下午我与亨利·特米尔在一起的两小时，那是在他因心脏病发作意外去世之前五个月，在他位于马布尔黑德的住所里。在他这个俯瞰波士顿港的临时住所里，我们当时一起坐在客厅里喝咖啡，思索人生和我们认为重要的问题。特米尔邀请我过去只是想增进相互了解。

　　在那次会面时，我了解到一些关于亨利·特米尔的事情，我永远都不会忘记。当我们的会面快要结束时，我披上我的绿呢大衣，准备出门，迎着新英格兰冬天呼啸的寒风离去，这时他不经意提到了自己在做46个CEO的导师。他这样说并不是为了吹嘘。但这肯定是他感到自豪的事情，而且这也的确值得他自豪。谁曾听说过有人也能做到这一点？！在自己的整个职业生涯中，我曾见过数以千计的CEO，他们当中很多人从未说出过"导师（mentor）"这个词。

这给我留下了很深的印象。

那就是我恍然大悟的时刻，而我对特米尔的兴趣在此后几个月也随着自己好奇心的增长而加速增长。我进一步了解到了他的慷慨大方，以及他在医学、教育、经济学和芭蕾舞等诸多领域的无数贡献。我早期研究的结论之一是显而易见的：他就是当今的一位"通才（renaissance man）"。

然而，最为重要的是，当我反观通过采访 130 位非常了解他或曾与他密切合作过的人所收集到的人们对他的看法时，我得出的结论是，他的一生最杰出之处，是他对患者的承诺和给患者的服务。亨利非常关心患者。在他的整个职业生涯中，他做的几乎所有事情都是为了患者福祉。作为一个忙碌、强势的公司 CEO，他领导健赞成为了世界 500 强上市公司，而患者福祉却明显是他最为牵挂的。

我写这部书的使命是，揭示亨利·特米尔丰富的领导原则和领导方法、他的高风亮节、他的行为处世方式以及他的生活方式——不仅是通过我的印象来揭示，而且是通过我所采访过的那些人的话语来揭示。

关于特米尔领导作风的故事在今天和未来都是有用的。它会振奋人的灵魂。终其一生，不管是高潮还是低谷，不管是成功还是失败，亨利的故事都是引人入胜的，充满了错综复杂的情节和戏剧化的色彩。

这是一个需要向世人讲述的故事，而现在这个故事已经讲出来了。

J. T. W. 霍金斯（J. T. W. Hawkins）

美国弗吉尼亚州夏洛茨维尔

2019 年 4 月 8 日

当你创造了一种有充足机会的环境，并具有把握它们的远见时，幸运就会出现。

——亨利·特米尔

引　言

一 号 患 者

在波士顿著名的布里格姆妇产医院外面，亨利·特米尔（Henri Termeer）坐在自己汽车的驾驶座上，等着去拿产房丢弃的一批胎盘。健赞是他最近刚刚加盟担任总裁的一家成立只有两年的初创公司，在这家公司，他们将他的丰田牌小型掀背式汽车称为"胎盘流动车"。

健赞当时在努力寻找一种治疗戈谢病的方法。这是一种让人身体虚弱、往往会致命的一种病，涉及脂肪在脾脏或身体其他部位的堆积。

戈谢病是一种"孤儿病"。之所以有这么个名称，是因为它是一种遗传性罕见病，患者数量很少，得了这种病的人从医学上来讲是"无家可归"的。绝大多数"孤儿病"患者都是儿童。他们的病在当时是无药可治的，也没有患者支持群体或社会关系。

但最糟糕的是，这些被遗忘的人和他们的家人都很绝望，因为几乎没人知道他们的情况，人们也缺乏足够的动力去治愈这种病。受影响的患者人数太少，研发工作费用太高，而且具有不确定性，所以几乎没有找到治愈方法的希望。

健赞当时在千辛万苦提取的胎盘中发现一种数量极少的酶，这种酶可以分解那些脂肪，但生产足够多的酶所需胎盘数量之大却让人望而却步——每个患者每年需要大约 22 000 个人体胎盘。

在开车回健赞总部的途中，特米尔想起了那位因他车上所载宝贵东西而活下来的患者。四岁的布莱恩·博尔曼（Brian Berman）对该公司后来称之为

"西利酶"的一种重组酶的治疗反应很好。这种酶当时正在位于华盛顿外的美国国立卫生研究院（NIH）的医院里进行实验性测试，测试对象就是博尔曼，用药方式是静脉注射，时间很长，过程比较痛苦。生物化学家罗斯科·布雷迪（Roscoe Brady）博士是他的主治医师。为了跟上这种实验性药物的生产需求，"胎盘流动车"必须始终在路上。

亨利·特米尔从他的车里出来，小心翼翼地取出防漏冰箱。健赞租用了一座老楼的15层，这座楼位于被称为"战区"的波士顿红灯区核心地带。看到这位37岁的荷兰人带着一个装满医疗废物的冰箱，当地妓院老鸨们并没有被吓住——在其汽车与办公室之间，他三次被这些人招呼。

发现楼里的电梯又坏了后，亨利拖着沉重的冰箱爬了15层楼梯来到实验室，在那里对胎盘进行离心处理。在巨大机器的轰鸣声中，液体被从含有这种酶的组织中分离出来。由于声音太大，整座楼里的人都会停下工作，所有楼层都在大幅度振动。

与此同时，在NIH，一种不同形式的"颠覆"正在发生。布莱恩·博尔曼有生以来第一次在像其他"正常"小孩一样玩耍。几个星期前，布莱恩被诊断患有戈谢病——这样一种诊断结果意味着，他会出现器官衰竭、行走能力丧失的状况，还可能会早夭。医生曾想将其脾脏切除。由于被脂质塞满，他的脾脏急剧增大，以至于其腹部膨胀到一个篮球那么大。"它将其所有其他器官都挤得离位了。"特米尔后来回忆说。

布莱恩的母亲罗宾·A.伊利（Robin A. Ely）博士是一位家庭医生，在布莱恩被诊断出患戈谢病后她就放弃行医了。她身材较小，棕色头发，精力充沛。她发现，目前最有希望的戈谢病研究不在别处，就在自己家所在的那条马路上——她家在马里兰州的波托马克。

但一开始，伊利博士和她的家人被告知布莱恩没有希望了。

"我们被告知他得的是一种叫作戈谢病的疾病。"罗宾回忆说，"无药可治，你很快就不得不埋葬自己的孩子。太可怕了！"

伊利博士记得自己经历了一段"悲伤和紧张"的时期。但之后，她母亲打电话说，她跟魏茨曼科学研究院的院长谈过了，该研究院是以色列一所国际著名的研究型大学。

"她给他打电话说:'我外孙刚刚被诊断为戈谢病,您能帮我吗?'"罗宾回忆说,"那人告诉她:'你知道吗?你非常幸运,因为世界上的戈谢病专家距离你家只有十分钟车程,那个人就是罗斯科·布雷迪博士。'

"我给他的办公室打了电话,并跟布雷迪博士通了话,我告诉他,我有一个三岁大的儿子刚刚被确诊,并给出了死亡预后。我说:'您有什么办法吗?'他告诉我:'如果您知道我有,您就会跑上门来。'

"他是这么对我说的。我说:'那好吧,我现在就跑上门来。'那个星期我去跟他见了一面。

"我说,这是我想做的:放弃行医,免费跟您干,不要您一毛钱!"

回想起来,罗宾说她当时的行为就像是现在人们所说的"斗士母亲(warrior mother)"一样,没有什么是她不会去试的,也没有什么任务是她会逃避的。

"他们说:'好吧,如果您认为自己可以胜任,那就好。'于是我便去为他们工作了,与此同时,布莱恩病情也日渐加重。他就快要发生心脏衰竭了,而我们也要给他做一个紧急脾脏切除手术。"

她努力想说服布雷迪让她儿子参加布雷迪正在计划的实验性酶取代治疗研究。她请求说:"在我们做这个手术,切除他脾脏之前,请给我孩子最后一个机会。"

当时是1983年12月15日。罗斯科·布雷迪告诉罗宾:"我们这种改性酶,你儿子将是第一个试用它的人。"布莱恩·博尔曼当时躺在病床上,他的"斗士母亲"在他旁边。

"我们房间里有一个急救车。他们不知道他会不会过敏,不知道他会怎么样。"罗宾难以忘怀地回忆说:"他们给他注射了那种酶——一切都正常。我们离开了,那个星期他开始有了精神。非常神奇!"

第二个星期,罗宾带着儿子去复查,她被告知医生计划在一个月后再给布莱恩打一针。一个月?对罗宾来说,这似乎也太长了。

"我不知道我的自信是哪里来的。"罗宾现在回忆,"但我说:'你知道吗?我有很强的预感——除非你们给他每星期打一针,否则你们将不会看到你们想

要的结果。你们必须给他每星期打一针。'

"他们看着我，像是在问：'你是谁？'但我说：'我告诉你们，我实实在在地告诉你们，我只是想告诉你们些什么！'"让伊利博士非常吃惊的是，"他们听了我的。"

"七个星期后，他的血红蛋白升上去了，他的腹部就像泄了气的气球一样。事情就这么发展着。每个人都像是在问'什么？'很神奇！"

但七个星期后，健赞公司的酶用完了，这是第一次发生，但并不是最后一次。该酶需要大量胎盘才能保证供应，而即便是最忙碌的"胎盘流动车"也供不上所需。

"他们用完了。"伊利博士说，"他们说：'我们要试试，尽我们所能，尽快得到尽可能多的（胎盘）。'但又过了七个星期，在这七个星期里，布莱恩的指标又全都回去了。这对我们来说太可怕了，简直就是一场噩梦。"

特米尔注意到了小男孩的反应。"当我们酶用完了时，他的状况会很快恶化。他对这种酶的反应非常快。"

他的母亲也看到了这点。"当他们得到更多（酶）时，就会给他注射。他的指标马上就又上去了，就像他在最初的七个星期里那样。"

对亨利·特米尔来说，布莱恩·博尔曼就是"他自己的对照组"，也是他所需要的全部证明。特米尔在寻找一种疗法，他心想，"哇！我们找到啦！"

布莱恩成了"一号患者"。他是第一个受益于一种大胆的、创新的戈谢病新疗法的患者。博尔曼也是第一个受益者，此后三十年这个围绕世界罕见病患者的治疗所建立起来的新规范，使生物技术和制药行业，乃至医学界发生革命性变化。

健赞和其领导人亨利·特米尔将引领这一变革。"我们公司成为了一个目的驱动的公司，而其他公司可能是战略驱动的……我们有一个目标。"特米尔说，"这个目标就是患者，患者就是我们谈论的对象，患者就是我们向彼此所展示的图景，患者就是我们报告我们所做事情是否成功的方式。这种联系，这种以患者为中心的思维方式……它的转换是多么容易，它变得多么具有跨文化属性，这是非同寻常的。"

"在罕见病行业，你几乎可以知道自己治疗的每个患者的名字。"健赞公司首席医疗官理查德·莫斯西基（Richard Moscicki）博士曾经对《生物世纪》（*BioCentury*）杂志这么说。

"这件事变得非常个人化。患者会来到健赞，人们会将患者照片放在他们办公桌上和走廊上，所以你知道自己正在做的事情在直接影响你所遇到的患者。这会产生一种非常不同的使命感。"

今天，美国大约有 7000 种罕见病，患病人数估计有 3000 万，也就是说每十个美国人中就有一人患罕见病。罕见病是指严重的、慢性的、往往会致命的疾病，每种罕见病的患病人数少于 20 万。少数几种比较常见的罕见病知道者较多，如囊性纤维化和肌肉萎缩症，但大多数罕见病的名称只有那些受其影响的人知道。

如果将患者家人、护理人员及其伴侣的人数也加上，那么罕见病群体在美国至少会增加到 1 亿人，在全世界则会远远超过 5 亿人。人们对罕见病的感触之深，紧迫感之强绝不"罕见"。

今天，罕见病患者家庭成为患者利益的坚强代言人，成为科学研究的推动者和要求增加经费支持的积极分子，以及有相似经历的其他家庭的同盟者。他们放弃工作，成立基金会来为研究工作提供经费支持。他们为了参加临床试验而愿意搬家到任何需要的地方。他们会跟朋友、家人，跟和他们一起工作、一起做礼拜的人分享故事。应对罕见病成为他们一种需要全身心投入、倾注热情的追求，超过其他所有追求。

如果患者家人感觉没有希望，那么所有这些都不会发生。而如果说罕见病群体中有一个"希望之父"，那么他就是亨利·特米尔。

亨利·特米尔是生物技术行业最早和最成功的企业家之一。他是一群天才领导人中的一员，他们领导着基于重组 DNA 技术的不同初创企业。他开创了超罕见病的疗法，这些疗法不仅利用了最新遗传学技术，而且从根本上以患者为中心。特米尔是生物技术领域中第一个以患者为中心的领导人，早在"以患者为中心"这种说法流行之前他就是以患者为中心的。他帮助制定了生物技术的公共政策议程，启迪了一代志同道合的企业家。

特米尔不仅仅只是出现在"孤儿药"革命的发起过程中，从很多方面来讲，他是这场革命的催化剂和鼓动者。他在这个征程中迈出了最早几步，而这一征程日后导致了数十种"孤儿药"的批准上市，导致了一个产值达数十亿美元的行业的增长；也将健赞从一家只有 17 名全职美国雇员的公司发展壮大为一个在全世界有 50 个分支机构和实验室，拥有超过 14000 名员工的生物技术巨头。

在这一征程开始时，亨利·特米尔也许以为只有他和布莱恩·博尔曼在冒着巨大风险。第一个参加临床试验总是会有风险的。没有传统智慧，没有标准操作流程，也没有试错史。但对布莱恩·博尔曼和他的家人来说，这却是信任的最大飞跃。

"我可以告诉你，在我那 30 年间还记得的所有事情中，"亨利·特米尔对一批商学院学生说，"那些是我记忆最深刻的时刻，也是对我一生激励最大的时刻——这就是当我说出'哇！成功了！'的时刻。"

"那些日子批评我的人很多，他们说我疯了。"他说，"但我看到了这个男孩。"

健赞日后成长为一家营收数十亿美元的《财富》世界 500 强公司，也研发了一批创新的救命药。如果说亨利·特米尔是成功的，健赞是成功的，那么这就是证明。

但对布莱恩·博尔曼等罕见病患者的家人来说，所有这一切加起来就是两个字：希望。

在纪念亨利·特米尔的聚会上，一位因女儿患有罕见病而悲伤过度的父亲回忆起那天当他听说波士顿一家生物技术公司正在研发一种治疗药物时，他大声喊出："希望就是健赞（Hope was spelled Genzyme）。"

目　录

第一章

具有内在潜质的领导人

亨里克斯·阿德里亚纳斯·马里亚·特米尔（Henricus Adrianus Maria Termeer）1946 年 2 月 28 日生于蒂尔堡，他称这个地方为"一个很小国家的第八大城市"。他是在家出生的，父母是雅克·特米尔（Jacques Termeer）和玛丽·特米尔（Mary Termeer）。他们家位于荷兰南部，靠近比利时边境的地方，荷兰特米尔家族可以追溯到 500 年前。他的名字亨里克斯（Henricus）日后被简写为亨利（Henri），这实际上是他外公的名字（按荷兰 - 英语传统，Henri 的发音为"Hén-ree"）。

亨利是家里六个孩子当中的第四个，也是特米尔兄弟姐妹中第一个在二战之后出生的孩子。他父母将亨利叫作他们的"解放之子（liberation child）"。

荷兰在二战中受害尤为严重。随着冲突加剧，40 万荷兰人逃离他们的祖国到外国寻求庇护。当他们回到家乡时，这些难民发现祖国剩下的道路已经寥寥无几，没有桥梁，没有铁路，也几乎没有粮食。荷兰人民深受伤害。更糟糕的是，德国人逃跑时炸毁了西边的堤坝，使得部分农村地区被海水淹没。饮用水被污染了，伤寒的幽灵也笼罩在国家的上空。

雅克·特米尔是反纳粹政权的一名抵抗战士，在荷兰于 1940 年 5 月 10 日进入二战之后拿起武器抗击德国侵略者。雅克和玛丽当时刚刚结婚六个星期。

德国军队很快征服了荷兰，在五天内就击溃了抵抗力量。荷兰军队总司令亨利·温克尔曼（Henri Winkelman）将军于 5 月 15 日给德国侵略者签署了投降书。经过五天的冲突，1 万名荷兰军人死亡、受伤或失踪。

雅克在埃因霍温附近被俘，然后被火车运到德国，囚禁在一个纳粹战俘营中。这些战俘营中的生存条件极为严酷。一到达战俘营，像雅克这样的战俘就会被剃光头。他们在拥挤的营房里睡在吊床上，经常被拳头或棍棒打、鞭子抽，被折腾得精疲力竭，还不让睡觉。

战俘们需要收集家畜尸体以获取营养，他们因此被称为"收尸人"。挨饿是家常便饭。

在战俘营时，雅克拒绝给德国人工作，所以被迫穿上脏兮兮的蓝灰色条纹制服，这种制服后来与历史上悲惨的一章联系在了一起。

在被俘的那天，雅克·特米尔的家人不知道今后是否还会再看到他。但雅克证明了自己是幸运儿当中的一员。在被俘六个星期之后，按照《日内瓦公约》，纳粹释放了雅克·特米尔和其他被俘的荷兰士兵。

雅克乘火车从德国回到了蒂尔堡。回到家时，他已非常瘦弱，体重降低了四分之一，玛丽几乎认不出他。从战俘营回到家后，他做的第一件事就是查看已被打包封存的商店橱窗。

胡佛街 39 号外面有一个招牌，表示这里是"特米尔鞋业公司"。这是亨利·特米尔的爷爷于 1909 年创办的一个小型家庭鞋业公司。他们家的鞋店在一条繁华的商业街上，正好在金伯利服装店和德累斯曼百货店之间，街上有很多购物者、自行车和送货车。特米尔鞋店占据一座不起眼的三层红砖楼房的底层，家人则住在上面的两层。

在战争年代，随着雅克和玛丽两个女儿和一个儿子的降生，特米尔家族也在扩大——英内克（Ineke）·特米尔、马利斯（Marlies）·特米尔和波特（Bert）·特米尔分别出生于 1941 年、1942 年和 1944 年。战后他们又生了三个男孩——亨利、保罗（Paul）和罗埃尔（Roel），分别出生于 1946 年、1951 年和 1953 年。亨利的母亲玛丽·范高普（Mary van Gorp）出生在加拿大阿尔伯塔省的史特摩，这是卡尔加里附近大草原上的一个小城，父母是荷兰移民。亨利将自己的外祖母玛丽亚（Maria）描述为"一个伟大的冒险家"。

"她就是坐不住。"他说，"她正是凭借这种冲劲才说服了她丈夫——我从未见过的外公——走上移民之路，开启新的生活。他们非常高兴。我母亲仍然记得遇到印第安人的情形。"

他们家有一个牧场，一直住在史特摩，直到玛丽患上了严重眼疾，当时玛丽六七岁。

"医生觉得落基山里非常凛冽的空气对她眼睛不好，她需要荷兰多云的天气。"范高普一家于1921年又回到了荷兰。亨利（Henri）·范高普在移民加拿大时离开了其家族的造纸生意，当他回到荷兰时被告知，"你曾有股份，但现在你得靠自己了。"

老亨利不得不从头开始，生活艰难。他的健康出了问题，去世时还很年轻。玛丽是在一个经济困难的家庭长大的。她从小就学会了怎样最充分地利用自己所拥有的一切。

按照荷兰传统，雅克·特米尔是一个商人和匠人——一个专注于其业务的人。他和一些员工学会了做定制鞋，他们也从批发商那里批发鞋来卖给其忠实客户。

特米尔经营自己店铺的方式反映了荷兰的商业文化。他遵循一些基本原则：你的声誉是最重要的；你要避免负债，谦虚而纯粹地经营，行事独立。按照他经营自己店铺的精神，雅克·特米尔给自己孩子和孙辈的箴言是："去做，努力去做，加倍努力（go forth，work hard，redouble your efforts）。"

亨利·特米尔的孩提时代还是比较传统的，尽管处在一个不同寻常的历史时期。他生长在一个中产阶级天主教家庭，父母都很慈爱——父亲辛勤工作挣钱养家；母亲全身心地照看孩子。

后来，特米尔这样描述他的母亲和父亲："我父母对我们大家——我兄弟姐妹和我自己——都有很大影响。他们在教育孩子方面很有天分，既严格，又温暖。我们很幸运。"

1953年，雅克、玛丽和他们的六个孩子搬到了位于伯吉米斯特苏吉街（Burgemeester Suijsstraat）10号的新房子。这个地方是位于郊区的一个富人区，在蒂尔堡大学附近。当时七岁的亨利参加了童子军。他还学会了打曲棍球，这是荷兰男孩和女孩都很喜欢的一项体育运动。他偶尔也跟朋友和家人打扑克牌。他最喜欢的游戏之一是一种四张牌的荷兰扑克牌游戏，名叫"托朋

（Toepen）"。

玛丽是一位自豪的、虔诚的天主教母亲，她每个星期天上午都会坐在教堂前排。她的孩子上天主教学校，并要定期参加圣约瑟夫·柯克教堂（一座典型的19世纪新哥特式地标建筑）星期天的礼拜活动，还要参加每月的忏悔活动。雅克和玛丽要把他们每个孩子都培养成人——成为一个实实在在的人。亨利的姐姐马利斯解释说："我母亲的志向就是让自己的孩子获得巨大成功。"

亨利·特米尔成年后的生活与有组织宗教几乎没有联系，但他的人生哲学和道德基础中很多东西毫无疑问都是从年轻时的这些印象中汲取的。他仆人式的领导风格，他的谦逊，他对不幸者遭遇的同情心——这些核心特质至少部分是来自他的信仰，推而广之也来自他母亲。

对玛丽·特米尔来说，通向成功的道路之一就是对艺术和文化的欣赏，这样一种价值观日后将伴随亨利余生。她弹钢琴，所以她也期望她所有的孩子都学会一种乐器。

"弹奏音乐对大家来说总是很有趣。"亨利说，"我吹了一段时间的小号，吹得不是很好。我也拉小提琴，因为我父亲拉小提琴。我拉的太难听了，大家的耳朵都受不了。我从来没有成为一个音乐人。但我父母真的喜欢表演艺术。我们全家会定期去听音乐会，看芭蕾舞和戏剧。"

玛丽·特米尔让她的孩子们知道财务自足的重要性。亨利·特米尔喜欢财务独立，因为只有财务独立，才有实力。这种认识日后将决定他在健赞公司前二十年处理财务问题的战略方法，在某种程度上也能解释他的生活方式。

在搬进他们的新房之后，他母亲让亨利·特米尔上了五个天主教学校，第一个是从事学前教育的蒙特梭利学校；接着是两所小学：圣托马斯学校和圣克里斯托弗学校；再往后，他在鲍罗斯中学和圣奥德佛斯中学上高中，这是蒂尔堡两所著名的天主教中学。要从荷兰天主教教育体系中的高中毕业，需要成功完成五年学业。他只是一般学生，但却始终对学业很认真，保留着自己收到的每个成绩单中的每一页。

正如其兄弟姐妹们所描述的那样，亨利·特米尔是一个很有雄心，但却并不出色的男孩。他听话，举止得体，聪明和机灵，但却说不上是个神童。他哥哥波特回忆说，他的确竞争意识很强，甚至有时候都不能自已。

"在小学时他比我低一级，有天有一个比赛：画供开汽车和骑自行车的人使用的安全标志。我画了一幅，亨利非常认真地看着它，因为他自己有时没有想法，而我却有太多想法。我画了一幅十字路口的图和一个标志，他非常认真地看着它，也画了一幅一模一样的图。我得了一等奖，他什么奖都没有。他很生气，说：'它们都一样，没有差别，为什么我没得一等奖？'"

"然后，我们在同一房间睡觉，到了半夜他还在生气！"

虽然亨利可能会无法控制情绪，但他从未停止分析状况或预测和降低风险。他哥哥波特记得一次全家度假时跟亨利在海滩上玩。当时战争刚刚结束几年时间，他们家的男孩子们碰到了废弃的德军碉堡，正等着他们去一探究竟。

我们是小男孩，当然都很有兴趣进去看看。我记得我们爬了下去，打开了碉堡的门，我们进去了，当然里面很暗。我们发现了一些德国报纸，但亨利总是很小心。不是害怕，而是很小心。我们不知道还会发现什么，也许梯子会倒塌，也许会有什么危险的东西。他并不是完全在冒险，因为他已经提前估算了发生危险的可能性。

"这也是为什么他玩牌时总能赢我们。"波特·特米尔今天说，"他不是赌徒，不过我们玩纸牌游戏'托朋'时都会赌钱。他总是把自己的钱放在桌上，让大家都能看到他赢了多少。最后，他就像一个银行一样在进行交易。我们会问：'亨利，我们能得到一笔贷款吗？'"

这些都将是亨利一生在培养的品质，但却并非总能得到他预期的结果。

波特接着说："他会计算自己在每一种状况下所处的位置。所以，如果有某种状况，他会在行动之前计算自己要冒的风险。他会静静地站在一边，然后计算自己在这种状况下的风险有多大。他做决定的速度并不快，所以在亨利做决定前你总是要等。"

特米尔家的孩子年龄相近，彼此之间的关系也比较近。一次亨利借了他哥哥波特的小菲亚特600去圣奥德佛斯参加一个活动，途中发生了事故把车撞坏了。他没钱修车，所以波特在家里组织了一场集资。亨利日后要连本带息把钱还上。

早期，展现亨利坚定决心和强烈竞争意识的一种方式是下棋。从 12 岁开始，他就全身心地投入了这一新追求，以至于其他人都下不过他了。他狂热地下了三年棋，参加各种各样的比赛，买书，还以那个时代的荷兰特级大师马克斯·尤伟（Max Euwe）为偶像，后者是第一个，也是唯一一个荷兰国际象棋世界冠军。

特米尔日后这样解释自己对国际象棋的热情："这比学习更重要。我购买关于国际象棋的书籍，花很多时间学习下棋，阅读关于开局、终局和所有不同战术的资料。当人年轻时，是很容易受到影响的，我就受到了影响。

"我受到的影响是如此之大，以至于我可以在头脑中下棋，而不需要棋盘。我会静静地坐在教室里，而老师并不知道我是在想着下棋。他们以为我是在专心听讲，但他们说的我一个字都没听见。"

他的学校隔壁是一个他每天都要光顾的棋社。他弟弟保罗回忆他的棋力时这样说："他的天赋是要想到两步远，当然是指策略。所以，他发现自己在这方面非常强，而其他人却做不到。他能赢看起来比他更聪明的人，也能赢年龄比他更大的人。"

事实上，亨利只下他相信自己能赢的比赛。保罗回忆："亨利知道赢棋的诀窍。他会让其他人看起来很傻。他有那么好吗？他并不真的有那么好。但他知道怎样取胜。"这就是建立自信心的问题。随着年龄增长，这一点更加清晰：亨利从来都不缺乏自信。

然而，到他 15 岁的时候，着迷下棋的后果出现了。他 15 岁前的三年都花在了下棋上，因此他逃课、逃避家庭作业、参加比赛。最后，他为了下棋而不顾学业的做法达到了极限。

在从高中第三年到第四年的升级考试时，他两次未能通过鲍罗斯中学的考试。两次升级考试失败的后果是被开除，但亨利的母亲却要为他争一下。她去了圣奥德佛斯，说服校长收下她儿子，让他可以在那里继续学业。"我知道他能力、水平都够。"她说。

最后的结果是，由于他母亲的求情，他被录取到了圣奥德佛斯。但他需要在高中三年级再学一年，并成功通过考试，才能继续升一级。

　　然后，亨利记得："一天，我母亲说：'够了。'她是一位很了不起、很果断的女人。有一天我醒来之后，发现我的棋子不见了，书架上的所有书也都不见了。她说：'现在结束了，不能再下棋。'"

　　她甚至把一个治疗师请到了家里，以防亨利想不开，反应过激。"他们都有脾气。"英内克·特米尔回忆。

　　特米尔此后再也没有下过棋，虽然在他成年后人们经常看到他在星期天报纸的国际象棋专栏上涂鸦，怀念他早已失去的消遣方式。

　　"我敢说，到他生命的最后一刻，亨利每天都在报纸上，在他头脑里下棋。"另一位家庭成员回忆，"我每天早上都看他打开报纸的国际象棋专栏在心里下棋。他不会写下来，但每天都这么做。"

　　在 1964 年从圣奥德佛斯毕业后，特米尔选择加入荷兰皇家空军，当时服兵役是强制性的。特米尔在布雷达（蒂尔堡西面 10 英里的一个小城）附近接受基础训练和参加新兵营，然后被选入服役时间较长的军官学校。

　　"如果你是一名普通士兵，那么你必须服役 12 个月；如果你成为一名'副官'，即中士，那么你就要服役 18 个月。"亨利后来解释，"如果你成为一名军官，那么你就要服役两年，但你会得到真正的训练，并且会负责若干不同的工作。"

　　在他服役的大部分时间，亨利都驻扎在海牙的一个空军基地。他并没有被选去开飞机，而是被选去确保飞机不仅飞得好，而且飞得准时。他将成为一名地勤人员，责任是管理物料库存和机队仓库。

　　"年轻时被要求负责人员或运行管理是一个非常好的体验。"亨利说，"我学会了很多东西。要让飞机飞上天，需要管理和控制数以千计的东西。

　　"我们有很大一组人做这项工作，他们很多都是专业人士。我是负责人，当时还是一个孩子，只有 19、20 岁。50 岁的中士必须以军官来称呼我。他们有点儿抵触，也试图挑战我，想看我是否真的值得做他们的上司。这帮助我在很年轻时就树立了高度的自信心。即便我年轻，但我能管理人，能与人相处。我能与下属友好相处，同时保持良好的纪律。

　　"我在军队的两年非常开心。"他说。但这种体验要比进行后勤管理和库存控制更重要。"它们有助于让我树立自信，我当时就意识到我想管事，想负责。"

在得到少尉军衔后，特米尔于 1966 年离开了荷兰皇家空军，入读位于鹿特丹的鹿特丹伊拉斯姆斯大学学习经济学。在当时的荷兰教育体系中没有学士学位，伊拉斯姆斯大学只开设硕士学位速成课程，包括毕业论文的准备和答辩。他住在家里，白天在自己家里的鞋店工作，晚上学习。

"不知为什么，"亨利日后回忆，"我最终学的是电脑。然后我去英国写毕业论文，而且是在电脑上写的。那是在 60 年代后期，那时候的电脑是很大的，这个屋子都放不下。"

亨利被学校派到英国一家名叫诺维克的鞋子零售商那里去写论文，这家公司在世界各地的英联邦国家像加拿大、澳大利亚和南非等地有数百间鞋店。他的毕业论文是关于零售店的早期电脑化及其经济影响，他认为这个选题将会帮助他回馈其家族企业。

该公司对他和他所掌握的新兴电脑技能印象深刻，他们请他留在公司，不要回学校去。

"我在荷兰的经历让我对自动化有所了解，而我的经济学背景让我掌握了关于系统输入的一些知识。我不是一名程序员，而是一名系统工程师和管理员。"

他在自己的经济学研究中和军队服役期间都学了系统工程。

"制鞋也差不多如此，"亨利回忆，"也需要补充库存，工厂的制鞋过程有 25 个步骤，其中需要用到各种不同的物料。那个时候没有电子表格，但我们发明了一个用来订货和管理库存的系统。"

接下来，他的经理说服他去做他在自己的计划中提出要做的事情——对诺维克公司的系统和物流进行大规模改造和创新。这是该公司实行电脑化的第一步，由特米尔负责。

"诺维克是一家比较大的公司。他们有数百间店。他们邀请了三家公司来帮助自己对其运营进行电脑化，因为他们无法掌握整个库存。

"他们让来自每家公司的团队分别坐在大会议室的三个角落，让我坐在第四个角落。我们在相互竞争，但那是一种非常友好的竞争。在几个星期时间里，每个团队必须提出一个方案。我收集到了我自己认为最好的内容，写出了一个方案。当我把它交给公司管理层时，他们认为我的方案是最好的，要求我去实施它。

"这是我第一次得到报酬，尽管很少。"亨利说，"我想，得到报酬是非常有意思的。"

亨利的企业家精神在这期间扎下了根，因为他在诺维克公司获得报酬的同时还兼职做安利销售。他哥哥波特记得当时到英国去看亨利，看到了满是安利产品的邮包。这是他赚点儿外快的一种方式。

他还开始买泛美航空公司和一些其他公司的股票。他弟弟罗埃尔（当时正在服兵役）记得当时向他哥哥请教买股票的窍门。

"参军几个月后你会有点儿钱，我问亨利我应该买哪些股票，因为我知道他在玩股票。我们从父亲那里学到，当你有钱时，你可以用它挣更多的钱，你可以通过买股票来挣更多的钱。所以，我在18、19岁时从亨利那里学会了怎样炒股。"

特米尔在诺维克公司待了两年半。他搬到了该公司位于东安格利亚的制造厂附近，并使他们的工厂实现了电脑化。他那个精干的部门变得有点儿像他自己独立的电脑服务公司，为包括诺维克公司竞争对手的第三方提供薪酬管理服务。"我们必须建墙，以确保信息不会泄露。"亨利回忆。

这引起了东安格利亚当地一家报纸的注意，该报纸第一次采访了亨利·特米尔。

"他们非常好奇，我也很高兴。"他回忆说，"尤其是能够说：'我们作为一个部门可以为公司提供服务，但也能创收，实际上还能实现收支平衡。'这对如何进行企业管理是一个很有价值的学习经历。"

这些机缘巧合的创业经历日后将在亨利·特米尔身上生根，也让他对自己的未来充满好奇。他在东安格利亚还遇到了读过研究生的几个人。当时国际学生学习美国MBA课程还处在早期，亨利被几所顶尖大学（包括弗吉尼亚大学达顿商学院）的校友录取了。亨利选择了达顿商学院，他于1971年进入了该商学院的研究生院。

在东安格利亚工作时，亨利还遇到一个年轻女子，并与之产生恋情，她叫玛吉·里奇斯（Maggie Riches），20岁，英国人。她也将飞越大西洋，跟特米尔一起去美国。

第二章

翅　膀

那些使亨利·特米尔成长为一名先驱性的生物技术公司高管的影响因素，是从他在蒂尔堡的家庭生活和青年时代，他在荷兰军队服役，以及他在英国鞋类零售商诺维克公司的第一份工作开始的。但使得特米尔能够专注生物技术，教会他领导技巧，塑造他性格特点，并在他身上形成"职业印迹"，最终创造生物技术历史的，则是他在弗吉尼亚大学达顿商学院所接受的研究生教育和他在百特公司工作的 10 年时间。在东安格利亚为诺维克公司工作期间，亨利认识了达顿商学院校友、著名英国网球运动员约翰·贝克（John Baker）。虽然他也同时被几所常春藤大学录取，但特米尔最后却做出了不同的选择。

"约翰·贝克说服我入读弗吉尼亚大学，当时那是一所新学校。"亨利回忆，"我对弗吉尼亚大学并不是很了解，对哈佛除了名字外同样也不是很了解，而我对康奈尔大学则一点儿都不了解。

"我最后决定入读弗吉尼亚大学，是因为他们表现出对我真的有兴趣。他们想弥补外国学生少的缺陷，所以给我提供了一个非常好的住处。我们一个班105 人中只有 5 个外国学生，我是其中之一。"

达顿商学院还给亨利·特米尔提供了一个很诱人的一揽子经济资助方案，其中包括第一年的奖学金。约翰·贝克当时住在康涅狄格州的格林尼治，他答应帮亨利前往夏洛茨维尔。

"我从未去过美国。"亨利回忆说，"那是一场伟大的冒险。我和我的女朋友玛吉到达了肯尼迪机场。我们带了五个箱子——四个是她的，一个是我的。

我们傻傻地坐在航站楼里等着去康涅狄格州格林尼治的巴士。当巴士来了时，我们意识到我女朋友的行李箱被偷了。我的行李箱还在，但她的一个也没有了。我们非常伤心，来来回回转悠了几个小时，最后上了一班较晚的巴士。那是一个很好的教训。"

亨利和玛吉又汇合了。

"我们在格林尼治待了两天，然后乘灰狗从 42 街去夏洛茨维尔。当时是 9 月份，天气仍然非常热。巴士上各色人等都有。在一个全新国家，这些最初时刻给我留下了很深印象。我们乘坐的巴士似乎永远都到不了终点！在荷兰，你可以在半小时内到达任何地方。"

夏洛茨维尔是一个田园风光的小城，也是一个大学城，位于弗吉尼亚州中部的蓝岭山麓。到达后，亨利和玛吉带上了他们的少量物品，住进了达顿商学院为他们选择的生活区。亨利记得他的月租金"非常少"。

他们的学生公寓原来是一个旧的奴隶小屋。这是一座用护墙板搭建的叫作"圣洁楼（Holly House）"的附属建筑，正好在"福克纳楼（Faulkner House）"后面。后者是一座别墅，已有百年历史，是按美国南方著名作家福克纳的名字命名的，福克纳在校园里的这座楼里住了五年时间。

"圣洁楼"一层是供放置园丁工具和园艺用品的一个储藏室。亨利和玛吉住在楼上。他可以走着到梦露山去上课。条件虽然不是很好，但价格合适。

但是有一个小问题。

"这里是南方。"亨利回忆说，"他们给了我这个房子，但却不让未婚同居。我们一到达就有人皱眉头。在给我们介绍情况时，他们提到，我将必须白天黑夜都学习，因为我的课程每天有三个案例，每七天就有一个考试。

"他们说，我将不能照顾我女朋友，而且她只能待六个月，因为她没有学生签证。如果她跟我结婚了，所有这些都会改变。"

所以，在他们到达几天后，亨利和玛吉决定结婚。

"我们通知了学校和我们'大哥'——一个二年级学生，他们家在照看我们。这家人背着我们组织了婚礼，说：'什么都不用担心。'

"他们在'老杰弗逊村'组织了一场婚礼。这可能是在那里举行的极少数

婚礼之一。婚礼非常可爱：他们问我们喜欢什么，我说：'我喜欢古典音乐。'我妻子说：'我喜欢烛光。'

"他们在一个漂亮的古典花园周围布置了蜡烛，邀请了所有学生和教师。我们父母没有出席婚礼，但他们却使婚礼显得非常隆重。有人给了我们一辆汽车，而且我们还可以在仙纳度山的假日酒店里住一晚。当然，我们有了新行李箱。

"那场婚礼是人们欢迎我们极为有力的表示。没有人认识我们，而且我们到这个国家只有一个月。我认为，如此隆重地表示接纳我们，令人印象深刻。这是我对美国的第一印象。"

特米尔将其在达顿商学院的时光描述为"有很多作业和很多乐趣"。

"我在学习之余还做了很多事情。"他说，"他们有一个咨询组，我参加这个咨询组得到了一些学分。我在世界银行做了一些工作，也在那里写了我的毕业论文。我旁听了关于国际法的一门课程。我交了好朋友，学到很多，也喜欢案例学习法。所有这些都让我相信，这对我来说是正确方向。"

亨利喜欢达顿商学院那种他称之为"人情味"的东西。"它不是某种文化特有的，是跨越国界的。我学的东西尤其偏重管理，即对人的因素在商业过程中具有巨大力量的认识。"

"达顿商学院对我来说扮演了一种特殊角色——它是我进入这个国家的门户。我来这里并没有想移民。但达顿商学院让我改变了想法，为我提供了在美国的基础、根基和第一个朋友圈。"

他此后很快将会发现另一个朋友圈，这个朋友圈不仅会证明对他的个人成长有无限价值，而且还会使他成为实实在在的商界传奇。

在研究生院的第一年和第二年之间，亨利回到了欧洲去找工作。

"我去了联合利华，去了《经济学人》杂志的咨询部，也去了荷兰皇家壳牌。我对他们都很不满意。他们不是很了解一个美国的 MBA 意味着什么。这种经历使得我想在美国工作。弗吉尼亚大学有一个校园招聘计划。最终我加盟了百特特拉维诺公司。"

百特公司对亨利的面试是他在校园所接受的最后一个面试。人家告诉他说，这家公司在找能讲欧洲语言和了解欧洲文化，会成为欧洲总经理的人。

百特公司由拉尔夫·福尔克（Ralph Falk）博士创建于 1931 年，成立时的名字是"唐·百特静脉注射产品有限公司（Don Baxter Intravenous Products, Inc.）"，公司名称中的唐·百特是将首批静脉注射液推向市场的医生的名字。1953 年，威廉（比尔）·格雷尔姆［William（Bill）Graham］（1945 年加盟百特担任副总裁的一位专利律师）接替拉尔夫·福尔克担任 CEO，他在这个职位上待了 27 年，日后他被称为"格雷尔姆先生（Mr. Graham）"。

到 1973 年，百特已成为一家热门的、发展非常快的公司，其领导层中有大量高潜力的年轻 MBA 新星。哈佛大学教授莫妮卡·希金斯（Monica Higgins）在其《职业印迹》（Career Imprints）这部书中，分析了使百特成为美国最成功的生物技术企业孵化基地的因素。她解释了百特的"职业印迹"——公司的系统、结构、战略和文化所产生的结果——何以会在其员工的整个职业生涯中保留下来，使他们能够成长为伟大领导人。

希金斯的书详细研究了日后会成为著名的"百特男孩（Baxter boys）"的前百特经理们，这些人日后将引领生物技术产业的发展。早期生物技术公司 CEO 中前百特员工所占比例出奇的高。在 1979 年和 1996 年之间上市的生物技术公司中，超过五分之一的公司在其上市团队中都有一个"百特男孩"。

尽管这家总部在芝加哥的公司当时净销售额只有 2.7 亿美元，但特米尔很快得出结论：百特是他最好的选择。吸引他的不仅是其作为一个"杰出管理培训学院"不断上升的名望，而且还有其全球足迹。他当时的想法是，他也许可以先去那里，工作上几年时间，学些东西，然后回到欧洲。他甚至还可能回到蒂尔堡，跟他哥哥波特一起经营自家鞋业。

"格雷尔姆先生"亲自面试求职者，他经常到商学院去见求职者，这些求职者通常都是从班里最好的学生中挑选出来的。格雷尔姆对亨利·特米尔的第一次面试是在该公司总部进行的，虽然亨利当时可能还不知道，但其所见的格雷尔姆就是他在百特公司的第一位导师。

人们会经常谈论比尔·格雷尔姆有多么关心患者，他在这方面的表现超过了公司其他所有员工的个人奉献和感情投入，但只有一个人除外。莫妮卡·希金斯引用一位商人的话说，格雷尔姆"在拯救生命的激情方面唯一竞争对手是亨利·特米尔。亨利能让你哭。"

亨利日后模仿了格雷尔姆先生的很多管理方法。格雷尔姆一般会在每个星期六上午工作，想给他留下好印象的公司高管那个时候也会出现。星期六的时间安排包括在公司咖啡厅的一个固定咖啡时间，让每个人都有机会跟比尔·格雷尔姆互动。

重要的是，格雷尔姆始终让其员工都能看得见、找得到他。在"走动式管理"成为一个常用术语之前，他就在进行"走动式管理"了。

亨利决定加盟百特公司的最重要原因之一是该公司所给予的巨大的、快速的发展机会。格雷尔姆负责实施一个公司内部的辅导计划，让新毕业的 MBA 研究生去做经理们的助理，然后在六个月到一年之内，随着公司规模扩大，将会让他们负责一项国际业务。当百特开始执行该计划时，其年营收为 1 亿美元。在该计划结束时，百特已经是一个年营收 80 亿美元的公司。

公司最初的培训很快便超出了亨利·特米尔的高预期。分配给他的第一项任务是一个为期三个月的项目，该公司对 MBA 毕业的新入职者一般都会分配这种任务。当时给特米尔的是一个助理职位——国际营销副总裁助理。这个短期项目的重点是恰加斯病，是百特的一个潜在新市场。

"我不喜欢当助理，"亨利回忆说，"所以我向他们要一个真正的工作。三个月后，我成了'国际产品规划经理'——对一个年轻人来说这是个大头衔。"

这个工作主要在百特的血液产品部门，即"海兰德治疗产品公司（Hyland Therapeutics）"，是百特公司位于美国加州奥兰治县的一个子公司。海兰德制造血浆产品（从人血浆中提取的蛋白质）和诊断产品。它是百特公司唯一不在芝加哥的部门。

亨利·特米尔将这一时期看作是生物技术的开始。

"我们的工作是采血浆，将其分离、分馏。海兰德销售凝血因子Ⅷ、凝血因子Ⅸ、免疫球蛋白和白蛋白。血浆是通过'血浆分离法'收集的，'血浆分离'操作在全国各地的采集中心进行，他们出钱采集血浆。

"那个时候，我主要是想弄明白怎样制造诊断和治疗产品，怎样销售它们，怎样管理销售人员，以及怎样进行准备。我不是这些产品的专家。我尽可能多地学习。"

恰加斯病当时仍是百特公司业务的一个重要组成部分。恰加斯病是一种寄生虫病，有时也称为"昏睡病"，在拉丁美洲流行。

"我们得到的反馈表明，这将是一个大市场，所以我们开发了恰加斯病的检测方法。"亨利回忆说，"百特让我领导这一项目。他们说：'找出一种确定病因的办法来。'这是一件非常适合百特公司去做的事情。"

这也将变成一件很有特米尔特点的事情。找出原因，建立联系，这是你的责任，大胆去做，不要犹豫。

1974年初，当时正处在美国石油供应短缺最严重的时候，石油输出国组织欧佩克关于禁止向美国出口石油的决定让美国经济举步维艰。格雷尔姆先生评估了百特公司的财务状况，得出结论认为，整个公司要勒紧裤腰带了。

格雷尔姆从他的年轻高管中选出了五个人：从百特的四个运营部门各选一个，从总部再选一个。当时住在科斯塔梅萨的特米尔被选择来代表海兰德部门。

"公司决定，我们需要压缩资产、库存和应收账款，使运营尽可能高效。公司组建了一个由五人组成的团队，其中一人负责，直接向CEO汇报工作。而对从四个运营部门当中抽调的人，专门负责完全重构业务流程。"

亨利·特米尔开始从由高管组成的这个新团队凸显出来，直接向格雷尔姆先生汇报工作。

"其他人也年轻，但他们已在公司工作了三年、四年或五年了，而我还不到一年。"

这个项目的目标是提高效率和降低运营开支，这些任务完全符合特米尔的荷兰人本能和他以前从事后勤工作的经历。

由于接受了这项工作分配，特米尔和他妻子在布鲁塞尔待了三个月，他们在加州科斯塔梅萨的公寓和在伊利诺伊州埃文斯顿的房子便空着没人住。频繁的国际旅行是他在百特工作期间的一个特征。虽然能够走南闯北，但生活也是挺紧张的。

"那是一个非常专注的项目。"亨利说，"由于是向 CEO 直接汇报工作，所以你可以做成很多事情。那是一个非常好的经历，但只持续了三个月。

"之后，他们要我回到芝加哥接受一个新职位。我不再负责海兰德的工作了，成了人造器官部门的国际营销经理，这个部门的产品有人造肾脏、透析设备、心／肺机之类的东西。工作很有趣。当时这个部门正在进行的是伟大的先驱性工作，涉及透析以及用于开胸心脏手术的心／肺机的研发。"

到 1975 年年中，在人造器官部门工作了两年之后，快要到他 30 岁生日之前，特米尔有资格获得一项新的工作分配。公司问他是否想成为南非一家合资公司的总经理。

"我在那里待了三个星期，但我不喜欢。他们的政治环境非常复杂。而且，南非跟荷兰有很长的历史纠葛，所以我决定不接受这个工作。"

他以为自己最终会去巴西，但亨利·特米尔却引起了百特公司欧洲总裁加布·施默格尔（Gabriel Schmergel）的注意。

加布·施默格尔是一位匈牙利出身的工程师，因其在百特领导层级中上升迅速而为人们所知。他是一位让人望而生畏的、很有天赋的领导，显然也是格雷尔姆先生顶尖门徒之一。他在 1967 年从哈佛商学院以"贝克学者"身份毕业后进入百特公司。加入公司两年内，他就被任命为百特重要的德国子公司"百特德意志公司（Baxter Deutschland GmbH）"的总经理。在 1975 年晚些时候，施默格尔被派驻布鲁塞尔，负责百特庞大的欧洲区及其积极的人才团队。

在德国，百特有大约 100 名员工，这是百特全球第二大业务。德国在百特国际扩张中是一个极为重要的国家。该公司年销售额增长的 20% 以上，有时甚至 35% 都来自德国。施默格尔当时面对的现实是，公司面临很多挑战，其中包括工人罢工，所以他认为是时候让一个新领导来掌控德国业务了。他负责德国业务已有两年了（1969～1971 年），所以知道这个地方可能会变得多难。工会不合作，德国市场竞争激烈，成败事关重大。

施默格尔曾是五人执行委员会的负责人，格雷尔姆先生给这个委员会的任务是释放流动资金，他记得："这个年轻的荷兰人给我留下了印象，所以我想，'既然他是荷兰人，他可能会讲一些德语，或者能很快学会德语。'在回美国期间，我曾跟他非常简短地聊过……看他是否有什么兴趣，他说'有，绝对有。'"

施默格尔跟格雷尔姆先生和他的老板，国际部主任比尔·甘茨（Bill Gantz）交换了意见。他们同意了。特米尔是他们的人选。对这位 29 岁的奇才来说，这项工作将是一个巨大的提升。按照百特公司的话术，这对特米尔来说将是决定其"沉浮"的时刻。这也是有史以来见证的最短的过渡过程之一。

"我星期六从欧洲出差回来，星期一早上加布·施默格尔打电话问：'这趟怎么样？'我一天访问了一个国家，当他问到德国的情况时，我说'他们有很多东西要学，但在进步。'

"然后他问：'你想当总经理，即董事总经理（德语）吗？'我大吃一惊。当时的总经理陷入了与工会的麻烦当中，而且当时还有一场罢工。百特公司是非常反工会的。他们很担心，决定改变管理层。

"我给妻子打电话，问她：'你觉得呢？'那天晚上，我乘坐一个红眼航班回到欧洲。我去了布鲁塞尔，接上我的新老板。那天晚上很晚的时候我们飞到慕尼黑。他在机场见了时任总经理，与此同时，我站在一个柱子后面，这样他就不会看到我也在那里。他们一起吃了晚饭，然后他就辞职了。"

第二天早上 7 点钟，施默格尔任命特米尔为百特公司德国总经理。特米尔那天先花了几个小时与新同事见面，在公司里到处走走，跟人握手，做自我介绍。他能讲德语，鉴于他所面对的情况，这当然是必需的。

亨利·特米尔后来经常会谈起他作为百特德国总经理的第一个晚上。

"我没吃饭，喝了点酒，然后……突然意识到'我要管这个地方，是我。'加布、比尔·甘茨和其他人都认为，将这个年轻人派去，花一两个小时介绍他，离开，然后让他放手去干，是一个可以接受的风险，这种感觉是非常棒的。他们做对了。

"当然，一旦开始工作，就建立自信心来说这种体验非常好，你会想：'是的，这实际上是可以的，我是可以的，我可以做这个，我要在这里做的事情是有意义的。'"

亨利·特米尔将需要他所能调动的一切乐观和自信。到他在这个职位上第一天的上午 10 点钟，除了管理层外所有员工都罢工了。特米尔回忆说："出现了很大的标牌，女员工穿着黑衣进来，像在吊丧。"

几个星期之后，他将员工争取过来了。在他在慕尼黑的三年时间里，他使百特德国公司的净销售额增长两倍以上，使其劳动力扩大三倍以上，达到超过300名全职员工。

"百特之道"就像是拉伸一根橡皮筋：找一位非常有天赋，但经验相对不足的领导/经理，把他（这个时期聘用的MBA几乎全都是男性）放在一个超出其经验曲线的职位上。在健赞公司，特米尔经常采用这种方法来识别表现最为突出的员工，培养这些高管，扩大其管理层队伍，最终使公司领导层实现新老交替。

与特米尔同龄，20世纪70年代末、80年代初担任百特英国业务的领导人艾伦·巴雷尔（Alan Barrell）解释说："百特的文化是国际扩张；百特的文化也是探索医疗行业、进入新领域、家庭护理、创新、技术开发。它在肾病医学、静脉注射疗法，以及诸多其他领域（在这些领域，技术手段与医疗思维方式相结合，使患者能够理解）都非常、非常强大。

"百特在将新技术推向市场，在世界各地挽救成千上万生命方面是一个真正的先驱。我们曾说，百特是医疗行业的大学，因为我们培养了那么多人，他们经常在离开百特后又创建了其他公司。亨利在百特公司的'学徒'经历，让他为日后在健赞公司要做的事情做好了准备。"

特米尔的个人生活在他在百特工作的几年间受到很大打击，因为他需要从一个国家搬到另一个国家，或在不同国家之间旅行，这是以失去本地社会关系为代价的，也对他的婚姻造成了压力，但也显示了他对让百特成为世界顶尖医疗产品公司这一使命的忠诚。

在他的职业生涯后期，在健赞公司，亨利·特米尔将会拒绝这种在百特公司如此根深蒂固的竞争文化。

"百特……没有一个非常成熟的人性文化。"他对莫妮卡·希金斯说，"就人与人之间的互动而言，就他们彼此之间怎样合作而言，人的因素在百特公司要比在其他一些环境中竞争性强得多……而我极为重视人的因素。"

随着亨利·特米尔接受更有挑战性的管理职位，他也逐渐树立起了一个富有想象力、受人喜欢、有理智和可以信任的领导人形象。与此同时，他也会很强硬，有时甚至还会很固执。但最重要的是，他是一位能够使其周围的人成功的领导。他们的成功就是他的成功。他并不限制他人发挥主观能动性，在批评人时也是建设性的。人们认为他是很克制的，是与时俱进的，也是公平、公正的。他愿意倾听他人的意见。他天生就有好人缘，能与机构中所有层次的人保持良好关系，这一点具有传奇色彩。而且，他在记人名字方面记忆力极好，简直就跟照相机一样。

除了其明显高出他人的文化适应能力和领导力的发展之外，特米尔还通过他在德国的经历获得了其他两个重要的经验教训。这两个教训都来自市场，也都涉及罕见的遗传病。

在特米尔走马上任，领导百特德国业务的35年之前，纳粹控制着这个国家，因此某些污名也随着他们与该国人口中各种不同的群体联系在了一起。在希特勒的统治下，其中一个这样的群体就是患有遗传病的国民。

"对于德国的罕见病历史以及人们从道德伦理上是怎样看待它们的，我了解到了很多。"亨利·特米尔回忆，"在第二次世界大战中，患遗传病的国民处境非常困难。他们被放逐，一点儿也得不到支持。很多家庭几代人都躲了起来。关于遗传病的国际政治问题我学到了很多。这些都是让我终生受益的教训，至今对我仍然很有价值。"

亨利·特米尔获得的另一个经验教训，与治疗罕见遗传病的处方药的注册、推广、销售和定价有关。血友病就是这样一种病，见于德国人中，而且最常见于男性。德国是百特用于治疗这种病的凝血因子Ⅷ的最大单一市场。

亨利·特米尔将会接触到一种思维方式和一种社会组织原则，这将对他产生极大影响。

"德国当时有一个法律，大意是说'任何国民都不应当致残，如果可以避免的话。'如果你能管理一个国民的健康以避免某种疾患，那么这个国民就有绝对的权利得到治疗。对血友病来说，这意味着要让患者不再出血。德国在对待血友病治疗的问题上是非常果断的。

"当然，全球性的产品短缺推动了价格上涨。这种药在德国的价格高于其他地方，但他们的消费量也高于其他地方。其他国家会抱怨德国人在囤积居奇。商业上的道德伦理问题是非常有趣的。"

鲍勃·卡朋特（Bob Carpenter）是特米尔在百特公司的同事之一，后来成为健赞公司的首席独立董事。他看到了亨利·特米尔对患者关怀的专注是怎样影响他作为经理人的决策方式的。他了解到，有些医生在治疗有严重凝血问题的患者时，这些患者体内已经产生了凝血因子Ⅷ抑制因子。

"正常剂量的凝血因子Ⅷ不起作用，"卡朋特回忆说，"有一个医生决定，他想通过给这些孩子大剂量的凝血因子Ⅷ来帮助他们。当时，凝血因子Ⅷ的售价是每个单位4美分到10美分，但你需要几十万单位。这个医生给这些孩子们用了数百万单位，发现这种办法可行。"

特米尔开始关注增加患者用药剂量所产生的影响，并调整剂量来控制其生物反应。

卡朋特接着说："亨利与波恩血友病中心的一个医生合作，该医生在治疗要接受手术的儿童患者。他们当中很多都是患血友病的男孩。他也与政府合作。亨利让他们认识到，巨大剂量的凝血因子Ⅷ（有时会花费近百万美元）能挽救他们生命。他还让他们感觉花这么多钱不算多，尤其是对一种罕见病来说，这个数字只是政府的一个相对较小的预算项目。"

到1979年底，在其33岁的时候，特米尔在慕尼黑的任期结束了。他已做好了迎接更大挑战的准备。比尔·甘茨给他打电话，问他是否愿意到美国加州担任一个新职务，即再回到他们公司的血液产品部门海兰德担任执行副总裁。这个角色预计最终将使他迈向总裁职位。

他将向时任部门总裁戴夫·卡斯塔尔迪（Dave Castaldi）汇报工作，并将负责研发、全球营销和监管事务团队。海兰德在百特业务部门中是第一个要实现全球化的。由于特米尔在德国工作过，在那里血液产品是其业务核心，所以他可以立刻走马上任。他将常驻加州格伦代尔。

比尔·甘茨这样描述特米尔和他如何适合这份工作："我们要他去海兰德，因为我们在那里有一些挑战。这又是百特的典型做法：我们把人派到不同地方让他们去体验，但他们也必须愿意接受挑战……我们不会把他们派到容易的地方去。

"亨利性格非常好。他不仅聪明，有很好的判断力……他还很热情，有感染力……他有这种与人沟通的能力……你在国外工作时，你就会明白沟通有多重要，因为这远不只是语言问题。你的确需要能够进行沟通、能够了解文化和了解差异的人，而亨利就是其中之一……他是百特这个群体中的明星。"

特米尔那年冬天在格伦代尔安顿了下来，担任他的新职务。这是他第一次管理研发工作。后来，他还会管理制造工作。百特在德国的机构在业务范围上仅限于销售、市场推广和监管事务。几年之后，在职能经验上的这种拓展，将会关联他在健赞公司的成功。

特米尔之前在科学上并未接受过正规教育，但现在，他已经非常熟悉关于全血、血浆和血小板的生物学知识了，也非常熟悉从人体材料获得药物产品的分馏过程了。他深知污染的危害，也深知为什么海兰德的产品要求必须在完美、洁净、纯粹的条件下制造和完成。"颗粒物"会污染产品，这是美国食品药品监督管理局（FDA）所坚决禁止的，出于同样原因也是医生或他们的患者所坚决禁止的。装入小药瓶后的成品必须是完美的，每次都必须如此。

在之后的四年时间里，特米尔向卡斯塔尔迪汇报工作，后者是在 1977 年底被派去领导这个部门的。卡斯塔尔迪也是哈佛商学院的一名"贝克学者"毕业生，是通过格雷尔姆先生的 MBA 计划爬升起来的最聪明、最有潜力的领导人之一。从领导风格来讲，两个高管有不同的倾向性：一个是外向的，另一个比较内向。他们两人都很有抱负，虽然肯定不是那种冷酷无情的抱负。他们几乎是同龄人。

卡斯塔尔迪记得，他当时就觉得特米尔是最终将成为"生物技术历史上最伟大 CEO"的一个人。

后来在其职业生涯中，特米尔借鉴了百特向美国市场推出一种新产品的经验，这种新产品是 Autoplex-T 的一个第二代产品。它是供有凝血因子Ⅷ抑制因子的血友病患者（就像他在德国所看到的那些患者一样）所用的一种治疗药物。Autoplex-T 是业界第一批价值定价的产品之一。该药物的上市，日后将直接适用于健赞公司治疗戈谢病的药物"西利酶"于 1991 年的推出。

A 型血友病患者中大约 10%（数量估计为 1000 人）有凝血因子Ⅷ抑制因子。这是一种超罕见的状况。当百特最初在美国市场以外推出 Autoplex-T 时，患者年均费用大约为 5 万美元，这个费用是相当高的。该产品在某些情况下是救命药，其需求很大。它成为百特在德国最重要的产品之一，也成为海兰德在全球范围内最重要的血友病产品之一。

特米尔从 Autoplex-T 的推出中学到了很多。他学到了与监管部门建立关系的重要性，因为他们负责批准该产品；他学到了一种救命药的价值；他学到了接近患者，以及将其不仅置于治疗工作之中心，而且置于该产品的临床研发中心的重要性；他认可医生所扮演的关键角色，也帮助他们来扮演这种角色；他还证明支付方（不管是政府机构还是私人机构）都会为其报销。

Autoplex-T 的经验让特米尔受益匪浅，也为他提供了在其他地方很难得到的宝贵见解。这使他为日后将要发生的事情做好了准备。由于该药费用高，患者和支付方都"冲我们叫"，鲍勃·卡朋特说。但罕见病患者的生命最终得救了。亨利意识到"人们会为之花钱的"。健赞公司用于治疗戈谢病、蓬佩病、法布里病和 1 型黏多糖贮积症（MPS 1）的系列罕见病产品的开发和推出后来都直接受到了影响。

亨利·特米尔作为未来的企业家回到了海兰德，这将会在其对罕见病治疗潜力的认识上留下一个难以抹去的痕迹。

"那是一个极富挑战性，但又非常好的环境。"亨利后来说，"我当时刚刚30 多岁。美国这个行业发展很快。我看不到老牌欧洲公司也在取得同样进步。我为美国的创业精神着迷。百特非常具有创业精神，公司内大家都能齐心协力，做以前想象不到的事情。"

特米尔在百特接受的培训和培养，在其职业生涯中是最重要的。他日后将把健赞与百特的很多文化价值和运营方法相融合。对他在百特的同辈人来说，特米尔留下的遗产将是最符合该公司特征的。而这一遗产最终将会有利于健赞公司的发展。

第三章

大　融　合

在 1982 年快要结束的时候，亨利·特米尔的思想转向了潜在的新挑战。他已在百特公司工作了近 10 年时间，同时他晋升的速度不算是停滞也已经减慢了。围绕他职业发展轨迹的不确定性，让他感到了一定程度的焦虑。生命科学领域在转向基因，而这是百特接受较慢的一个方向。随着新年到来，一个新时代也到来了。

百特致力于发展生物技术的决心，在格雷尔姆先生最新任命的接班人领导下开始动摇了。"弗恩·劳克斯（Vern Loucks）接替了格雷尔姆，公司在很大程度上变得更多以设备为导向，而不是以科学为导向。"特米尔记得这一转型，"生物技术刚刚开始……一个咨询公司告诉百特，现在发展生物技术能力太晚了，因为老牌公司如百健、遗传学研究所（GI）、基因泰克和安进已经建立了一个我们不能与之匹敌的经验曲线。"

"那是一家著名的咨询公司——坏建议。"特米尔后来笑着说。

自 1953 年，诺贝尔奖获得者詹姆斯·沃森（Jim Watson）和弗朗西斯·克里克（Francis Crick）爵士发现了 DNA 的双螺旋结构那年以来，世界一直在等待着随后将会改变医学界的突破。这是一个很长的等待，到 70 年代末，业界终于赶了上来。生物技术公司开始如雨后春笋般涌现，这主要得益于隶属重要研究型大学的科学探索者的工作和抱负。的确，基因泰克、百健、杂交科技（Hybritech）、森托科（Centocor）、遗传学研究所和安进都是 1976～1980 年这五年间创建的。它们都集中在日后将会主导生物技术早期发展的三个主要地域之一：旧金山湾区、南加州和波士顿/剑桥。它们都是由风险资本支持的，都拥有一个全明星"科学咨询委员会"，并且都是由它们的创建者领导的。

然而，对一年后成立于 1981 年的健赞来说，它与这一批公司的相似性也仅此而已。健赞日后将会证明自己是一种不同类型，有其特有细分战略的生物技术企业，是一个以不同节奏前进的行业领导者。

健赞最初诞生于一个年轻酶学家所做的工作，而这位酶学家却从未大学毕业。亨利·布莱尔（Blair Henry）是一位足智多谋，有独创精神的研究人员，负责塔夫茨大学医学院新英格兰酶研究中心的日常工作。通过投标，布莱尔从美国国立卫生研究院（NIH）实验室罗斯科·布雷迪那里获得了一份合同，来制备布雷迪博士用从胎盘中提取的一种酶进行的"酶取代疗法"研究工作所需的酶。布莱尔的弟弟开车在波士顿到处转悠，从当地医院收集胎盘，这是为雷迪博士获取研究材料的一种方式，也是布莱尔按照合同需要做的工作之一。胎盘是唯一一种含足够布雷迪所需那种酶的身体组织。

"我后来与罗斯科很熟。"亨利·布莱尔在回顾罗斯科·布雷迪和他早期的影响力时说，"他成了我的导师，我从他那里学到了大量科学知识。罗斯科是一个很了不起的人——他是能够发现某一疾病的缺陷，接着基本上又能找到治愈方法的少数人之一。"

在布莱尔寻求将其研究工作拓展到超出 NIH 所能资助水平的方法时，一位名叫谢里丹（谢里）·斯奈德［Sheridan（Sherry）Snyder］的"连环创业者"也在寻找下一个目标，他以前曾通过收购和出售两个包装公司获得丰厚回报。

在大学主修法语的斯奈德是弗吉尼亚大学 1958 年毕业生，他找到了其老朋友艾德·格拉斯迈耶（Ed Glassmeyer），后者是唐纳森·拉夫金-詹雷特（DIJ）公司前风险投资专家。在 20 世纪 70 年代末，格拉斯迈耶离开了 DIJ 成立了他自己的风险投资公司，名叫橡树投资伙伴（Oak Investment Partners）。人们等待已久的，对 1974 年的《美国雇员退休收入保障法案》（ERISA）这一退休金法案的修正，在华盛顿颁布实施了。这一事件，向那些要成立高风险机构投资者基金的职业投资者抛出了橄榄枝。风险投资公司是这项修正的主要受益者，风险投资的闸门打开了。

格拉斯迈耶请他的一位合伙人艾琳（金杰）·摩尔［Eileen（Ginger）More］
与斯奈德合作，为橡树在他这一新企业的投资提供担保，不管今后结果如何。

摩尔本来是要从康涅狄格州的桥港大学毕业的，主修数学。橡树公司雇
用了她，是因为她在"莱特投资者服务"公司工作时获得了特许金融分析师
（CFA）证书。摩尔回忆起格拉斯迈耶雇用她的理由："我们需要负责相关交易
和进行建模的人。"

几个星期后，正在寻找投资目标的斯奈德和摩尔听橡树公司有限合伙人之
一的 3M 公司介绍说，布莱尔正在开发的技术有可能成为成立一个初创公司的
基础。摩尔在评估生命科学领域投资方面同斯奈德一样，几乎都没有经验。这
项技术是用从胎盘获取的酶来治疗某种大家都不太清楚的疾病，即一种叫作戈
谢病的疾病。

"他们在做一些有趣的事情。"有人告诉摩尔，"他们所做的其中一件事情是
用于牛奶的一种青霉素测定方法，你用这种方法可以测定牛奶中含有多少青霉
素，这个之所以重要，是因为我们不想让自己的孩子喝含青霉素的牛奶。"

虽然摩尔发现这一想法是有资助潜力的，但却并没有真正抓住她的想象
力。真正抓住她想象力的是另一个想法。

她记得 3M 公司介绍人是这么说的："我们还有另一位科学家，亨利·布莱
尔，他在研究一种名叫戈谢病的疾病，他在从胎盘中提取一种酶。我们不做这
种事情，但我们认为也许其中是有东西的。"

摩尔和斯奈德是怎么知道他们将在塔夫茨大学医学院新英格兰酶研究中心
见证一个伟大生物技术公司的诞生过程？胎盘的收集，日后将会证明是生物技
术风投史上最大的奥秘和最大的成功之一。

但这个过程的确存在，那就是从布莱尔，从 NIH 合同和"胎盘流动车"开
始的一项平台投资。斯奈德还将收购和合并总部在英国的另外两个不是那么
令人兴奋，但从财务上来讲却具有战略意义的实验室产品业务：沃特曼化学
（Whatman Chemical）公司和科赫光源（Koch Light）公司，从而形成早期健赞
公司的核心。

这是摩尔的第一项交易，日后将会证明是纯粹的天才交易。橡树为其最初

的种子股份支付 每股四美分。

几个月后，约翰·利特柴尔德（John Littlechild）及其公司安宏资本国际（Advent International）公司收购了健赞公司的 A 轮股份。作为这项交易的一部分，利特柴尔德让斯奈德和摩尔进入了公司董事会。

生物技术行业围绕他们如火如荼地发展了起来。行业引领者基因泰克于 1980 年 10 月 14 日上市。其股价从交易一开始就几乎增长了三倍，从每股 35 美元狂涨至每股 89 美元，最终收盘于每股 56 美元。基因泰克（股票代码：DNA）是第一个赶上第一代生物技术公司上市潮流的公司，这个潮流从 80 年代初持续到 1987 年底。该公司创始人生物学家赫伯·玻伊尔（Herb Boyer）出现在了 1981 年 3 月 9 日的《时代》杂志封面上，昭示着一个新时代的到来，这期《时代》杂志封面文章的标题是："在实验室中改变生命：基因工程的蓬勃发展（Shaping Life in the Lab：The Boom in Genetic Engineering）"。

华尔街眼花缭乱……议论纷纷。生物技术已进入主流，并且，正如该期《时代》杂志封面文章所宣称的那样，"注定将成为 80 年代的技术，就像塑料是 40 年代的技术，晶体管是 50 年代的技术，电脑是 60 年代的技术，微电脑是 70 年代的技术一样。"

在此之后的几个季度，紧随基因泰克，塞特斯（Cetus）、杂交科技、森托科和安进成为新上市的公司。其中，杂交科技公司的上市活动，是在 1981 年由特米尔在百特公司的前同事，当时 41 岁的泰德·格林（Ted Greene）领导的。格林经常提到，百特公司和他在该公司工作的岁月是他创建一家生物技术公司的动力之一。在为百特公司工作之前，他也曾在麦肯锡公司工作，为格雷尔姆先生提供咨询服务。他称格雷尔姆是"我所知道的或曾经共事过的最有成就、最为伟大的 CEO。他有一个非常有意思的管理理念，那就是，他只聘用他能够聘用到的最好的、最聪明的和最有抱负的人，然后人为设置出一些事情让他们去做。"

似乎格林和特米尔最终是在看同一张乐谱，其他很多人也是如此。在 1979 年到 1996 年之间上市的 299 家美国生物技术公司中，超过五分之一的 CEO 在加入他们的新公司之前曾在百特公司工作过。

硅谷风险投资公司凯鹏华盈（Kleiner Perkins Caulfield & Byers，KPCB）创建了 Hybritech 并且吸引格林加入。他们不久前还支持史蒂夫·乔布斯（Steve Jobs）成立了苹果电脑公司。KPCB 公司初级合伙人布鲁克·拜尔斯（Brook Byers）在杂交科技公司投入了 30 万美元，并租用了实验室。美国加州的第二次淘金潮开始了。五大生物技术公司当中有四个总部都设在该州。投资者也都铆足了劲。

格林后来这样概括当时的时代精神："人们的情绪就像是一场游戏。我们试图解决一个谜，那就是我们能做什么……我们处在科学的最前沿，而这就是将我们聚在一起的精神黏合剂。"

与此同时，健赞也在寻找其自己的精神黏合剂。它与前沿科学的联系在沃特曼化学公司、科赫光源公司和收集人类胎盘中几乎找不到。

但谢里·斯奈德有一个想法。他认为也许可以在麻省理工学院（MIT）找到他们所缺失的东西。他给著名分子生物学家哈维·罗迪什（Harvey Lodish）博士打电话商谈一个想法，那就是以某种还有待确定的方式将一个或多个教师联系起来，成立健赞公司最初的科学顾问委员会。

在 20 世纪 80 年代最初几年，求贤若渴的风投资本家会从各个方向来找著名大学的教师，这些风投资本家当时在试图创建新公司，同时也想与科学和医学界最有名的人士建立关系。大家都能看到这个领域今后爆炸式的增长，而且在各种因素当中，人才和人际关系将使他们能够在生物技术领域获得差异化优势。

在斯奈德去找罗迪什的同时，罗迪什、MIT 其他六个教授和一个来自哈佛的教授碰巧也孵化出了一个他们自己的想法。为了应对他们收到的如雪崩似的咨询要求，他们将成立一个咨询公司，名叫"生物信息合伙人（BIA）"，通过这个公司来帮助客户评估他们的技术及潜在的商业化应用。这个咨询公司的八位科学家从分子生物学到生物处理、化学、微生物学、材料科学和酶学等诸多生命科学学科领域提供世界一流的专业咨询。

他们的多学科方法可以回答地球上几乎任何生物技术方面的科学问题。这个八人组是任何地方的任何一家生物技术公司都无法组建起来的，就权威性、可信性和相关性而言，它就是健赞公司的"全垒打"。

成立于 1983 年 4 月的健赞公司将与 BIA 建立一种咨询关系。它们之间的协议规定，健赞公司将获得 MIT 用于重构糖蛋白（包括日后成为"西利酶"的糖蛋白）专利技术的一项为期十年的排他性、全球性授权。该协议也让 BIA 在健赞公司占有 10% 的股份。

两家公司之间的这种关系，也使得健赞公司的科学顾问委员会能一下子得以成立。查理·库尼（Charles Cooney）博士是 MIT 的一名生物处理专家，也是 BIA 公司的一名主要创始人，他后来将该顾问委员会在整个健赞公司的地位描述为该公司的"第四大财产"。从科学上来讲，健赞公司现在已经与精英中的精英联系在了一起。

为了代表 BIA 及其所有人，库尼将进入健赞公司董事会，他的董事身份一直保持到 2011 年。

除了他日后聘用亨利·特米尔本人之外，斯奈德在共同创立健赞公司中最显著的贡献，是建立了与 BIA 的这种关系。

这个时候，亨利·特米尔刻意保持低调，当时的新闻头条充斥着生物技术初创公司的消息、它们上市的消息、下一个重大治疗药物的消息，以及推动医学发展的重要发现等。然而，该来的还是来了，亨利的电话开始响了，随之而来的是请他领导新公司的请求。

1983 年初，在拒绝尝试摆在他面前的一些生物技术机会的很多个月之后，特米尔最终决定，是时候看看百特以外的机会，比较认真地对其中一些进行评估了。他并没有要离开百特的压力，作为海兰德的二号人物，他的薪酬也是相当丰厚的。但天意如此，未来就是现在，而现在就是他的未来。

与此同时，金杰·摩尔、约翰·利特柴尔德和谢里·斯奈德也得出结论认为，是时候给健赞聘用一位在药物产品方面有坚实专业背景的强势运营高管了。他们的目标是，寻找一位能将健赞提升到一个新高度的人，并且今后还可有序地接替公司 CEO。

"我们需要引入一位随着健赞今后发展能够真正为公司带来某种结构要素的人。"利特柴尔德回忆说，"公司的关键人物是谢里，不管是谁进来，都必须是谢里可以接受的……"

几个星期后，金杰·摩尔在纽约与佛莱德·阿德勒（Fred Adler）共进晚餐。阿德勒是一位成功的风投资本家，他曾遇到一位给其留下深刻印象的高管，这个人就是亨利·特米尔。阿德勒建议他们将特米尔作为这一职位的人选加以考虑。

特米尔曾经差点儿被选为阿德勒旗下一个公司的 CEO，这个公司就是总部在美国首都华盛顿郊区的生命技术（Life Technologies）公司。该公司生产血清和其他产品，其产品充当生物技术实验室的工具。阿德勒最终选择了另一候选人。他们董事会喜欢亨利，但却选择了另一高管来领导其业务。因此，特米尔仍然可以考虑到其他公司任职。

为了确定他是否有兴趣在健赞公司担任领导职务，摩尔和斯奈德主动出击，在 1983 年夏天直接找到了特米尔。

之后不久，加布·施默格尔的电话铃响了。来电话的是亨利："你好，加布！我下周要去波士顿，想见你。"

特米尔正在考虑一个新机会，想听他的意见。虽然他们联系不是很多，但却总能合得来。亨利知道，加布 1981 年离开了百特，主动加盟遗传学研究所（GI），担任 CEO。GI 是波士顿一家热门的生物技术初创公司，由格雷洛克公司提供资助。该公司的两位创始科学家汤姆·曼尼阿提斯（Tom Maniatis）和马克·普塔什尼（Mark Ptashne）是哈佛大学分子生物学家和冉冉升起的新星。亨利下周将去波士顿，和施默格尔见面。

那个夏日的早晨，特米尔走进了 GI 公司的办公室。该公司的办公室所处街区叫作"美神希尔（Mission Hill）"，是一个不太安全的街区，其办公室所在建筑是一个废弃的大型砖结构楼房。这里曾是波士顿产科医院，美国最早的妇产科医院之一。

一个看门人跟特米尔打了招呼。当时，GI 是这座楼里的唯一租户。用施默格尔自己的话说："挺恐怖的，因为这么大一座楼只有我们在那里。亨利走进来时我正坐在自己办公室里。我只有一个非常小的办公桌和一部电话，就这些。

"我记得亨利看着我，天呐，从他的眼神里我可以看到他在想：'我的天，这个人曾经在百特管着 10000 人，而现在却坐在这座空荡荡的大楼内一个孤独的、被遗忘的角落里！'"

特米尔先开了口："加布，你在这里的工作是什么？你是做什么的？"施默格尔笑着回答："我在试图管理一帮桀骜不驯却又非常杰出的科学家，我还在试图筹款。"然后特米尔问："你喜欢吗？"对此，施默格尔又笑着回答："亨利，我喜欢。"

这个时候，特米尔的脸上有了喜色。他本来以为加布会谈自己犯的"大错误"。

但他与施默格尔的谈话还没有结束。在这次见面之前，他给施默格尔发去了关于健赞的一个简短介绍。施默格尔看了这个介绍，并问他自己的科学家们对健赞了解多少。他的评估相当悲观："亨利，这看起来像是一个非常普通的机会。"

几乎是与此同时，特米尔也在寻求另一个人对健赞这个机会是否具有吸引力的看法。这个人是吉姆·杰拉蒂（James Geraghty），波士顿备受敬重的咨询公司贝恩公司（Bain & Co.）的一名年轻咨询师。他们两人在过去两年成了业务上的知己，因为他们共同处理了与海兰德公司各种血友病产品的上市和定价相关的很多战略和运营问题。

杰拉蒂那天在格伦代尔，是例行出差，他每个月都要到海兰德公司出差两次。特米尔把他拉到一边，解释说他在秘密考虑波士顿一家生物技术公司所提供的一个机会。他请杰拉蒂看看相关介绍资料并给出自己的建议。

杰拉蒂花了几天时间，但仍不是很确定。他说："我告诉他，我认为这个公司非常小，诊断酶业务似乎并不是很有吸引力，这不会成为一个很大的业务。而且还有一个问题——健赞在分子生物学或重组工程方面实力不强，而这在那个时候基本上就是生物技术的全部。基因泰克和安进有，百健和遗传学研究所有，但健赞没有。健赞并不像董事会里有诺奖获得者的其他公司那样有吸引力。"

他们之间的谈话从那里继续延伸。杰拉蒂分析了该公司的业务计划，具体分析了其要开发布雷迪正在戈谢病患者身上测试的那种治疗酶的计划。他认为，这也许是该公司所有资产中最吸引人的。但根据他的计算，要产生足以吸引投资者的营收，健赞每年向每个戈谢病患者收取的费用必须达到 25 万美元甚至更多。他告诉特米尔："这太荒谬了，没有人会出那么多钱！"

结果，特米尔对定价的评估与杰拉蒂的评估是一致的，但他坚信这一点儿都不荒谬，"问题是社会是否想让这些病得非常厉害的患者得到治疗。我认为他们想，而且如果我们向其解释为什么这样一个罕见病的治疗药物如此昂贵，他们将会愿意支付其费用。"

他们还谈了监管环境。FDA 那个时候规定了一个非常严格的药物批准流程。杰拉蒂根据自己的理解向特米尔解释说："他们要求进行两个大型盲法对照临床试验……你怎么可能在这么小的一个罕见病人群中进行两个这样的试验呢？"

特米尔的回答是："FDA 将会改变，它应当改变。如果这对社会来说是正确的话，如果这对患者来说是正确的话……那么就应当有一个更简化的批准基础。我们只是必须让所有的人，让这个体系中的所有参与者，包括患者和医生，都团结一致，去向 FDA 做解释。"

杰拉蒂记得自己大笑起来，也许是为了缓解房间内的紧张气氛。他没有被说服："好吧，亨利，我认为你疯了。"几年之后，他却在健赞与特米尔在一起了，并在那里待了超过 20 年。

的确，在 20 世纪 80 年代初的那种气氛下，特米尔的想法是很荒谬的，是可不想象的，是很可笑的，几乎对任何人来说都是如此。但亨利除外，他在脑海里，也许还有心里都在说，他会找到一条出路的。

所以这场舞蹈还将继续，至少现在是这样。亨利继续做他的尽职调查，健赞董事会进行了讨论，并不完全确信亨利就是他们的选择，因为他们也考察了其他候选人。

然而，选择特米尔作为健赞首任总裁却没有再耽误。他的决定和他们的决定似乎都是在早秋的一个星期六上午在坎布里奇的 MIT 校园里达成的。BIA 董事会从谢里·斯奈德那里听说了亨利·特米尔这个人。BIA 决定在化学系会议室里接待特米尔，这个会议室就在 BIA 合伙人乔治·怀特塞兹（George Whitesides）办公室所在过道的另一头。

这次会见开始是一场评估性的面试，但很快就变成了一场全面的推销。查理·库尼也参加了这次会面，他这样回忆说："那是与亨利进行的一场所谓的'战略前会见（pre-strategy session）'，目的有两方面：一是让我们了解一下亨利，看他能给我们带来什么；二是让他对健赞感兴趣，让他了解一下，就产品而言，我们大家觉得科学今后的发展方向是什么，而这也许是很神奇的。

"这次会面很快就变成了一场'爱的盛宴'。它并不是一场'让我们看看他要怎么干'的评估。它很快就变成了'我们一定要把这个企业推销给这个家伙'……他的能量、他的热情、他的眼光，从他走进门那一刻起就是那么令人振奋。我是说整个屋子的能级都跃升了一大格。"几个小时后，到会面要结束时，特米尔已经看到和听到他做决定所需的所有东西，他们也一样。

事情进展顺利，交易达成了，给他的报酬和职位也确定了。特米尔接受大幅减薪，他要拿到的薪水只有在百特的一半，但作为回报，他将持有健赞很大的股份。他将被任命为总裁，并于 1983 年 10 月到任。他将从洛杉矶搬到波士顿，最终住在韦尔斯利。

当亨利·特米尔开始在健赞工作时，该公司在位于尼伦街 75 号的波士顿总部里有 17 名员工。公司总部在服装区一座 1930 年建成的 15 层的破败大楼的顶层。由于毒品和卖淫嫖娼泛滥，大楼周围区域被称为"战区"。在健赞入驻之前，其 15 层办公室"被一个服装公司占用，他们在一个很大的空间里放着晾衣架，晾衣架上面又是挂衣架。没有空调，窗户都开着，这是为了让屋里凉快点儿，因为里面热得跟地狱一样。"亨利·布莱尔回忆。

"当然是没有多少东西。"亨利·特米尔回忆他到健赞第一个星期的初步印象，"（但）它有合适的元素，它的方向还没有真正确定——我喜欢这一点，它是一部还没有确定要怎么写的书，我可以带它去我想去的地方。它是黑暗中的一束光，这太奇妙了。"

健赞董事会都不是很清楚未来会怎样，更不用说特米尔了。"我们不知道，也不清楚健赞今后会变成什么。"约翰·利特柴尔德思忖，"关于它会成为一家罕见病公司的想法直到 20 世纪 90 年代才出现。"

但随着 80 年代的十年时间在他们面前展开，特米尔的到来和健赞的创立这二者的时机可以说是再合适不过了。随后一系列的事件接踵而至，它们改变了健赞和特米尔的外部环境，并最终为日后难以想象的成功打开了大门。

这些事件有很多，其中第一个发生于 1983 年 1 月 1 日，当时《孤儿药法案》（ODA）在得到国会批准和罗纳德·里根（Ronald Reagan）总统签字后成为法律。

由于这一里程碑性的立法，出现了"孤儿药"这么一个类别，定义为用于治疗美国不到 20 万患者所患疾病的药物。与后来的一次修正一起，这一法律从刺激经济的角度激发人们推进创新和投资，开发以治疗罕见病为目标的药物。修正后的这一法律虽然条文晦涩难懂，但却具有重要意义，成为一场罕见病治疗创新运动的催化剂。

现在，一旦一种孤儿药获得批准，企业将会享有七年时间的市场"排他期"，这意味着任何其他企业在这一时期都不能销售与其竞争的药物。这一修正还提供了很大的税收激励，使创新企业能够将其开发孤儿药的临床试验费用降低一半。虽然比较含糊，但这些立法工作不仅吸引了患者的关注，而且吸引了整个行业的关注。

当该修正案于 1984 年 1 月 1 日生效时，特米尔到健赞公司的时间大约只有 75 天。

《孤儿药法案》的影响，通常是按在其通过后像雪崩般被开发出来的大量罕见病新药来衡量的。仅仅按照这一指标，它也是一次巨大的成功。

阿比·迈耶斯（Abbey Meyers）是康涅狄格州一位不知名的母亲，她儿子得了一种罕见遗传病"妥瑞症"，是她牵头发起了一场漫长而艰苦的运动，激励制药公司投资和开发治疗诸如此类疾病的药物。

她的盟友是《孤儿药法案》的作者，国会议员亨利·韦克斯曼（Henry Waxman），这是一位来自加州的年轻国会议员，他日后将以批评大型研究型制药公司为职业。

在韦克斯曼的鼓励下，迈耶斯直面制药行业，提出了一个非常简单的问题，而这一新立法只能给出部分答案。她的问题是："如果他们（罕见病患者）被诊断患有一种严重疾病，而你却不能给他们一种治疗药物，并不是因为没有已知药物，而是因为没有公司觉得制造这种药物能够获得足够多的利润，那么你会感觉如何？"

迈耶斯坚持不懈地劝说报纸、电视和杂志去报道这件事情，称制药行业缺乏同情心，对一位母亲的求助没有反应。她掀起了一股巨大的行动暗流，并最终将其组织起来，于1983年5月创建了"全国罕见病组织（NORD）"。

迈耶斯甚至促使一个很受欢迎的电视节目（该节目名叫Quincy，M.E.）的制片人写了一集关于一名患"妥瑞症"的少年的故事，来对公众进行罕见病教育，也让公众了解那些被遗忘的、几乎没有治疗希望的患者。

该节目的主演杰克·克鲁格曼（Jack Klugman）读过迈耶斯的国会证词，她的故事也触动了他。克鲁格曼最后演了两个节目——一个是关于"妥瑞症"的，另一个是关于一种被称为"缺氧后肌阵挛"的神经痉挛症的，这两个节目都有利于让人们意识到罕见病群体的挣扎。

"数千人写信给杰克·克鲁格曼谈论这部戏。"阿比·迈耶斯说。有些人说他们认识一个"妥瑞症"患者，另一些人说他们患另一种罕见的疾病，目前还没有治疗方法。杰克·克鲁格曼告诉邮局："邮包甚至都不要打开，直接把它们寄给阿比·迈耶斯就行。"

一组志愿者帮助迈耶斯整理邮件，留下关于"妥瑞症"的，把剩余的转给其他罕见病支持群体。

"在我看来，毫无疑问，这些被数百万美国人观看的电视节目是推动《孤儿药法案》冲过终点线的主要因素。"阿比·迈耶斯今天说。

迈耶斯和特米尔后来变得很熟悉。他们经常在公共卫生政策问题上产生分歧，但就对患者，尤其是对罕见病患者的热情而言，他们始终都能达成一致意见。

当话题转向药物定价时，他们之间通常就会出现摩擦。针对制药公司的争论焦点是非常明确的。尽管最初的《孤儿药法案》及其之后的修正案在激励孤儿药开发和推出方面取得了成功，但制药公司和生物技术公司却因未能遏制随后出现的创新药物的高价而受到批评。

立法者没有想到这部法律所产生的一个意外后果。该法律在制定时部分条文是比较模棱两可的，因此一些不讲道德的制药公司会滥用法律，对现有的一些老药大肆涨价，同时在这些产品的研发方面很少或没有进行投资，从而使它们的疗效价值增加得很少或没有增加。

尽管在其实施方面存在一些挑战，但《孤儿药法案》仍然被称为是一个巨大成就，它有助于激励新药的研发，并为罕见病患者、他们的家人以及他们的护理人员赋能。医务工作者普遍认为，患者权益保障群体的迅速崛起与《孤儿药法案》的通过有直接关系。

这个法案的通过使局势朝着有利于这些群体的方向发生改变。几十年来，这些群体一直受到忽视，情况甚至还更糟。亨利·韦克斯曼在该法案通过时宣称："我们重新调整了制药行业的经济秩序，让市场能够运转起来。"毕竟，很多那些致力于《孤儿药法案》通过过程中政治问题的人日后都承认，这个法案之所以采用市场化方法，不是因为他们选择这么做，而是因为有必要这么做。

"全国罕见病组织"是第一批为孤儿病患者高举旗帜的组织之一，但这一潮流只是刚刚开始，因为数百个其他患者权益组织在此后十年间将大声疾呼，要求创建患者登记制度，向支付方进行推广，提高新药可及性和报销费用。健赞和特米尔都将直接受益于这一热情的群体，并与其保持密切联系。

让健赞振翅高飞的下一个因素，是人们对获得性免疫缺陷综合征（艾滋病）的担忧，以及它不断加深的威胁，不仅是对国家血液供应的威胁，而且是对所有人源药物的威胁——人源药物的例子包括通过全血分馏和人血小板提取的那些药物。在健赞开发其第一个罕见病产品"西利酶"的同时，这一国际性危机引发临床医生和患者的强烈抗议，因为他们有可能受到被污染的药物产品的影响。

在 1986 年年中，"艾滋病相关综合征（ARC）"被 FDA 认定为一种罕见病，随着这一认定，人们对罕见病的关注呈指数增长。这一意识让人们注意到人数很少的患者群体所面临的挑战。艾滋病群体慷慨激昂地呼吁生物技术行业提供帮助，有助于提高最脆弱的患者——那些无药可治患者——的存在感。

　　ARC 危机也让人们认识到了生物制造方法的重要性。突然之间，某些药物产品来源（人源材料）的纯净度受到了威胁。重组 DNA（rDNA）技术仍然有希望提供一个解决方案，虽说不能保证。健赞作为一家公司正在开发其用于重组 DNA 生产的技术方法，而当时关于怎样保护患者的激辩正酣。

　　在这一时期，其他外部因素也将在健赞背后掀起风波。全球股票市场正在世界范围内抬高股价。如果说存在一种养育生物技术的母乳的话，那么它就是快钱。在 20 世纪 80 年代中期，还有什么地方能比股票市场来钱快？在从 1982 年 8 月开始的长达五年时间的美国股市牛市期间，美国道琼斯指数增长 250%，直到 1987 年 10 月 19 日"黑色星期一"崩盘。然而，美国股市在不到两年时间里又将其损失全部找回来了，生物技术行业重获生机。

　　资本从公共和私人来源向生物技术行业的流动，无疑是致力于重组遗传学的新时代企业获得强劲增长和澎湃激情的一个主要贡献。投资者、员工、医生，当然也包括患者，都将受益于行业在这些慷慨年份所取得的进展。

　　在这一历史阶段和历史时刻，特米尔和健赞所面临的条件近乎是理想的，这让他们可以打造一个大型的、重要的和全球化的医疗产品公司。这个公司以一系列罕见病治疗药物为主业，同时也进行多元化经营，涉足其他一些风险较小的医疗产品细分市场。

　　在 1983 年就任总裁时，亨利·特米尔是不可能预见到在此后十年间所有在他和健赞身上发生的那些幸运的。然而，毫无疑问，他意识到了棋盘上的很多棋子要么已经存在，要么将会出现。

　　但他还有待展示自己对怎样利用和操纵它们的掌握。

　　不过对特米尔来说，这将会是其一生中最为重要的转折时期，其职业发展弧线从公司高管转为企业家。他已经学到了，或者天生就有从近乎一无所有来打造一个大企业所需的组织技能、领导魅力、战略眼光和强劲动力。他的命运就摆在自己面前。

第四章

不可能完成的任务

到 1983 年底，华尔街开始意识到，新经济中要出现的最有意思的经济部门将是生物技术行业。

亨利从贝恩公司挖来担任健赞首任首席财务官（CFO）的吉姆·舍布朗慕（Jim Sherblom）——他是健赞公司第 22 名员工——回忆说："波士顿地区当时只有六家初创公司，其中贝恩公司最看好的是百特特拉维诺公司的人在经营的三家。"

这三家公司分别是加布·施默格尔的遗传学研究所、鲍勃·卡朋特的综合遗传学公司和亨利·特米尔的健赞。但当亨利第一次评估自己到底面临怎样的工作时，他一定不会觉得自己是生物技术的"金童"，不管自己与百特有关系还是没有关系。

谢里·斯奈德将会是一个问题。健赞公司这位善变的创始人和 CEO 经常是动荡的根源。

一天，金杰·摩尔记得，她接到一个来自英国的电话。约翰·利特柴尔德刚从赛马场回来，赛马中有一匹意想不到的黑马，"我看到一匹马在跑，它的名字是'健赞基因'。这是巧合吗？"

金杰·摩尔心想："我的天呐！"

这匹马在该公司的预算中是一个列项，尽管不容易发现。原来健赞基因"就在工资单上"。

最终，大家都知道了健赞基因。它将成为公司的传奇，但对亨利来说，在

1983 年，它只不过是又一个让人头疼的大问题，是一些错误行动的症状。

在就任其新职务几个星期后，舍布朗慕在英国与公司的英国财务总监见面，为将要进行的一项审计工作做准备。

"我们逐项进行检查，"舍布朗慕回忆，"他说：'这个您可能要想一下，因为审计人员会把它标记出来。'

"我会的，好吧，它是什么？财务总监说：'董事长在这里，他在新市场赛马场。他想提升健赞的知名度，他看到大家都在谈论那天赢得比赛的马。所以他安排从一个训练师那里买了一匹马，并雇了这个训练师来照看这匹马，把所有饲料费、马的费用和训练师的费用都算在了市场推广预算中，全都合并到了公司费用中。'"

舍布朗慕说："这个……"，并想出了一个计划。

"我们让审计人员接受这个，因为公司还是私营的，让他们先接受这个，然后注明一下，直到我们想出解决这一问题的办法来。"

斯奈德甚至带着亨利·布莱尔去见过那匹纯种马，但布莱尔不知道他面对的是公司财产。

"我一点儿都不知道他是在用健赞的钱做这个。"布莱尔说，"我以为谢里很有钱，但他实际上很会用其他人的钱。"

最终，健赞基因的好运和谢里·斯奈德的好运都到头了。斯奈德将那匹马挂牌拍卖，被其训练师买走了。亨利·布莱尔和金杰·摩尔都回忆了接着发生了什么。"当他不得不将它从工资单上拿掉时，它开始赢了！"金杰·摩尔回忆说。

但一匹不该买的赛马，并不是谢里·斯奈德必须为健赞在预算方面所承担的唯一压力。吉姆·舍布朗慕作为健赞首席财务官上班的第一天可以说比小说虚构的还要离奇。

"我本来应当是星期一开始上班的，但我接到亨利一个电话，他说：'你以前住在伦敦。'

"我说：'是的，我以前住在伦敦。'

"'那你能在伦敦开始工作吗？'

"'可以，我星期一飞到伦敦去。'

"'不，不，你需要星期天连夜飞过去，这样你就可以在星期一上午到达，接上董事长谢里·斯奈德。'

"我对亨利说：'可以，我是首席财务官，我对这项工作了解不是很多，但我猜我是要去接上董事长，然后我们一起去见银行经理。'"

正是在这个时候，亨利说了剩下的事，吉姆·舍布朗慕回忆："他说：'是的，银行打电话给我们了，我们拖欠银行贷款了，您需要去一下，因为我认为董事长处理不了这种事情。'"

吉姆·舍布朗慕乘坐红眼航班飞了过去，租了一辆车，然后开车到饭店去接斯奈德。"我穿着我在贝恩公司的深蓝色西服，系着红领带，穿着白衬衫，整个装束都适合去见一个银行家。而我去接斯奈德，他却穿着蓝色牛仔裤和飞行员夹克。

"我们到了银行，银行经理穿着非常得体。他的助理确保我们都有咖啡，然后我们围着他办公室一张小桌子坐下来吃着饼干闲聊。他想谈谈我们的家庭和他的家庭，我认为我们在建立某种关系。最后，在我们就这么谈了大约 15 分钟后，他把自己的咖啡放在一边，看着谢里，说：'你们拖欠贷款了，你们准备怎么解决这个问题？'

"谢里将双脚稳稳放在地上，身体前倾，说：'我们不仅无法还上贷款，而且还需要借更多的钱，否则你所有的钱都拿不回来。'"

吉姆·舍布朗慕记得自己脸色发白。他吸了一口气，请斯奈德把他的咖啡和饼干拿到办公室外面去。舍布朗慕在斯奈德离开后关了门，他给银行经理提供了三个可以为他担保的 CEO 的名字。

"我指出，这是我上任的第一天，事实上，我只上任了几个小时，所以我问他可以给我多少时间来解决问题。

"'根据你的承诺，'银行经理说，'我给你六个星期。'"

在吉姆·舍布朗慕解决公司财务问题的同时，亨利·特米尔的工作重心是做一件自己长期梦想要做的事情——为一个新的行业建立一个新的业务模式。生物技术的发展道路，可以用里根总统喜欢引用的一句台词来描述，这句台词出自当时很受欢迎的电影《回到未来》："我们要去的地方不需要路。"

但在他能够冲上云霄之前，亨利·特米尔首先必须筑牢健赞的根基。

公司的合伙人刚刚完成一轮融资，而且"亨利以为公司在银行里有钱，"据彼得·沃斯（Peter Wirth）说，"但实际上这些钱大部分都用来偿还所欠债务了。他并没有得到他所预期的资金支持，而且我认为他指责谢里缺乏透明度，这使得他们之间的关系一开始就不好。"

与其他生物技术公司 CEO 不同的是，特米尔对他们在寻求新分子 / 新药物时所采用的那种高风险、高耗时的"发现 - 开发"模式不以为然。

他跟自己的投资银行家彼得·德雷克（Peter Drake）博士谈了自己的计划。

"这是我们要做的：我们要将我们诊断业务的利润拿出来，再将它们投进去，我们要建立一个全新的药物开发模式。"

亨利喜欢说健赞是唯一一家拥有发货台的生物技术公司。彼得·沃斯说，亨利对"他们既制造又销售产品"感到自豪。

"亨利在怎样打造自己企业方面非常保守，所以他要让公司收支平衡。如果他能够融到资，他会去做，并将钱花在研究上。如果他融不到资，他会紧缩开支，靠自己创造的收入来度日。"

彼得·沃斯提醒我们，亨利首先是一个商人。

"他是完全实用主义的。他学的是经济学，他所关心的无非就是寻找机会，然后看看你可以用这个机会来做什么。他基本上就是以自己所拥有的资产为基础，而他所拥有的资产却并不那么有吸引力。我是说，基本上，你只不过是到处去收集胎盘并从中提取一种酶。这不是生物技术，这是蛋白纯化。"

特米尔的个人风格、实用主义直觉和财务自律最终让谢里·斯奈德难以忍受了。正如亨利·布莱尔后来所定性的，他们之间的关系是"油与水"的关系。这两个人之间很少有意见一致的时候。斯奈德的忍耐达到了极限，特米尔也快达到了忍耐的边缘。

作为公司的一名创始人和 CEO，斯奈德知道，他在这一领导职位上的时间不会持续太久。在聘用特米尔时，他认为特米尔将是他的接班人。但现在，所有这一切都变了。他在 1985 年春说服董事会，将除特米尔之外的其他人也作为自己的接班人加以考虑。公司委托第三方寻找继任者，这个过程静静地开始了。

寻找继任者的工作在拖拖拉拉地进行着，并不成功。到第二年12月，矛盾已经无法调和，要最后摊牌了。

特米尔最初是在1983年10月接受其作为公司总裁这一职位的。他当初之所以决定接受这个职位，是因为他明白，他将在到任之后一年内成为健赞的CEO。

但现在两年多过去了，当然这种事情并没有发生。特米尔的耐心已经耗尽。特米尔直接要求董事会停止寻找继任者，任命他为健赞新的CEO。

公司现在正在与银行联系准备上市，毫无疑问特米尔会成为一个更强势的CEO，领导公司完成这一过程。毋庸置疑他还拥有在这一高位上带领公司走向未来所需的经验。

但人们针对特米尔的判断和他对葡糖脑苷脂酶——他的高风险戈谢病研发计划的投入也提出了一些质疑。谢里·斯奈德不支持特米尔继续开发的决定，更不要说任命他作为其继任者。

斯奈德和德雷克在公司首次公开发行（IPO）起草会议将要开始的前一天晚上，到波士顿的四季酒店吃晚饭。德雷克不敢相信他听到斯奈德刚刚说过的话："明天要召开一个董事会会议，我们要开掉亨利·特米尔。"

德雷克反应很快："我垂头丧气，极为困惑。"

当他后来问斯奈德为什么决定提出这一建议时，德雷克记得斯奈德回答："他不认为特米尔有作为一个CEO所需的精力。"

第二天，1985年12月5日，董事会做出了自己的决定。谢里·斯奈德被任命为健赞的非执行董事长，被要求让位。亨利·特米尔被任命为健赞的总裁兼CEO。斯奈德将在1988年放弃董事长职位，并完全退出董事会，去追求自己其他方面的兴趣爱好。在他离开后，特米尔也将得到董事长的头衔，并将在此后23年担任健赞的董事长、总裁兼CEO。两人后来基本上没有再说过话。

1985年那次关键的董事会会议之前的时期是几年艰难的岁月，领导人接替方面缺乏透明度，这给特米尔造成了进一步的挑战。但亨利现在已经掌控了健赞，从这一重要方面来讲，局势已经逆转。

从那时起，亨利·特米尔将自己的赌注完全压在了葡糖脑苷脂酶上，之所以这么做，是因为他亲眼看到了罗斯科·布雷迪实验室所取得的结果。他还将收购一些企业，以使公司业务多元化，减轻损益表的压力。每当有人质疑时，亨利·特米尔都会把话题带回到布莱恩·博尔曼和葡糖脑苷脂酶上，说："我们知道它可以。"

几年后，一位哈佛商学院教授在其一项有名的案例研究中，描述了健赞的戈谢病治疗药物开发计划和他与亨利·特米尔的会面——在这次会面时，特米尔决定进行"西利酶"的开发。

特米尔会定期将其科学顾问委员会召集起来，在星期六全天开会，这项非正式务虚会的内容是研究这家年轻公司所面临的很多机会。

在 1985 年秋天的一个星期六，科学顾问委员会开会专门讨论健赞是否应该对罗斯科·布雷迪所领导的研究工作进行投资。当时存在很多问题。

"一整天，"哈佛大学这项案例研究写道，"这些科学家都在辩论管理问题，试图回答三个问题：它是否可行？它是否安全？以及它是否能够盈利？

"关于第一个问题，科学顾问们是怀疑的，他们指出，没有可靠证据证明布莱恩·博尔曼一个案例的结果可以推而广之……关于安全性的争论同样也很麻烦……关于 HIV 和丙肝风险的宣传，使公众对来自人体组织的产品越来越担心，也导致这些科学家们提出一个建议：如果等到生物技术能够创造出（这种酶的）一个重组版本再进行下去，这样也许会更谨慎一些。

"最后，关于是否能够打造出一项业务也存在很大问题。有人担心是否能获得充足的胎盘供应，也有人担心开发这一产品所需的巨额投资。性格保守的亨利·布莱尔担心这会让公司破产；谢里·斯奈德也反对这一提议。"

那天上午，和科学顾问们一起开会的还有来自健赞创始风投伙伴橡树投资公司的金杰·摩尔和健赞创始酶学家亨利·布莱尔。这两个人静静地坐着，在科学顾问委员会成员着重讨论两个决定成败的潜在重大议题时，他们的不安也愈加明显。

第一个是这个治疗药物本身的严重问题。

在他们眼里，这只是一个未经证明的实验产品，它只在八个患者当中的一人身上获得了实验结果，难以可靠证明其疗效。而且，重要的是，该产品一年仅治疗一个患者的供应量就要求健赞要想办法找到 22 000 个产后人胎盘。

但即便如此，这个市场也还是太小——他们认为全世界也许只有 5000 名患者。整个想法从表面上来看是挺荒谬的。

健赞从哪里去收集治疗该病患者所需的全部胎盘？健赞又怎么能够对其加以利用并创造出一种得到 FDA 批准的产品？人们怎么能够支付得起它？（早期估计表明，每个患者每年的费用达数万美元，远远超过 1984 年所销售的最贵药物产品。）

对公司科学顾问委员会而言，问题是显而易见的：健赞怎样将所有投资包括研发费用、过程开发费用和生产费用转化成一项可行的业务？

答案同样也是显而易见的，至少对他们来说。

但亨利的答案也是显而易见的，只是跟他们的答案不一样。

"我们开了一整天会，问自己：'我们是应当继续推进这个，还是应当考虑别的？'他们决定，不应当继续下去，因为他们认为基因疗法才刚刚出现，而且我们毕竟也无法得到足够多的胎盘。为了解决剂量问题，他们说：'你需要重组技术，如果你有了重组技术，那么你也许可以直接去做基因疗法，因为那是接着应该迈出的一步。'我没有接受他们的建议。基于我自己对这个患者所做的观察，我继续推进自己的想法，但也并没有不尊重他们的意思。"

或者说，正如他在几年之后所说的那样，"当由知名人士组成的科学顾问委员建议不作为时，他们并不总是正确的。"

布雷迪在 NIH 的团队成员之一、后来加入健赞的斯科特·佛彼时（Scott Furbish）博士说："我想问亨利他何以有胆量做出那个决定。"

特米尔下了大胆赌注，这个赌注将永远改变他的生活和他留下的影响。

亨利·特米尔的回答植根于他亲眼所见。仍然是健赞实验研究中一名患者的布莱恩·博尔曼就足以证明，这种疗法背后的科学原理是可行的，他们只是还没有完全理解它而已。

除了布莱恩外，还有几千名其他患者。"我们有义务找到并治疗他们。如果我们不去做，谁还会去做呢？"特米尔仍这么认为。

罗斯科·布雷迪和他的团队推测，该药物对试验中七名无响应患者没有疗效的答案，可以在该药物的使用剂量中找到。给其他患者（大部分都是十几岁）的剂量与给博尔曼的剂量是一样的，而博尔曼是一个体重只有 30 磅（译者：约 13.6 公斤）的小孩。身材、体重较大，所需的剂量也较大。当做出这一改变之后，他们预感，其他患者对治疗的反应也会同样显著。

几个月内，采用根据体重调整剂量方案的另一项实验性研究开始了。这一次，这些患者有了反应，他们的健康状况也明显改善了。

这进一步向特米尔证实了他在小博尔曼快速恢复中所观察到的东西，健赞一位老员工也开玩笑说，在他在健赞漫长任期的剩余时间里，这也"污染了他的想法"。

"一旦我们有了剂量反应，"特米尔后来回忆，"只要患者得到正确诊断，我就会拒绝考虑这种疗法可能会不可行。这就是不被知识所累的优势。当你是一个经济学家时，你就会做这样的假设。一个生物学家会想出它为什么不行的 500 万个理由来。我可能纯粹是靠运气才猜对的。有很多人告诉我这很疯狂，试图将我们向不同方向引导。"

解决下一个问题，即产品供应的问题，却不那么容易。每年收集近 6000 吨人胎盘，来治疗世界上估计数量有 5000 人的戈谢病患者，这是一个很大的问题。然后另一个问题是，怎样建立一个生产流程，使它能够始终如一地满足 FDA 的严格标准，并能产生成本效益？

如果说有好消息，那就是特米尔及其领导团队的几名成员，都为全球 500 强的血浆分馏商百特公司工作过或提供过咨询服务。取人体组织（对健赞来说就是取人胎盘），并从中提取一种酶的想法并不新。百特每天都在世界各地做这个。那么健赞为什么就不能找到一种做同样事情的方法？简单依靠一个第三方来帮助他们不就可以了吗？

为了获得帮助，特米尔找到了百特在欧洲的竞争对手之一，总部设在里昂的巴斯德·梅里厄公司。他了解梅里厄公司，该公司是血浆置换法以及从全血来开发血液产品的早期先驱之一。

在 20 世纪 80 年代中期，梅里厄是世界上最大的胎盘收集商以及血液和血浆分馏商之一。该公司每年收集五吨半的人胎盘，其中包括美国全部活产胎盘的70%。在处理完每个胎盘之后，它还将大量胎盘材料作为医疗垃圾扔掉。

在接触了梅里厄的领导层之后，特米尔让其同事，常驻伦敦的高级生产运行负责人杰弗里·考克斯（Geoffrey Cox）博士飞往法国，在那里，他与梅里厄代表，同样负责生产运行的高管雅克·博格（Jacques Berger）见了面。他们两个人在1987年至1996年间见过几次面，建立了伙伴关系，来从人胎盘中生产出要用在健赞公司的戈谢病酶疗法中的基体材料。

特米尔后来回忆说："他们让胎盘通过酿制葡萄酒用的那种漂亮的压榨机，以此来提取液体，再将提取的液体送到一个工厂去分馏。胎盘组织本身则被扔掉了。我们需要的正是他们扔掉的。我到巴斯德·梅里厄公司去，说：'我们想要你们扔掉的组织。我们会给你们出钱来建一个工厂。'"

这种联盟关系从几个方面来讲都是不同寻常的：第一，简单的事实是，该联盟是通过一次握手建立起来和运行的。在前三年里，没有主协议，没有合同，没有约束性协议——只有诚信和谅解，即梅里厄将以成本加成的方式来生产该材料，并从健赞最终净销售额中获得一笔小额提成。

吉姆·舍布朗慕说："这始终都像是最奇怪的事情之一——他们为什么会按照他们给我们的条款让我们获得那种酶，因为基本上他们本来可以要挟我们，并从我们这里把它抢走。"

第二，是令人惊讶地偶然发现，梅里厄公司已经在收集世界上一半以上的人胎盘，来制造用于其核心业务的血液产品。

第三，建设一座健赞专用制造厂的500万美元投资已经到位，其来源是健赞在1986年的上市。

梅里厄邀请健赞在其位于里昂郊外马西莱托勒的主分馏厂附近的一小片空地上建一个附属建筑，与其主厂房相连。

健赞公司负责生物制药的高级副总裁艾莉森·汤顿-里格比（Alison Taunton-Rigby）博士记得，那个工厂是"大棚子"。

"那个地方很暗，很脏。每个人都穿着长至大腿的威灵顿长筒靴。他们戴着塑料围裙，覆盖严实。因为他们处理的是有传染性的血液，所以我们没有进入主厂房，我们觉得那样太危险。

"我们在后面建了一个棚子，棚子只开了一个小门，他们将人体组织传给我们。我们在法国对其进行部分处理，提取一定成分，使其安全到可以运到美国去。"

为了完成处理，健赞在宾尼街上开了一个工厂，杰弗里·考克斯记得它是"一个小工厂"。艾莉森·汤顿-里格比记得那是一个有"压榨机和大缸"的小屋。

宾尼街的工厂为汤顿-里格比团队提供了他们自己的独立生产设施，使其能够生产葡糖脑苷脂酶，经过下游改性和装瓶之后就适合对患者进行静脉注射了。在此之前，该团队都依靠 NIH 来生产和完成其药物产品。

"我们在那里建了一个小型试验工厂，因为没有其他地方可去。"汤顿-里格比博士说，"我们就是在那里完成一切的，制定了实际生产这种酶所需的全部规范和程序。"几年之后，在"西利酶"获批后，这个小工厂也将很快得到 FDA 批准。健赞离实现其使命越来越近了。

在产品修订、临床试验成功、过程开发和与巴斯德·梅里厄建立联盟的同时，特米尔也遇到了其他一些问题，这些问题对那些年轻、有抱负，但却未经过实践检验的生物技术企业来说更为典型。

该公司的财务状况有时很不稳定。通过上市，该公司得以能够在 1986 年 6 月进入公共资本市场，筹集到 2800 万美元。但在 12 个月内，它储备的现金就快烧光了，钱主要花在给新员工开工资，支付马西莱托勒工厂的费用以及临床试验开发的费用上。

为寻求帮助，特米尔找到他的老朋友，华尔街专业公司考恩公司董事长乔·科恩（Joe Cohen），想筹集更多资金。而科恩转而向吉姆·舍布朗慕寻求帮助，后者想出了一个主意。他知道有人通过房地产领域的有限合伙人（LP）成功筹集到了资本。他们一起对 LP 机制进行了改造，专为资助"西利酶"的研发创建了一个 LP。这一创新将为舍布朗慕在《CFO》杂志封面上赢得一席之地。

在整个 1987 年夏季，该公司都在拼命努力为其很有前景的新药开发寻求资助，但都未能取得很大进展。最后，在还剩几个星期的时候，健赞只得到像纽约奥尔巴尼这样较小的城市里去向个人和经纪公司寻求融资。

健赞让罗宾·伊利博士（当时她正怀着自己的第五个孩子，已有八个月身孕在身）从拉瓜迪亚飞到奥尔巴尼去帮助说服潜在投资者。她前四个孩子中有两个都被诊断患有戈谢病。她已经成为戈谢病患者新兴群体的发言人，而且对特米尔也非常感激。

健赞公司的代表们用一台柯达旋转式幻灯机来讲述布莱恩·博尔曼的故事，据他母亲介绍，这个故事"抓住了那些听故事的人们的心，希望也能抓住他们的口袋。"

罗宾走了进来，对一群有钱人说，她未出生的孩子也有可能先天患有戈谢病。然后，她抓住特米尔胳膊说："亨利，我觉得我要生了。"

特米尔赶紧把她扶到屋外，告诉她："我是一个脱轨的经济学家，你是医生，我帮不了你。"她然后说："没关系，可能只是假象。"但事实上这可能是真的——乘坐小飞机到奥尔巴尼途中的颠簸造成了她可能早产。

与此同时，回到会议室中后，罗宾的假产产生了一种电效应。吉姆·舍布朗慕回忆说："我们当时在会议室里可能有100人，他们都在开支票，因为他们觉得，这个懂科学的女人正在将她自己置于危险境地。"

到9月底，该公司有了自己的钱。据吉姆·舍布朗慕说，医生开出了足够多的处方，"我们能够感觉到这件事情真的将要发生了。现在，考恩公司所有其他分支机构都开始关注这一事实，其中一个分支机构承诺要给一大笔投资。这是一个转折点。"

这是一个非常幸运的突破，因为几天之后，在1987年10月17日的"黑色星期一"，股票市场遭遇了一次历史性的崩盘，在一天之内就损失了其25%的价值——迄今为止这仍然是道琼斯指数历史上最大的单日崩盘事件。

特米尔的研发LP交易在崩盘前一个星期完成了。资金存到了银行里，该公司继续推进其重要的戈谢病计划。

特米尔后来坦承，"市场崩溃了，如果我们不能完成那个交易的话……我们将会放弃。"

在健赞 1987 年躲过所有"地雷"之后，人们以为那个研发 LP 也许预示着亨利·特米尔要转运。他在证明自己是一个用兔子和帽子变魔术的大师，他需要这些道具。

艾滋病相关综合征（ARC）现在显然被看作是对全世界血液供应的一个威胁。ARC 在 1986 年被 FDA 认定为一种罕见病。它是通过血液传播的一种病毒性疾病，只要有血液，就有 ARC 传播的可能。

对健赞来说，这意味着大量病毒污染问题的出现以及人们对其正处在萌芽阶段的旗舰业务的担心。刚开始时，人们还不知道该疾病的足迹达到什么程度，同样也不知道其威胁的范围。但特米尔根据自己在百特工作时的经验深知，健赞的葡糖脑苷脂酶来源——胎盘组织——有被污染的风险。

监管部门、戈谢病患者和他们利益代言者很快便确定，治疗戈谢病患者的重要性远远超过感染 ARC 的风险，所以他们将允许"西利酶"继续推进。

然而，随着 ARC 的扩散，要求健赞保护其戈谢病患者群体的压力迅速增大。后来，他们将在开发一种新的、第二代重组版本的"西利酶"（那个时候它尚未得到 FDA 批准）中找到解决这个问题的答案。到那个时候，"思而赞"已经诞生，从而开启戈谢病治疗的一个新篇章。

第五章

打开希望之门

健赞的肯德尔广场总部气氛很紧张。与罗斯科·布雷迪和诺曼·巴顿（Norman Barton）一起，亨利·特米尔和艾莉森·汤顿 - 里格比在马里兰州的罗克维尔向 FDA 顾问委员会（AdCom）作报告。该委员会开会评估临床试验结果，并进行投票。他们会建议批准将"西利酶"用于治疗戈谢病吗？

那是在 1990 年 10 月 22 日，健赞每个人都知道，人们期待已久的这一天将在未来数年里被铭记，不管是好是坏。甚至纳斯达克股票市场也注意到了这一天，因为健赞股票已停止交易，直到 AdCom 的决定发布。

杰克·赫弗南（Jack Heffernan）说，那种感觉就像是在奥斯卡颁奖典礼上等一位主持人说"请把信封给我"。

最后，电话响了。特米尔的人事总监赫弗南正在他办公室里。亨利是从洛克维尔大道上靠近 FDA 的华美达酒店昏暗地下室的一个付费电话上打来的。在"大使馆宴会厅"讨论三个小时后，FDA 顾问委员会当天的会议刚刚休会。当时的时间是晚上 5 点 10 分。

"我一直在等这个电话。"杰克·赫弗南回忆说，"我的办公室紧挨着咖啡厅。如果是坏消息的话，我们就不打算召集大家开会了。

"亨利打来电话，我回答：'亨利？'

"'杰克？'

"'是我，亨利？'

"我听到的都是他的哭泣声，哭得一塌糊涂。我说：'亨利？'

"他说：'是的，是的。'

"我说：'好，好。'

"我放下电话，逢人便问谁会开公共广播系统……'请大家注意'……我说，'成了！'"

他们两人都知道这意味着什么。数千人将会免于身体被戈谢病搞垮，将不再依靠轮椅，也将不会因患这种病而早天。对布莱恩·博尔曼来说，这意味着他的脾脏不再肿大，骨头不再异常，不再有严重贫血，血小板数量也不再低到危险的程度。这意味着一个近乎正常的生活。

在顾问委员会的推荐之后，FDA 将在第二年 4 月"批准"该药物。但这是关键的一步，说服了那些说它永远也不可能实现的否定者们。

这一时刻人们激动的情绪弥散在空气中。从罗斯科·布雷迪博士史诗般的艰苦努力［这种努力开始于 1966 年，并得到诺曼·巴顿、斯科特·佛彼时、约翰·巴林杰（John Barranger）、伊丽莎白·诺伊菲尔德（Elizabeth Neufeld）和布雷迪在 NIH 实验室的其他人的帮助］到特米尔坚定不移的决心、良知和勇气，其间经过了几十年时间。这是将来伟大行动的一个关键时刻，甚或是决定性时刻，这一伟大行动就是，为全世界的罕见病患者、他们的家庭成员和护理人员所构成的群体（这一群体估计约有 5 亿人）发现和开发新治疗药物。希望的大门终于正在打开。

FDA 安排 FDA 代谢和内分泌药物部门主管所罗门·索贝尔（Solomon Sobel）博士，作为负责审批健赞申请的主审人员。他曾是负责批准史上第一个遗传工程产品"优泌林"（重组胰岛素）的主审人员。而且，健赞团队后来得知，他还是"和平之屋犹太会堂"的一名成员和虔诚教徒。该犹太会堂是马里兰州波托马克的一个犹太教堂，是博尔曼家祈祷的礼拜堂。临床试验的另一名参与者，一位来自南非的小女孩也在这个教堂参加礼拜活动。

"所罗门·索贝尔在这些小孩接受治疗时对他们观察了六个月，他们看起来有精神多了。"艾莉森·汤顿-里格比回忆说，"他们不再像以前那样有出血问题，身体上也不再到处都有瘀伤了。他看着他们好起来。他一直都在观察他们，但我们并不知道。这就是他为什么愿意为这一治疗方案说话的原因。"

评估会持续了三个小时，从其临床研究这个主题上来讲单调乏味，多是统计数字；有时显示出争论的意味。该委员会就关键研究的结果及其设计的细节问题进行了询问。关键研究是在 NIH 进行的，由诺曼·巴顿博士设计和执行。他是布雷迪博士信赖的副手。

布雷迪（领导 NIH 发育和代谢神经学分支的医生）是实验室主任，也是一位有远见卓识的人；巴顿是转化医学专家。12 位被确诊为戈谢病的患者参加了这个临床试验。巴顿负责他们的用药剂量，在整个研究过程中监测他们的健康状况，并收集和报告结果。该临床试验从 1989 年 4 月 24 日开始。

巴顿非常清楚地记得特米尔和 FDA 顾问委员会的会议，这次会议是孤儿药疗法开发史上的一个里程碑。"亨利在会议结束时站起来，走到麦克风前。CEO 们在这种会议上讲话并不常见。由于事关重大，这些都是压力很大的会议。大多数 CEO 们一般都会交给有科学 / 医学背景的人以及统计人员进行讨论，但亨利却是自己去讲话。这是一种神奇的、有益的药物。他基本上是这么说的：'求你们了，批准这个药吧。'令人印象非常深刻。

"他真的像是把整个公司的命运都压在这个上面了。"

阿比·迈耶斯也知道这个时刻的重要性。"制药公司习惯于从大处着眼：患者人数大，利润就多。他们从不考虑非常见病的治疗需求。孤儿药面对的是一个根深蒂固的行业模式……愿意承担风险的有创新精神的新人需要参与进来。"

FDA 关键临床试验已经完成，最终"西利酶"获批。尽管其获批按照几乎所有标准来讲都是非常快的，但当初接受这一挑战并非没有顾虑。毕竟，这是一个新领域，酶取代疗法是前沿的、新颖的、未经证明的。

该临床试验的成功记录在了 1991 年 5 月 23 日的《新英格兰医学杂志》上。参加试验的患者年龄在 7 岁到 42 岁之间，其中五名男性，七名女性。该临床试验对每个被选中参加的患者进行了为期一年的研究。12 名患者全部都对治疗有反应，试验非常成功。

正如菲尔·雷利（Phil Reilly）博士所描述的，"经过一年的治疗，所有患者的血红蛋白浓度都提高了，9 个患者的血浆葡糖脑苷脂酶水平降低了，所有患者的脾脏尺寸都缩小了……"

所以随着"西利酶"在 1991 年 4 月获得 FDA 批准，人们已经看到了希望。随后又发生了一系列事情。由阿比·迈耶斯等人在《孤儿药法案》于 1983 年初通过后发起的患者权益宣讲运动急速发展。"西利酶"获批也激发了行业对开发治疗其他罕见病药物的兴趣，其中包括囊性纤维化、法布里病、蓬佩病、1 型黏多糖贮积症（MPS 1）、肌肉萎缩症、泰 - 萨克斯病和尼曼 - 匹克病。监管机构和国会议员们也给予了关注。利用研发有限合伙人（LP）这样的特殊融资平台来资助创新药物开发的情况如雨后春笋般增多。风险投资也赶上了这一潮流，开始积极创建和资助采用重组 DNA 生物技术的创新型企业，其中一些专注于孤儿药开发这一新领域。

对特米尔来说，由他领导的这一时期，即 90 年代，奠定了他作为孤儿药运动发起人之一和罕见疾病患者利益捍卫者之一的地位。这一时期也让他建立了自信，从某种程度上来讲，也让他相信自己是战无不胜的，而这种自信最终促使他成为生物技术行业一位极富个人魅力的 CEO。

正如健赞被赛诺菲收购时特米尔的继任者大卫·米克尔（David Meeker）深情回忆的那样："亨利并非天生伟大，但他是超越常人的、完全与众不同的。任何事情对他来说都是可能的。他挑战传统思维。他并不急于得出简单的结论。他是一个好奇心极强的人，对生活以及生活所提供的一切都感兴趣。他在戈谢病群体中的早期岁月永远地改变了他。他天生有能力与人亲近，尤其是与员工、患者和他们的家属。他对人的热情和兴趣都是真实的，这种真实性是独立于等级和身份的。健赞帮助他释放出了内在的自我，而他的领导风格也得到了人们的响应。"

各种荣誉如潮水般涌来，但特米尔不是那种会陶醉在荣誉中的人。他很自谦，而表达自谦的一种方式是，在办公室里设置一个文件盒，上面贴着一张标签，标签上是用黑色墨水手写的大字"Big Head"，意思是"大头"。他用这个盒子来装媒体刚刚发表的吹捧他的文章，这些文章他一篇都不留。这是他幽自己之默的一种方式。虽然也感到自豪，但他不是那种爱宣传自己或爱自吹自擂的人。到他去世时，他在马布尔黑德住所的地下室里有两个"大头"文件盒，与很多其他盒子放在一起。

特米尔这一时期所发生的巨大变化，他的同事是看得最清楚的。他们看到这个人正在引领一场以患者为核心的运动。他们还看到一个变成"终极人力资本家"的人——他吸引、保留、培养和辅导了一大批与他对健赞的看法相同，也同样对患者充满热情的员工。

最能体现特米尔不断增长的影响力的，也许莫过于他为 BIO（今天的名称为"生物技术创新组织"）所提供的服务，BIO 是生物技术产业的行业协会，是他在 1993 年帮助成立的。该组织是由两个相关的，但也存在某种竞争关系的协会合并成立的，这两个协会都代表生物技术公司在公共领域的权益。统一行业的声音显然对大家都是有利的。特米尔是该组织的首任副主席，在其成立两年后升任为主席。

与 BIO 的创始主席、基因泰克 CEO 科克·拉布（Kirk Raab）一起，特米尔在吸引参议员阿伦·斯佩克特（Arlen Specter）的现任幕僚长卡尔·菲尔德鲍姆（Carl Feldbaum）加入该机构担任其首任总裁过程中，扮演了一个不可或缺的角色。菲尔德鲍姆先后服务了六任 BIO 主席，直到 2004 年。

特米尔和菲尔德鲍姆相识于 1992 年 12 月。那次并不是一次一对一的拜访，而是遴选委员会的一次会议，在这个会议上他们对菲尔德鲍姆进行面试，看他是否适合这项工作。菲尔德鲍姆说："亨利有所保留，但也不是太反对，他会提出更有战略性、哲理性的'你是否将怎样'之类的问题……与遴选委员会其他成员不同的是，他与立法部门有些关系。他不天真，也不是新手……对其中大部分人来说，他就是一个'黑匣子'。"

菲尔德鲍姆最终被选上了，并于 1993 年 1 月在比尔·克林顿（Bill Clinton）就职的那个星期开始工作。对菲尔德鲍姆来说，他发现他与特米尔最初的关系"并不是说非常不合适，而是有点儿不合拍——从某种意义上来讲，而且还具有挑战性。这对我来说却是特别有创造性的。"

后来在他们的关系中，在特米尔、菲尔德鲍姆和菲尔德鲍姆妻子劳拉（马歇尔基金会一位前高管）参加的一次晚餐之后，卡尔回忆起他妻子的话："卡尔，记住，这帮荷兰人是在没有地图的情况下探索未知世界。"试图解释特米尔的好奇心、他的不可预测性，以及他愿意以其他人连做梦都梦不到的方式考虑问题。

菲尔德鲍姆和特米尔两人组成一个极为出色的团队。他们围绕全球和国内卫生政策有共同坚信的价值观。他们也相互帮助，游说和说服国会山及白宫的重要人物，让这些人不仅保护创新者的利益，而且保护他们为其开发治疗药物的罕见病患者的利益。

"当亨利成为 BIO 主席时，我们每星期要安排一小时的电话会议。"卡尔·菲尔德鲍姆说，"我们总是按时召开，而且几乎总是持续一小时。

"（会议的）议程是，'卡尔，你告诉我这个星期发生了什么和你做了什么。'然后，他会拿着一把镊子走在沙滩上，去翻动每一粒沙子。"

卡尔·菲尔德鲍姆不介意这种程度的监督。"在其他人所谓的'微观管理'中，包含着我们所发表的评论和进行的交谈。内容是，从经验来讲、从资质来讲和从我们试图达成的目标来讲，我们到底看重人们什么。

"我将这个会议叫作'降神会'。它不是一个会议，不是一个电话会议，也不是一个报告。不，它是一个'降神会'。就是坐在一个桌子旁，每个人的手都放在桌子上。我们会谈论一系列问题，包括一些真正高层次的战略思维。他能看到五步、六步或七步以外，我却不能。"

特米尔在社交方面天生就有一种自信的从容和优雅。他有一种神奇的能力，去与各色人等亲近。他也有不可思议的能力，去与他人建立一种关系，很多人将这种关系描述为与亨利"共此时"的关系。他的注意力会完全集中在你身上，让你觉得与他在一起是很宝贵的时间。他是一个不可思议的倾听者。他有同理心。他关心别人。

他在健赞公司的一位长期同事托米·蒂尔尼（Tomye Tierney）这样描述亨利："他有洞察力，他有同情心，他能让你感觉自己是屋里唯一的人。他可以像看一本书一样地去看你……他能鼓舞人……他会让你感觉糟透了，但仅仅通过他的精神，他就能让你感觉自己像是在云中漫步。"

这些禀赋在特米尔一生中都在帮他的忙，在 20 世纪 90 年代那种情况下，这些禀赋也有助于他与监管机构、政府官员、患者、患者家属，当然也包括患者利益代言人打交道，使他能够将所有这些人都聚在一起。

患者利益代言人，尤其是那些罕见病群体的，也在美国医疗卫生生态系统内组织和创建属于他们自己的地方。他们是美国卫生政策辩论中一个越来越重要的声音和一个需要认真考虑的力量。他们以罕见病群体为对象支持创新的行为，比任何东西都更能形象地说明问题。

全国戈谢病基金会（NGF）前 CEO 和执行董事朗达·拜尔斯（Rhonda Buyers）与特米尔共事近 20 年，她于 1994 年加入 NGF。她这样描述该患者利益代言人机构的早期经历："最初，该基金会寻求能够在全国各地帮助人们进行教育。我们联合起来去接触人们，让他们得到其所需的关爱。我们参与了 HIPAA 法律的制定和终身保险上限的确定，以及帮助患者报销费用。患者家庭，尤其是那些有一个以上戈谢病患者的家庭，很快会达到他们的终身保险上限。我们对此感到担心。定价是我们担心的另一个大问题。但这些都是神奇的药，'西利酶'和'思而赞'充当了很多其他药物的蓝本。

"我想起了我第一次在全国各地旅行，与这种病的患者见面时的情景。这些患者都坐在轮椅上。他们都用双拐和各种各样的辅助装置。几年后，他们都不用这些东西了。这就是为什么我总说它们是神奇的药。我想起了参加患者会议时站在讲台上哭泣的情景，因为看到所有这些孩子跑来跑去，玩得很开心，我就会很动情。他们都患有戈谢病。看到这种转变，我觉得很不可思议。"

对健赞来说，在将"西利酶"作为治疗戈谢病的新获批药物推出之后，这个征程才刚刚开始，还有很多事情要做，而马上要做的，就是开发和交付"思而赞"。

"思而赞"是健赞应对人胎盘组织供应有限及其被 HIV 污染威胁不断增大问题的答案。它是一种重组的生物技术药物，由转染了新的遗传机器的哺乳动物细胞表达。这一过程消除了"西利酶"所面临的病毒威胁。

健赞之所以能够轻松地从"西利酶"转换到"思而赞"，在很大程度上是因为，特米尔在百特的海兰德部门工作期间，熟悉血液处理操作及来自血液的凝血因子Ⅷ的生产。他了解污染的风险和怎样降低风险。他对生物药制造过程的这种熟悉对健赞来说变成了其决定性因素，在某种程度上也使其具有了差异化优势。通过其 1989 年对综合遗传学公司的收购，健赞可以说是一夜之间就变成了世界上利用尖端的哺乳动物细胞培养过程来制造重组生物技术产品的领先公司之一。这是一种新能力，是重组生物药的商业化生产所必不可少的。具备这些能力，是推出"思而赞"来代替"西利酶"的关键——"思而赞"是在1994 年被 FDA 批准的。

在戈谢病之外，特米尔已经在着眼于其他领域，不仅包括与戈谢病属同一类别的其他罕见病，如"溶酶体贮积症"类疾病（这类疾病被称为 LSDs），而且包括一系列不同的医疗产品。虽然健赞的 LSD 目标中的三个（蓬佩病、法布里病和 MPS 1）显然已经"有药可治"，但其产品预计到下一个十年才会上市。

这一现状将健赞带到了一个战略上的十字路口。数年前，在 20 世纪 80 年代中期，特米尔已经为健赞确定了远景规划：它将被"精心组织成一个多元化的企业"；它将融资 5 亿美元，通过四个全球业务部门来运作，并完全整合到研发、制造和市场推广 / 销售活动中。实际上，健赞至少在最开始并不是要成为一家罕见病企业，健赞作为罕见病领域全球领导者的最终身份，需要来自一个竞争对手的挑战，这一挑战帮助确立了公司的战略方向。

在 20 世纪 90 年代末，一个突然崛起的生物技术集团 Transkaryotic Therapies（TKT）意识到，罕见病领域有可能是一个非常有吸引力的领域，在这个领域他们可以打造一家公司。TKT 已经看到了健赞在治疗戈谢病上所取得的成功，所以它正在开发一种用于治疗法布里病的新药。与此同时，健赞并没有在 LSD 治疗药物方面进行大量投入，这会影响其未来的罕见病产品组合。虽然"西利酶"和"思而赞"已经上市，但即便是健赞也尚未完全意识到超罕见病业务的经济潜力到底有多大。

TKT 在 1999 年 6 月宣布，它已为其后来商品名为"瑞普佳"的一种新药申请了"孤儿药资格认定"，将其作为治疗法布里病的一种酶取代疗法。这一消息对健赞来说是一个警示，要求它必须尽快做出竞争性和战略性的回应。

两家公司在开发一种近乎相同的药物，而其中一方如果被 FDA 批准，将会得到为期七年的孤儿药排他性权利，将另一方排除在美国市场外。很快，"法布赞"（半乳糖苷酶）对健赞来说将成为公司一项最为优先的任务。

两家公司相互争斗，都起诉对方专利侵权。TKT 和健赞都想获得上市许可，并且分别在 2001 年 8 月 3 日使各自产品获得欧盟批准。在美国，两家公司都向 FDA 提交了注册申请文件。法院也发表了自己的意见，而且随着其中所涉及利害关系的增大，双方的分歧也在加深。

特米尔的首席医疗官理查德·莫斯西基对那段时间记忆犹新："那是一场相当激烈的争斗。亨利从一开始就一直在想，法布里病影响的患者数量是如此之少，那么有足够的空间来容纳两个公司吗？他找到 TKT 公司总裁兼 CEO 理查德·塞尔登（Richard Selden）博士，看是否有可能两家公司合作来共享市场。而塞尔登对亨利这么说：'不，我要告诉你怎么办，亨利。你要把法布里病留给我，那么我也不会跟你竞争戈谢病。'"

莫斯西基博士还回忆说："亨利离开了两人的会面，找到我，说：'干。'"

现在既然成了死敌，那么特米尔殊死竞争的本能便显露了出来。他将与理查德·塞尔登斗下去，直到分出胜负。

两家公司之间这种短暂却相当激烈的争斗，在 2003 年 2 月 11 日当塞尔登博士宣布卸任时才缓和了下来。FDA 顾问委员会在 1 月中旬一次会议上以 15 ： 0 的比例推荐健赞公司的"法布赞"，反对推荐 TKT 公司的"瑞普佳"产品。TKT 公司的股票价格在当天消息发布之后下跌超过 25%。健赞公司则风光无限，因为其下一个罕见病产品的发布就在眼前。

2003 年 4 月 24 日，公司正式宣布，健赞获得 FDA 对其"法布赞"的批准，随之而来的是它将获得美国市场的排他性销售权。

这场演绎虽然前后只有四年时间，但却相当重要，因为它将确定健赞的战略重点，奠定罕见病疗法作为公司标志性战略定位的核心地位。它也奠定了特米尔作为罕见病行业最核心人物的地位。

2003 年后，随着"法布赞"（2003 年）、"艾而赞"（2003 年）和"美而赞"（2006 年）相继在美国上市，健赞公司大踏步前进。其净销售额已经超过 10 亿美元。公司也在使其收入来源多样化，并进行全球扩张——它已进入超过 50 个市场，总共约有 6000 名员工。

尽管一切都在朝正确的方向发展，然而却有一个从 20 世纪 90 年代初期到中期开始的激烈争论仍在持续，这一争论以十年前没有料到的方式向特米尔、健赞和孤儿药行业提出了严峻挑战。这一争论是什么？它就是药物定价。

第六章

职责、荣誉和患者

罕见病患者何以成为一个鞋匠家长大的人的生活核心？对亨利·特米尔来说，这个问题的答案可以追溯到波恩血友病中心，在那里，年轻的百特高管曾经在 20 世纪 70 年代末访问患者，与他们家人交谈并面见他们的医生。

他曾经目睹过年轻的德国小男孩每天依靠药物维持生活的绝望。对这些罕见病患者，这就是生与死的差别。他们父母与亲人的焦虑也同样让人揪心。

对于他几年后要碰到的布莱恩·博尔曼，特米尔亲眼看到了其生命线。从那个时期起，他就没有选择了。20 世纪 80 年代初，生物制药公司在为罕见病患者开发治疗药物时，面临着无数的障碍，他当时的口头禅是，而且现在仍然是，"我们必须做这个。"

在加盟健赞几个月内，他对于帮助患者的执着就变成了公司文化的核心。有人将其热情描述为"疯狂"，有人选择用"人文主义"或"关怀"来描述它，也有人说这是"有勇气的"或"不明智的"，因为他要开发的产品看起来几乎没有商业潜力。

但如果将这些观点综合起来，它们就会"回归均值"。而且随着健赞计划的展开，亨利·特米尔被认为是罕见病患者在制药行业中的最高支持者。制药行业是一个追求产值达数十亿美元的重磅药物的世界，特米尔和他所领导的人们则选择去帮助那些被遗忘的孤儿病患者，这些患者无药可治，经常也看不到希望。

随着健赞药物开发工作的进行，FDA 的孤儿药计划也在继续获得新突破。

生物制药行业新药管线中也在继续涌现候选新产品。

的确，在健赞公司的早期，前进的道路远不是那么容易。特米尔和健赞面临着以前从未面临过的挑战与机会。而且这些挑战与机会并不存在于某个昏暗壁橱内架子上堆积尘土的战略计划中，它们是新鲜、丰富的科学和医学进展，每天都在为未满足医疗需求的患者寻找治疗方法。

从20世纪80年代中期直到21世纪初期，大制药公司都不重视罕见病。组建一支由九人组成的专业一线销售队伍的想法，至少可以说是非传统的。对有些人来说，这是一个舶来概念。大制药公司在组建由数百人组成的销售队伍，来向大众市场推广和销售用于治疗胃溃疡、高胆固醇症、心力衰竭，以及过敏或哮喘等疾病的口服药物。很少有人认为健赞的模式有很大商业潜力。他们的结论是，不值得惹这麻烦，回报太小。

基德尔·皮博迪公司生物技术分析师彼得·德雷克这样描述特米尔："我记得那个时期的亨利。你必须认识到，那个时候，围绕罕见病的战略被大制药公司行业认为是一个诅咒。你以为你真能开发一种不是为很多人治病的药物，并且能够对其进行溢价定价，还能以它为基础打造出一个大公司？他们认为你的想法是可笑的……"

在20世纪80年代末，健赞在获得FDA批准和发布"西利酶"这一"长征"中正接近终点，这个药将成为公司的定海神针。实验产品的剂量范围研究快完成了，其疗效或多或少已经明确。

特米尔对这项研究有极大兴趣，他对接受治疗的12位患者的关注据说也是细致入微。他不仅能叫得出他们的名字，而且了解每个具体病例的很多细节。正是在这个时候——当时公司正准备发布"西利酶"，他向世人展示，他不仅是以患者为中心的，而且是以数据为中心的。

特米尔能够异乎寻常地记得患者的详细数据，这一点让他的同事们感到非常吃惊。这种本领是不可思议的：血红蛋白，记得；血小板计数，记得；肝脏体积，记得；身高Z分数，记得。特米尔了解每个患者的病理，这一点能把他的总经理们逼疯。毕竟他是CEO，不是产品经理。他怎么能记住所有这些细节？

一线销售代表、病例经理和积累这种数据的其他人，经常要为他提供最新情况。毕竟，特米尔动不动就想在健赞机构内下沉三到四个层级，去寻找几乎任何东西的答案。在他要寻找答案时，公司的组织结构图几乎没用。

虽然他们的正式头衔是"临床科学合伙人"，但销售代表的能力和他们对公司的认同，将是健赞和"西利酶"在实践中获得成功的关键。他们都是精英，其中很多人都是从基因泰克和其他领先的生物技术公司挖来的。这些人在内部被称为"CSAs"（"临床科学合伙人"的英文缩写），他们工作在一线，任务是识别患者和他们的医生并与其建立关系。

他们是由斯科特·佛彼时培训的，后者最近从 NIH 加入健赞。罗斯科·布雷迪帮助他们了解该药物在用药和疗效方面的细微知识。诺曼·巴顿在他们的教育中也扮演重要角色。他曾领导该药物的关键临床试验，为该药物获得 FDA 批准提供了基础。他们一起，帮助这些"临床科学合伙人"加深了自己对该药物临床表现的认识。

作为健赞首批聘用的"临床科学合伙人"之一的兰斯·韦伯（Lance Webb），回忆了"西利酶"上市时那几个月的宝贵时光，他说："在早期的那些日子里，当你与这些患者建立了联系，当他们发现你了解戈谢病时，因为没有其他人了解这种病，那么你就可以跟他们在电话中交谈三四个小时，只是回答他们问题及告诉他们这个和那个，因为他们就好像抓住你不放，向你要他们可能从来都不能得到的信息。我很多晚上都是在饭桌上边吃饭边打电话，饭后还要再坐上几个小时。盘子都光了，所有东西都没了，巴尔布她实际上是独自吃的晚饭。但当时的情况就是那样的。"

这些好脾气的、有点儿像现场急救人员的人们，将确保戈谢病治疗药物能够送到那些需要它的人手中。这一"临床科学合伙人"小组（最初是 9 个人）由在制药/生物技术行业有很多年经验的人组成。他们有男有女，所想的都是如何突破传统思维将新的创新疗法带给医生、其他医务工作者和患者。他们都充满着实用的乐观主义和一种积极能干的精神。

在早期的那些日子里，没有其他任何生物技术公司或制药公司像健赞那样组织或安排其销售队伍。公司的"临床科学合伙人"深入了解患者的需求，他们对患者需求的了解比其他制药和生物技术公司的同行都要深。他们与患者的互动是"高接触"（high touch）的，并提供了大量关于疾病本身的教育内容。

兰斯·韦伯还记得自己在亨利·特米尔的家庭办公室与其第一次会面的情形。特米尔把"临床科学合伙人"叫来，就建立治疗中心的问题以及物流计划、市场推广计划和其他业务问题进行几天时间的情况介绍和讨论。

"亨利进来跟我们讲话。当然，根据我的经验，我想他肯定会说：'好的，我们要为这个季度或那个季度制定一个销售目标，这些是我们对全年的预测。'但不是这样的，亨利说：'你能为我们获得成功所做的最好的事情是，成为患者的生命线。'我想：'哇，有意思！'"

兰斯·韦伯看到了特米尔行事的独特性。他说："亨利有你在大部分 CEO 那里不会看到的人本主义的一面，尤其是今天。他想的是患者。他明白这是一个不同的业务，这是一个一对一的、以患者为导向的业务。他并不只是关注数字。他关注患者。我认为他这种人本主义很大程度来自他母亲。"

朗达·拜尔斯认识健赞的每一个"临床科学合伙人"，也欣赏他们的奉献。他说："他们是难以置信的、慷慨的人。他们了解患者的一切，包括病史和经济条件。他们与患者及其家人之间有巨大的信任。他们深切关心患者。这是亨利·特米尔所创造的环境。"

支持"临床科学合伙人"的是健赞的病例经理。这些有爱心的人与保险公司和其他负责报销"西利酶"用药费用者据理力争。他们也帮助有需要的患者寻找支付其日常用药所产生费用的办法，如输液费、交通费、照看小孩的费用以及住宿费等。当钱用完了，而患者的基本需求（如电费或购买日用品的费用等）不能得到满足时，健赞和全国戈谢病基金会（NGF）将会帮他们寻找支持。这些患者在需要时也可从 NGF 的"护理＋计划（Care Plus Program）"寻求支持，该计划可以帮助个人支付保险费。几年之后，相关限制性法律将颁布，原因是存在潜在的或实际的利益冲突。这些法律将禁止很多这种实践。但在罕见病关怀早期，事情就是这么处理的。常识、人道主义和对人生命的尊重比其他方面的考虑更加重要。

兰斯·韦伯发现，病例经理是关键，"如果没有病例管理部门代表患者向保险公司及其职员进行争取，很多患者永远都不会得到批准。这些职员是为保险公司争取利益的，他们并不了解该疾病，在某些情况下，他们的第一反应是拒绝为该药提供保险。在提交了关于患者症状的文件和对该药做了解释之后，病例经理几乎总能成功地从保险公司获得批准。"

特米尔在这一方法上所留下的个人印迹是实实在在的。拜尔斯指出："这一切都是从最上层开始的。他就像是一位自豪的父亲，总是非常善良、体贴。他也是一个先驱。我甚至无法想象自己能够做到他所做的。他坚持己见。他是一支不可忽视的力量，当他说什么时，人们就会听。我们都知道他是那种特殊人物。"

凯瑟琳·柯立芝（Coolidge Kathleen）是 1997 年加入健赞的一位病例经理，她这样描述特米尔的整体风格："他对待健赞的病人就像对待贵宾一样，他的领导团队也像他这么做。他定调子，他们执行。我从未体验过像亨利与患者之间那种程度的尊重和欣赏，以及那样渴望了解他人的故事。这是他所秉持的价值观。为了解释健赞及其产品，他会讲患者的故事，并不是做作，他是真的被感动了，人们可以感受得到。他讲述这项业务和这种疾病的方式就像是在谈论某个人。在他身上有某种天生的东西，使他能够传达患者的个人故事，并在个人层面上来介绍健赞。"

健赞在"西利酶"被批准后的 20 年里急速成长，他们也推出了很多计划，来使现在规模已经非常庞大的公司与其患者进行交流。其中一个计划是健赞的"表达希望（Expression of Hope）"艺术展。这是一个旨在提升人们疾病意识的全球性计划，展出由罕见病患者创作的艺术作品。从 2006 年启动的这一计划，是特米尔感谢患者及其家人的一种方式，同时也向外界表明，他们的生活并不只是由罕见病决定的。该计划也使健赞能够更好地理解他们要服务的患者的经历。

这些活动将各种不同罕见病的患者及其家人彼此联系在了一起，将患者与健赞联系在了一起，将员工与他们的使命联系在了一起，也将特米尔与所有参与其中的人们联系在了一起。

为了说明这些活动的重要性，健赞公司患者宣传负责人杰米·瑞英（Jamie

Ring）提供了这样的解释："我们邀请来自世界各地的患者参加，通过创作和提交他们的原创艺术品来帮助提升罕见病意识。随着时间的推移，该计划收到了来自几十个国家的数百件作品。该计划包含一系列不同的艺术品，从小孩的手指绘画，到受溶酶体贮积症影响的经验丰富的成人艺术家的照片和静物画，都包括在内。"

瑞英解释，该计划的目标是接触到尽可能多的员工："我们后来到公司在奥斯顿·兰丁的场地去举办展览，公司的生物反应器就在那里。我们还制作了便条卡和展品的重印本，员工可以获得这些东西。你会在公司不同地点的墙上和桌上发现这些图片，以提示我们每天为什么要上班。该计划对员工有深刻的激励作用，也经典地展示了亨利对我们所治疗的全球患者群体的真诚爱护和关怀。"

特米尔也试图在健赞的国际分支机构建立类似的关系。他与国际事务负责人桑迪·史密斯（Sandy Smith）全球旅行，探望遥远角落的患者。他们也与整个欧洲、拉丁美洲以及从日本到新加坡的亚洲各地的患者家属建立了联系。

公司在比利时赫尔的制造厂在数年间举办过多次患者活动。桑德拉·普尔（Sandra Poole）曾在该工厂的建设中扮演领导角色，从 2004 年到 2009 负责其运营，这使她能够与特米尔密切合作，观察他的领导风格。

在 2004 年 10 月，普尔担任领导职务后不久，特米尔对公司在各地的生产基地进行巡回视察，包括爱尔兰的沃特福德、英国的黑弗里尔、法国的马西伊特莱尔和比利时的赫尔。在赫尔视察时，他经常会带上健赞高管团队成员，并且总能抽出时间脱离团队，开车到蒂尔堡去接上他母亲，再把她带回来见其同事，当然还有患者。她是"非常特殊的老人（VSOPs）"之一，亨利就是这么称呼他们的。

玛丽·特米尔对亨利及获得巨大成功的健赞非常感兴趣。她与亨利每周都要谈谈公司及其机遇。跟她儿子一样，她也对健赞患者的福祉有浓厚兴趣。

普尔就是通过这些见面的机会认识玛丽·特米尔的。玛丽就是贵妇人，是"舞会之花"。普尔回忆玛丽对这些活动的影响时说："我们会让她参与到社区关系当中，向她介绍我们的计划。这很有趣，因为当时的情形就是这样的——亨利的母亲坐在桌子中间位置，她是焦点，他完全听她的……就好像是她在负责一样。"

在赫尔举行的一次活动上，普尔记得玛丽见到了玛丽斯·圣菲尔德·范德林德（Maryze Schoneveld van der Linde），她是一位勇敢的蓬佩病患者，30 多岁，一直在对抗该疾病所造成的神经肌肉退化影响。该疾病是另一种溶酶体贮积症，对此 NIH 的罗斯科·布雷迪以及其他著名临床研究人员一直在寻找一种治疗药物。在布雷迪的帮助下，健赞正在为她的罕见遗传病积极开发一种新药。玛丽向亨利倾身，能够听到她小声说："你必须想办法让她得到那种药。"

实际上，一年后，健赞用于治疗蓬佩病的药物"美而赞"就获得了 FDA 批准并且上市。该药物的批准表明，他们在几种不同药物中寻找最好的一种所做出的多年努力终于取得了回报，而且更为难能可贵的是，早年健赞团队还认为蓬佩病（该病比戈谢病还要罕见得多、复杂得多）很有可能是他们自己的能力所不及的。

圣菲尔德·范德林德是 1978 年 1 月在自己 8 岁时被确诊的。那是她记忆犹新的一天。在分析了她的症状并对她做了全面检查之后，她的医生（荷兰一家领先的教学医院的一位小儿科神经学专家）向她解释说："你患有一种严重的病。这种病非常罕见，你实际上是我所诊断出第一个患有这种病的儿童。不幸的是，我们没有治疗办法。"她的生活从此改变。

当时，圣菲尔德·范德林德还可以像其他儿童那样走路、滑雪、滑冰和骑自行车。但随着病情发展，她的神经肌肉能力便受到了影响。她妈妈试图鼓励她："加油玛丽斯，我们是战士，我们必须一起做这个。"

但不断恶化的疾病是残酷无情的，几年后，情绪低落的她坐在床上哭，问道："我为什么要过这样的生活？"她妈妈回答："玛丽斯，我不知道，但我认为你生来是要有所作为的，是要与众不同的，是要改变世界的。"

在 20 世纪 80 年代，这就是罕见病患者群体和他们家人所处的儿科医学世界。圣菲尔德·范德林德最终需要一位护理人员的帮助来生活，但她不屈的精神仍继续在支撑着她，即使其身体机能还在下降。

在获得莱顿大学文化人类学硕士学位后，她成立了一个患者权益宣传机构，名叫"以患者为中心的解决方案（Patient Centered Solutions）"，为全世界的蓬佩病患者和其他罕见病患者发声。她还成立了"国际蓬佩病协会（IPA）"。她的格言是"不可能的就是可能的（the impossible is possible）"，这显示了她面对自己身体状况不断恶化所表现出的乐观主义。

她说："你会学到，在这整个过程中协作是关键。不仅是与患者的协作，而且有与科学家、医学界的协作，还有与政府部门的协作，因为我曾与国会议员们和政府部长们交谈，我告诉他们不仅关注蓬佩病，而且关注所有罕见病有多么重要。"

在"美而赞"获批前不久，当圣菲尔德·范德林德在波士顿出席IPA的一个会议时，特米尔邀请她去他的办公室。她母亲也参加了这次会面。亨利可以看到，圣菲尔德·范德林德的状况在迅速恶化，他对她说："玛丽斯，我不想失去你，因为你很重要，我们需要像你这样的人来实现这一目标。"

这些由衷地支持患者和与患者互动的情景，在世界各地不同国家反复出现。比利时、中国、巴西、埃及——在这些地方，特米尔从个人层面关心患者，经常看望他们，并且与他们及其家人一起合作，来改善他们的状况。

其中一次感人的拜访发生在印度，在那里，特米尔拜访了一个家庭，他们要到离家很远的地方去，才能让其女儿尼迪得到健赞公司治疗蓬佩病的药物。她父母解释说，她开始用药时已经太晚了，因此无法独立行走，但他们仍然非常感激，因为她还能活下来，所以他们开始努力让其他人尽早得到诊断。在他们拥挤的屋子里，坐在这个女孩的小床上，特米尔意识到她与自己的女儿同岁，让她高兴的是，他记下了她的地址，以便他们能够成为笔友。

然而，相聚与拜访并不是特米尔为患者群体所做的全部。他要求健赞公司为患者做更多，尤其是在连接性方面，通过诊断、注册和网络等为他们提供帮助。在该公司发展历史上还没有社交媒体的那些岁月里，即便是知道谁患有罕见病都是一个挑战，更不用说与他们联系了。

特米尔经常与公司的一位长期产品经理约翰·金（John King）见面，问他关于其工作的问题。金在五个新产品的推出中都发挥了实质性作用，其中两个新产品是在2003年春上市的LSD产品："法布赞"和"艾而赞"。

"亨利总在问患者我们怎样才能更好地服务他们。他愿意倾听他们的意见。

如果我和亨利一起开会，我最好记住他说了什么并照办。责任落在我的肩膀上。亨利总会在一周内又转回来，问我是怎么做的。"金说。"我们这件事情目前的进展如何？"特米尔会这么问。在他问的时候，金最好有个答案。

特米尔对罕见病群体的贡献也得到了健赞以外领导人的广泛认可。其中一位领导是玛琳·哈夫纳（Marlene Haffner）博士，她是美国公共卫生服务局的一位内科医生、血液学家和海军少将，同时又在 FDA 供职了 20 年，负责 FDA 的孤儿药产品计划。哈夫纳是一位为罕见病患者权益不懈摇旗呐喊的人士，她管理孤儿药认定程序，并且造了一个单词来称呼这个程序："Orphandom"。

她对特米尔的回忆很有启发意义："亨利安静，身材不是很高大，比较低调，有活力，聪明，有爱心。他承诺，每个能用他的药物治疗的戈谢病患者都会得到它，不管是否要花钱。我不知道是否还有其他人也做到了这一点。这是一个独特的理念。"

理查德·波普斯（Richard Pops）是奥克美思（Alkermes）公司董事长兼 CEO（他自 1991 年以来一直领导着这个总部设在波士顿的神经科学公司），早先还是潘恩韦伯（Paine Webber）投资银行的一位生物技术投资专员，他有机会近距离观察特米尔 30 年间是怎样影响一个行业的。他说："我是在 80 年代末遇到亨利的。那个时候，生物技术还是一个小作坊行业，大人物非常少，亨利是其中之一。

"健赞和基因泰克、安进之间的对比是非常明显的。如果你去安进或基因泰克，你会发现，他们那里有科学家和实验室，有一种企业精神，而这种精神是由人们对重组 DNA 技术的威力所表现出的激动情绪支撑的。如果你去健赞，你会在唐人街一栋办公楼上的这样一排办公室里看到亨利。它一点儿科学的感觉都没有，仿佛科学就是做生意的工具。亨利会采用不同类型的技术、不同的业务架构和不同的科学，从这个意义上来说，他就是一个大杂烩。百特那帮人都是生意人。亨利显然是他们那一代 CEO 中最具有交易型特点和最聚焦业务的人。

"在特米尔之前，制药行业的整体环境是很不一样的。没有人会考虑一种 30 万美元的药物，因为没有人会为人数很少的患者群体开发一种药物。没有人会把什么东西价格定得那么高。但重磅药的时代改变了一切。亨利是第一个弄清楚了怎样让一种药成为重磅药，而不管患者数量是多少的人。他用一种完全新颖的方式来思考整个问题。他的想法从根据产品成本来定价的模式转向了根据对患者的价值来定价的模式。"

正是罕见病市场上基本情况的这一转变，在患者群体中引发了一系列新问题。患者现在不仅看到以前无法治疗的疾病得到治疗，而且他们还在见证药物定价所发生的巨大变化。

就为罕见病患者发现和开发药物的热情来说，"全国罕见病组织（NORD）"共同创始人阿比·迈耶斯可以说与特米尔旗鼓相当。她欣赏他对罕见病患者治疗的热情，但却被针对他们的收费价格吓着了。

迈耶斯这样回忆她与特米尔的关系以及在他们一起发起的运动中他的领导作用："我始终都对其员工怎样敬重他印象深刻。他们非常崇拜他。不管怎样，不管在什么情况下，都有亨利在。我们彼此相互尊重，这种关系是健康的，即便我们意见不同。他总是非常友好，只是不会改变自己主意。"

在 20 世纪 90 年代中期一次访问健赞时，迈耶斯回想起与特米尔的一次偶遇："我在要离开大楼时碰到了他。我停下来说：'你知道，我真的必须谢谢你，因为有那么多人说他们绝不会制造一种孤儿药，因为你从来不会从中赚到足够多的钱。你们冒了一次险。我不喜欢你们的定价，但你们向行业其他公司证明你们可以赚钱，你们可以从只卖给四五千人的孤儿药中获取利润……'

"这对患者是痛苦的，但他证明了让其他公司扭头的某种东西，他们会说：'也许亨利是对的。也许我们应该看看这些药。'"

当被问到亨利是否是孤儿药行业之父，即是否是创建了该行业业务模式的企业高管时，迈耶斯回答："完全正确。事实上，最后一次当面见到他时，我正是这么对他说的。"

高药价问题——尤其是在罕见病行业——将在之后几年里爆发。

特米尔说服他人的能力、他的个人魅力和他的自信心，每一丁点儿都将被调动起来，不仅为健赞自己，而且为整个行业的定价实践和定价政策进行辩护。

第七章

进 入 虎 穴

在 1991 年 4 月"西利酶"上市之前，特米尔及其市场推广团队可以说是前景美妙，因为他们要推出一种新的突破性治疗药物，对患者具有神奇好处。"西利酶"是大多数一线销售机构喜欢销售的那种产品之一，是满足一种尚未满足的医疗需求的创新性新治疗药物。

但这一产品当时所面临的现实也是令人不安的："西利酶"的定价之高与人们对它的高期待可以相媲美，市场以前从未有过哪怕是接近这一价格的药物。

根据个人体重估计，如果说一种产品每个患者每年治疗费用大约为 25 万至 30 万美元，那么这种概念是人们前所未闻的。

医院管理人员（和他们董事会）总是担心钱的问题。他们不想在接受一种每支 18 000 美元的药后发现支付方不给报销，毕竟该药离开健赞的发货台后就是他们自己的事了。如果患者享受老年人医疗保险补助（Medicare）——很多戈谢病患者是享受这种补助的，那么该药物在医院产生费用的一大块（约一半），会因政府实施的漫长对账过程，而被延迟支付。

还有另外一个问题：有些医生并没有看到足够多的证据。虽然在 NIH 注册临床试验中的 12 位患者（占接受该药物治疗的患者的 100%）都显示该药物是有治疗效果的，但这还没有 FDA 正常批准一种药物所需的证据那么充分。从统计学上来讲，它的说服力不强。

那个春天，当特米尔在观察市场状况及其所面对的"证明给我看"的态度时，他可以看到自己所面临的巨大挑战：在一个只有 30 名患者的微小市场上推出一种高度有效但却极为昂贵，临床数据又极少的产品。

就像迎接他日后将要遇到的大部分挑战一样，尤其是那些涉及患者的挑战，特米尔也欣然接受了这一挑战。至此，他已证明自己并不是一个在胜算极小的情况下或遭受强烈反对时会退缩的领导人。他投入了这场战斗，因为他深信自己是对的。治疗这些患者是社会的责任，不管费用是多少。如果他不去做，谁会去做？

从"一致（alignment）"这个词可以找到部分答案。当亨利·特米尔在打造健赞过程中部署基石时，有两个基石存在于使命一致（mission alignment）和文化一致（cultural alignment）中。不仅是打造他的高管团队，而且还包括他们之下一批一批招聘来的数百人团队，都围绕着接受和忠于公司使命。而且应聘者的文化契合度在招聘过程中同任何其他条件一样重要，甚或更为重要。在对任何企业来说都是最深的两个层面上，他的团队是保持一致的——使命和文化。

因此，在特米尔的产品上市计划战术清单上，最优先考虑的项目之一自然是与人力资本相关的——招聘一个销售队伍，即他的"临床科学合伙人（CSAs）"团队，把他们派到市场上去。为了开始这项工作，他将把美国市场划分成九个区域，从顶尖企业招聘优秀人才，让在文化上契合健赞的经验丰富的行业老将在公司各个层级任职。第一代"临床科学合伙人"需要证明自己在接受困难任务时不会羞羞答答。这个团队的成员有想象力，有热情，有勇气，也有不仅能够与医生和医院领导，而且能够与被长期忽视的罕见病患者及其家庭建立情感联系的敏感性，按理说，这些患者将终生接受健赞公司新的酶取代疗法。

最初，在早期几年，该药物被大量医院及主治医生拒绝，大部分都是因为价格问题。因此，"临床科学合伙人"与能给该药物开新处方的医生接触受到限制的情况并不少见。而且，当在少数情况下允许"临床科学合伙人"给医院领导介绍情况时，他们的交谈是不友好的，会见时间也是比较短的，这种现象也很普遍。

但渐渐地，随着患者数据的积累和该药物突出疗效的全面展示，患者和医院的态度也就变得温和了。

但该药物的高价格所造成的刺痛仍然挥之不去，人们也纷纷指责健赞哄抬价格和牟取暴利。

在对"西利酶"进行定价的问题上，健赞和亨利·特米尔从杜克·科利尔（Duke Collier）那里得到了有经验的建议。科利尔是豪森（Hogan & Hartson）律师事务所美国首都华盛顿分支机构的一名合伙人。

科利尔刚刚帮助安进完成其用于治疗肾病的生物技术新药阿法依泊汀（Epogen）的上市，他在其中起到了穿针引线的作用。Epogen 是 1990 年推出的一种产品，以其缩写名 EPO 为人们所知。虽然要比"西利酶"的最终价格低很多，但 EPO 的价格仍然很高，上市时招来极大批评。它是史上上市的第二种生物技术药物。而且，除了该药物在美国用于肾透析外，安进还将其他权利转让了。因此，该公司的唯一"客户"将是美国联邦政府，后者为几乎所有终末期肾病患者支付透析费用。

科利尔回忆了生物技术历史上那些早期岁月。他与"美国卫生保健筹资管理局（HCFA）"进行谈判，后者的任务是确定联邦政府在老年人医疗保险补助（Medicare）项目下的药价报销标准。

科利尔还记得在 HCFA 寻求为 EPO 设定价格时他是如何与该机构的一名高级官员理论的："你们所确定的每单位多少美元的价格一定要让投资者得到合理的投资回报，这个价格要考虑到投资生物技术的风险……我问你，你努力工作，你想养家糊口，你会从政府得到一份退休金，你有一些积蓄，那么你的积蓄中有多少在 1980 年给了乔治·拉斯曼（George Rathmann）（安进创始人和 CEO）的业务计划？没有，对吗？那么几年后当他需要更多钱来对他的产品进行临床试验时，情况又会怎么样呢？仍没有你的钱，对吗？你的钱可能投在国库券中，没有任何风险。

"我告诉你，我们必须要让他们（投资者）感到所冒风险得到了补偿。否则，他们就不会再投资生物技术了。在这一高度引人注目的新领域中，你现在是这一高度引人注目的产品的唯一客户。如果定价合适，那么生物技术投资就会得到鼓励。如果定价不足，那么投资者将会避开生物技术。"

那位官员明白了：患者想要该药物，政府想要确定一个使该公司能够提供该药物的合适价格，但必须给为开发该药物冒风险的投资者一个回报。投资一个年轻的、高风险的，但却有潜在重要性的新产业需要被予以鼓励。

随着 EPO 的上市，美国国会众议院筹款委员会主席、众议员皮特·斯塔克（Pete Stark）（加州民主党人）几乎立即召开了批评该定价的听证会，但随着开发和商业化 EPO 在经济上成为现实，他和其他人的反对最终消失了。

正如科利尔所描述的那样，"这'像是一个纯粹的产业政策问题'。这是联邦政府是否要对投资者所冒风险给予合理补偿的问题。

"EPO 以每年 6000 到 8000 美元的价格就造成了国会听证，所以当听说有人每年想收 25 万美元时，我的同事和我自己都觉得很可笑。但我被要求与其CEO（亨利·特米尔）见面，他就为什么该药物（"西利酶"）对于戈谢病患者是必要的，同时其价格也有必要是昂贵的做出了非常有说服力的解释。与大多数药物不同的是，数据表明，该药物将会是救命药：如果我们给患者用该药物，它就会有疗效；如果我们不给，他们就会死亡。与此同时，没有人知道全世界有多少患者——也许只有 1500 人，也许多达 5000 人。

"我们采用了曾经对 EPO 所用的相同办法：什么样的价格将会为进行研究、建设工厂和制造药物所投入的时间和金钱提供一个合适的风险调整后收益？我们得出的价格是 25 万美元，把这个价格报给世界各地的患者，他们当中很多人都付不起。

"我们建立了模型，并进行了贴现现金流和内部收益率（IRR）分析。我曾对 EPO 做过同样分析。结果表明，25 万美元实际上是一个相当合理的数字。哦，他们说他们将把这个价格报给世界各地的每个人，不管他们是否付得起。这个办法有用。"

科利尔在相关讨论中起到了关键作用。他和特米尔成了密友。七年之后，他加入了健赞和其执行委员会，在那里待了 13 年，直到该公司在 2011 年被赛诺非收购。

遗憾的是，担心"西利酶"费用的并不限于 HCFA、医生和医院领导，下一个障碍是该药物的剂量方案。就该药物应当以怎样的频率用于患者，剂量应当以多大幅度逐渐增加，罗斯科·布雷迪在医学学术领域的对手将掀起一场风暴。

欧内斯特·博伊特勒（Ernest Beutler）博士是一位内科科学家，是拉荷亚"斯克里普斯诊所和研究基金会"的一位固执、自信的血液学家和生物医学专家，他向布雷迪和健赞提出了挑战。博伊特勒 1991 年在被人们非常看重的《新英格兰医学杂志》上发表了一篇文章，声称根据他的分析，按"西利酶"的推荐剂量治疗，一般成年患者每年的费用为 382 200 美元；对婴儿，他估算费用为每年 191 000 美元。

一年后，也是在《新英格兰医学杂志》上，博伊特勒博士和七位他在斯克里普斯的同事，提出了他们认为性价比更高的一个方案，即所谓的"低剂量方案"。他们认为，如果按四分之一至八分之一的剂量来用药，每周使用几次，那么健赞的治疗方案将会得到改进。如果这样行得通的话，费用将会降低很多。

在同一期的《新英格兰医学杂志》上，另一位备受尊重的学术界人士也发话了。斯坦福大学卫生经济学家艾伦·加伯（Alan Garber）博士发表了一篇题为"价格再高也不为过？（No Price Too High?）"的学术文章，支持斯克里普斯的方案："（健赞的）较高剂量显然是非常有效的，但（患者的）反应似乎不大可能说明额外费用是合理的。"（经过几年的进一步研究，这一低剂量方案最终将会被证明效果差，这场争论也将尘埃落定。）

两个月前，加伯按美国技术评估办公室（OTA）的要求还与他人合作发表了一个报告。在该报告中，他将"西利酶"的推出作为一个案例研究，显示美国人在制定控制医疗费用的政策方面将要面临的挑战。加伯博士的报告，还引用了当时仍然存在的、涉及"西利酶"的若干不确定性，它们都与其作为戈谢病患者一种治疗药物的临床疗效、效率和费用相关。OTA 已经检查过了健赞的账目，并且确定该药物的价格是公平的，但这一事实并不足以阻止批评的浪潮。

这个问题在医学界具有很高的关注度，数月时间都是大会全会、学术论文和期刊文章的一个热门话题。患者证言也证明了该药物的疗效，但还不足以使天平倾斜。

健赞知道，针对"西利酶"定价将会有怒火与愤慨，但它相信，随着该药物疗效为人们所知和其结果得到证明，这场喧嚣将会很快结束。

与此同时，公司一线销售人员的工作是，找到患者并让他们得到治疗。他们不用担心报销问题，其他人会处理钱的问题。但在所有反对意见中，钱的问题始终都是排在首位或接近首位的。患者将怎样支付该新药的费用？特米尔如何能够说服医院将该药纳入其药房库存中？

与此同时，阿比·迈耶斯正在领导着"全国罕见病组织（NORD）"。她也清楚记得当"西利酶"上市时患者群体的反应："亨利绝对是令人崇拜的，被当作好领导楷模的一位领导。如果你问健赞任何人，他们都会追随着他进入险境——他们绝对崇拜他。

"但健赞却做了一些让很多人，尤其是患者群体非常生气的事情。我第一次涉及其中是因为有患者给我打电话，抱怨'西利酶'的价格。我们可以做关于很多事情的很多工作，但不会是关于价格的，而这是我们最需要应对的问题。

"所以该药上市了，他们必须给它定个价。他们拿出了这个价格……相当于每位患者在其余生每年都要买两套新房，根据患者体重不同，其价格好像是在 200 000 到 400 000 美元……我无法相信他们所做的……"

《纽约时报》也无法相信。在 1992 年一篇关于孤儿药研究激励问题的文章中，它将"西利酶"称之为"世界上最贵药物"。

一位气愤的患者打电话给迈耶斯，"我的天呐，我永远也付不起，这太可怕了。"

同很多人一样，迈耶斯也感到无助，毕竟，她几乎没有什么办法。政府以前从未给任何东西设定价格，尤其是药物。她唯一能做的是大声呼吁，施加压力，看是否能说服特米尔和健赞降低价格。她的努力得到了来自媒体、支付方、医院、其他患者利益代言人，以及患者和他们家人的很多支持。

特米尔也在苦苦寻求解决办法，在此过程中，他将根据自己对罕见病患者的愿景打造出一个史无前例的计划。他知道答案一定存在于这样一个事实中：世界各地的每位患者都应当有私人保险或政府保险，来支付一种像"西利酶"这样的药物的费用。为了确保他们得到这种保险，他将需要在健赞内部创建一个基础架构，该架构将保证其患者获得保险，克服支付方和政府机构预计会制造的所有障碍。

除戈谢病外，该公司今后还需要治疗其他疾病的患者，该模式在满足这方面的需求上还必须是可扩展和可转移的。它将患者置于整个机构的中心。以前从没有其他制药公司这样做过。而且，随着该模式逐渐站住脚并显示出有效性，它将成为未来孤儿药公司的一个模板。

为了推动这项工作，特米尔将寻求一个无名英雄的帮助，他就是风云人物比尔·阿利斯基（Bill Aliski），他将被招聘到公司来，应对当时世界上最贵的药物"西利酶"在报销方面所面临的挑战。他将成为特米尔的首任报销总监（Director of Reimbursement）。

在很大程度上，阿利斯基都是在幕后，但他的任务和战术对于健赞成功推出"西利酶"及其创新的基础架构模式却至关重要。就这个职位来说，阿利斯基的背景不同寻常。他在自己职业生涯中期、35岁以后进入了哈佛大学肯尼迪政府学院，之后加入了该公司，以前曾在"和平队（Peace Corps）"干过，还曾在马萨诸塞州新贝德福德附近一个医疗服务不足的地区当了六年社区卫生中心主任。他过去是一个团队的成员，这个团队在一个存在长期性、系统性医疗服务问题的城市里为普通人提供基本用药。通过自己的工作，他熟悉了医疗经费系统是怎样运作的，这种知识对他在健赞的新职位将会非常有用。

阿利斯基在谈到他加入健赞的问题时说："他们把我招进来，是因为他们这种药物最近获批了，而他们的挑战是，该药物每个成年患者每年费用大约为25万美元。很多医生都说：'我没有任何患者能够付得起，这种药任何地方都卖不出去。'

"帮助患者报销成为我们一个非常重要的职能。我们招聘了通过电话跟患者打交道的病例工作者、护士和社会工作者。这些人了解保险服务和医疗服务问题，他们能够握着患者的手，帮助他们解决保险问题。这是很特别的，没有其他公司有这样一项计划。"

阿利斯基的团队也与医生密切合作。"我们将所有治疗障碍都从他们手上拿走了。我们做全部文书工作。我们与保险公司打交道。我们走完让患者接受治疗的整个过程。我们也的确要跟保险公司的政策制定者进行斗争。"

报销过程引起广泛关注。"与'全国戈谢病基金会'一起，我们制定了一项计划，来提供支持和费用分摊帮助，以消除患者在保险方面的顾虑。这是一个独特且极为有效的计划，因为它帮助维持对有风险人士的保险覆盖。"

但在健赞应对来自医生、医院管理者、保险公司和患者群体的定价阻力的同时，一个更大的风暴也在形成。美国联邦两大立法机构——美国众议院和参议院——的压力全都将压过来。

美国参议员霍华德·梅岑鲍姆（Howard Metzenbaum）是国会山上首批发难者之一。梅岑鲍姆是来自俄亥俄州的一位消费者权益保护人士，在某些圈子里被亲切地称为"Senator No"（意思是在很多问题上都爱说不的参议员），他对人们所指控的制药公司滥用《孤儿药法案》的问题产生了兴趣，这个法案是他在十多年前曾支持过的。

在其去世后的 2008 年，他被《克利夫兰老实人报》描述为"一位坏脾气的人，最后一位愤怒的自由主义者"。他担心制药公司在牟取暴利，甚至可能在哄抬价格。他想，也许需要对它们勒紧缰绳。他在考虑为孤儿药销售施加价格上限，并实施一个触发机制：如果制药公司滥用《孤儿药法案》，根据这一机制，将会取消它们按该法律所享有的好处。

梅岑鲍姆的结论是，需要就这个问题举行一次公开听证会。很多制药公司和生物技术公司的 CEO 们都被邀请作证。为了避免这一伪装很差的陷阱，大部分人都拒绝了该参议员让他们在 1992 年 1 月 21 日上午出席听证会的邀请。然而，他们当中的两个人却出席了，其中一人就是特米尔。虽然他并不想出风头，但他也不会放弃捍卫自己的政策和未来愿景的责任。

上午 9 点 42 分，参议员梅岑鲍姆大步走进参议院办公楼 SR-385 房间，宣布听证会开始。在其开场发言中，梅岑鲍姆毫不留情："今天，本小组委员会要听听关于这些救命的、给人希望的孤儿药的一些戏剧化证词。它将让你停下来想想这个国家数以千计的家庭，他们如果想要减轻自己孩子或亲人的痛苦，就要被迫支付高昂药价。遗憾的是，他们往往会发现那些价格是他们根本付不起的。

"我们今天在座的每个人都要设身处地为他们想想。我们会不惜一切代价，包括放弃我们的房子，来帮助我们的亲人得到他们需要的药物。对一些孤儿药所收取的价格，在我看来就像是勒索赎金。我想没有什么比一位家长必须看着自己孩子遭受某种疾病之苦更残酷的了，对这种疾病本来有药可售，但实际上他们又无法得到。"

两个小时后，面对一圈坐在带座垫深棕色皮椅上的议员们，轮到特米尔发言了。他坐在长长的红木桌前，一个名牌和话筒放在他面前。

参议员梅岑鲍姆介绍了他，给他五分钟时间来做自己准备好的发言。特米尔说："我们在这里要讨论的很多内容所涉及的问题，都必须是关于乱要价的问题，都必须是关于滥用的问题。我们是否有一个鼓励滥用的法律？（我们要讨论的）问题不是《孤儿药法案》的）效力。事实上（该法律的）效力是我们在此必须保护的。我有兴趣保护它。

"该孤儿药法律可以调整，乱要价必须禁止，对此我们必须强硬。在这个问题上我愿意与任何人合作。我们作为一家公司，在这个问题上愿意与任何人合作，我认为我们会成功。但是，请不要施加一个上限，因为它与我们在这里所讨论的问题无关。"

特米尔不畏强权讲真话，这是他的习惯。梅岑鲍姆设置价格上限的想法逐渐消退，最终消失了。

那一年晚些时候，即在 1992 年 11 月，健赞和整个生物技术行业都将面临最为严峻的生存威胁。比尔·克林顿在大选中意外战胜老布什（George H. W. Bush），成为第 42 位美国总统。政治风向的突变令人震惊。

到来年 3 月，在其就职两个月后，克林顿将兑现其大选中的一个核心承诺：他计划提出全面立法，来改革国家的医疗系统。在第一夫人希拉里·克林顿（Hillary Rodham Clinton）的领导下，将任命一个特别小组，召集 30 个工作组，举行无数次的国会听证，听取来自医疗行业每个角落的声音。

几乎就在一瞬间，所有生物技术公司都意识到了威胁。尽管山雨欲来风满楼，但特米尔仍在全力维护健赞的利益和全国生物技术行业的利益。

在 1993 年 11 月 20 日，通过参议院多数党领袖乔治·米切尔（George Mitchell）和众议院多数党领袖迪克·盖法特（Dick Gephardt）提出的一项议案，克林顿将推出《健康安全法案》。如果通过，这项立法将会改变国家的医疗系统。这一里程碑式的立法中所提出的内容就有药物价格控制，包括像"西利酶"这样的突破性药物。行业领导、生物技术行业出版物和其他各种出版物都反对这一提案。

年初以来，股市逐渐反映了制药和生物技术行业创新者所面临的危险。"ASE 生物技术股票指数"下跌 33%，生物技术股票首次公开发行（IPO）数量骤降，包括健赞在内的个股上市也受挫。

实际上，在准备应对"希拉里医改计划"和其他立法挑战中，特米尔所采取的最早行动之一就是聘用丽萨·雷恩斯（Lisa Raines），她于 1993 年 5 月开始其在健赞的任职，头衔是健赞公司政府关系副总裁。

34 岁的雷恩斯是从 BIO 加入健赞的，她将在特米尔身边工作，充当其在华盛顿的助手。她是生物技术行业最早的政府事务专家之一。从其在百特德国公司工作时期开始，特米尔就知道并了解立法者不仅在影响国家法律方面，而且在影响媒体方面所起的作用。他不会被迂回包抄，在生物技术演进过程中最关键的 8 年期间，雷恩斯将为他和这个行业提供杰出服务。他们一起近十年时间里，在影响事关生物技术产业发展的几乎所有立法中将发挥巨大作用。（雷恩斯"9·11"时因乘坐美国航空公司 77 航班而不幸身亡，该航班在那个不幸的上午被五名恐怖分子劫持，撞击了五角大楼。特米尔将在她的葬礼上为其致悼词。）

在被参议员梅岑鲍姆诘问后，特米尔花了一年时间已经成为应对异议听众的一名"灰发老兵"，他还想更多地参与到正在国会中激烈进行的有关医疗问题的辩论中。作为 BIO 的副主席之一，他要在 1993 年 11 月中旬由参议员大卫·普赖尔（David Pryor）主持的一个听证会上作证。美国参议院老龄化特别委员会在为该听证会取名时问了这个问题："医药市场改革：竞争是正确办法吗？

（Pharmaceutical Marketplace Reform： Is Competition the Right Prescription? ）"

在宣布该听证会时，参议员普赖尔表示，他不相信某些突破性药物定价是合理的，尤其是那些被《孤儿药法案》覆盖的药物，包括"西利酶"在内。参议员艾伦·辛普森（Alan Simpson）有礼貌地告诫其来自阿肯色州的朋友，未邀请包括亨利·特米尔在内的生物技术领袖为他们的政策和实践辩护是不公平的。普赖尔称，发言人的名单已经太满了。

特米尔还是让人感到了他的存在。11月12日，在该小组委员会会议前四天，特米尔给参议员普赖尔写了一封信，表示自己对未被邀请作证感到遗憾。在这封信中，他列举了十点反驳意见，每一点都是为突破性药物的定价和健赞的实践辩护的。

11月22日，参议员普赖尔回敬了特米尔，写信给他，感谢他缺席作证。他还提出要将特米尔所说内容作为永久听证记录的一部分包括进去。

该记录还将包括特米尔署名的一篇评论文章，题为"奇迹的代价（The Cost of Miracles）"。这篇文章在1993年11月16日听证会当天由《华尔街日报》发表。这篇具有历史意义的重要文章直击克林顿总统关于突破性药物的提议。

白宫知道，医疗行业将对其《健康安全法案》发动前所未有的攻击，但克林顿总统的回应太晚了，从一开始就受到了挑战。这一议案所涉及的范围太大，内容太复杂。一年后，该立法尚未进行投票表决就夭折了。

特米尔成功经受住了考验。与其他几个生物技术公司CEO们一起（主要有基因泰克公司的鲍勃·斯旺森（Bob Swanson）和科克·拉布以及安进公司的乔治·拉斯曼）——这些公司也在开发高价生物技术药物，特米尔承担起了自己的责任，成为他那个时代为其行业的定价实践进行辩护的主要发言人之一。

围绕定价问题还出现了最后一个小风暴，是由健赞第二代戈谢病产品"思而赞"在1994年春发布时未能降价引起的。其第一代产品"西利酶"价格高的主要理由之一是，要收集和处理数以千计的胎盘来生产该药物。这是一个耗时、复杂和昂贵的过程，所以定价高些是合理的。

但很多人期待通过重组过程生产的"思而赞"价格要比其前一代产品低一些。但特米尔认为，定价低些是不合理的，因为要考虑到新建奥斯顿工厂的支出、提高的质量标准以及新产品优异的安全性。

"所以丽萨在'思而赞'获批当天给我打电话,"阿比·迈耶斯回忆,"她说她想让我成为第一个知道获批消息的人。那是在 1994 年。'我想让你知道,亨利要我给你打电话告诉你,我们现在对'思而赞'的定价要高一些。'"

收到特米尔的信息时,迈耶斯爆发了:"你在说什么?你现在可以大批量生产,可以治疗数千患者了。你从医院收集的每个胎盘都不需要花钱。你为什么就不能给患者群体发出一个信号,说你要降价?"

雷恩斯并不接受其中任何一个理由。迈耶斯回忆她们之间的谈话时说:"雷恩斯回答:'哦不。我们不能这么做,因为这一生物技术产品的研发费用非常高。'

"我当时很生气。我仍然在想这件事情。我在想我当时有多生气。他们怎么能那么干?"

迈耶斯并不是唯一持这种看法的人。

特米尔后来在 1995 年给公司全体员工的一个备忘录中总结了健赞定价的战略理由:"重要的是,来自像'思而赞'这样的成熟产品的收入,要使我们能够为人需要它的其他患者们持续创新。我们开发治疗法布里病、MPS1 和蓬佩病药物的能力,与我们在'思而赞'上的成功直接相关。我们在'美而赞'上的投资就已经达到了 5 亿美元,我们预计这个数字在今后几年还将增加几亿美元。"

一个重量级药物对制药公司来说就是金钱。每个公司都需要用其赚钱的产品抵销其赔钱的产品。"思而赞"将是健赞最赚钱的产品,使该公司能够去研发其他新的治疗药物。

所以,随着克林顿的医改方案被放进美国立法史的档案资料中,生物技术行业也许以为,在下一个立法改革浪潮到来之前,他们可以享受一段时间的平静。但事实远不是如此。从 1995 年到下一个十年末,医疗和生物技术改革都始终保持在前沿和中心位置。

1996 年,参议员泰德·肯尼迪又进了一步,担任一个更为重要的职务,成为全国医疗行业最高立法人员之一。肯尼迪对于医疗来说绝不是新手。他在

1969 年提出其第一个全国性医疗立法议案，此后便对这一领域有了兴趣。然而，当其他立法者［尤其是纽特·金里奇（Newt Gingrich）］未能成功时，作为"参议院之狮"的他负责起了全国医疗议程。

对于特米尔来说，这件事情发生得太是时候了。肯尼迪参议员和他多年来已经彼此相识。虽然特米尔与两党领导人都保持着良好关系，但肯尼迪很特别。他们都是波士顿强势精英阶层的一员，都是喜欢畅怀大笑的外向型人。而且，他们都是航海爱好者，肯尼迪偶尔会邀请特米尔开着其 50 英尺长的"协和"牌木制双桅纵帆船"米娅"在海恩尼斯港附近水域一游。这是他们最好的放松方式，尽管肯尼迪从未将其"参议员开关"关掉，经常利用他们在一起的时间谈论政策问题。

肯尼迪知道，特米尔已经成为全球生物技术产业的一个声音，也知道这个声音有多么重要。反过来，特米尔也认可肯尼迪在确定美国政治议程上，尤其是在医疗卫生方面所起的领导作用。

迈克尔·迈耶斯（Michael Myers）曾做了肯尼迪参议员 23 年的高级幕僚，1997 年接任由肯尼迪参议员任主席的，实力强大的参议院卫生、教育、劳工和养老金委员会幕僚长，所有与 FDA 和卫生监管问题相关的重要立法活动，都是通过这个委员会进行的。

迈耶斯记得特米尔和肯尼迪以及他们对彼此的尊重，他说："当这两个人在一起时，屋子里总会来电，总会有火花。他们通常是在肯尼迪参议员在参议院罗素楼的办公室里见面，有时当肯尼迪参议员到访波士顿时也会在波士顿见面。亨利是这个行业一位能让人兴奋起来的使者。任何时候，只要出现一个关于 FDA 的问题，亨利都是肯尼迪参议员让我打电话征求意见的第一批人之一。

"我们做了一些相当全面的事情。我们所做的最难忘的事情，可能是 FDA 条例史上最大程度的变革。你可以想象我们有若干障碍，但肯尼迪参议员总是有兴趣找出一个最合适的解决办法来。

"产品排他期的长度通常是一个需要很多讨论的问题。肯尼迪参议员想确保我们能提供足够大的空间，使行业真的能够尽最大努力开发重磅新药，但与此同时也要使排他期足够短，从而使行业有压力降低价格。

"我们做的另一件事情是，为生物仿制药的批准创造一个监管通道。亨利在这个问题上是一个关键人物。肯尼迪参议员在与奥林·哈奇（Orrin Hatch）一起做这项工作，在这个 FDA 议案上，我们试图找出解决仿制药问题的办法。

"亨利说服我们相信，实际上并不真的存在一种纯粹的生物仿制药。亨利甚至改变了我们的用词，我们开始将生物仿制药叫作'生物类似药'。"

特米尔与肯尼迪参议员打交道的方式显然是能够引起共鸣的。迈耶斯接着说："亨利的争辩总是有力的，但它们从不刺耳或教条。他有真正分享自己见解的天赋，眼光一闪就能做到这一点，而且这个时候你会觉得他是一个知识十分渊博的人。他非常有说服力。

"肯尼迪参议员对亨利极为尊重和喜欢。你可以看出他们喜欢和彼此在一起。我认为，亨利不仅将肯尼迪参议员看成是一个有趣的人，而且看成是一个对整个生物行业有远见、了解其潜力的人。

"他们是天作之合。"

特米尔一直在积极宣传自己所在行业的政策，向他在这个方面所做贡献的最后致敬之一，是在他去世五个月后到来的。《新英格兰医学杂志》将发表由特米尔和迈克尔·罗森布拉特（Michael Rosenblatt）博士共同撰写的一篇文章，文章题目是"重构关于药价的对话（Reframing the Conversation on Drug Pricing）"。罗森布拉特博士是医学界受人尊重的一位学者和默克公司执行委员会前成员。

两位作者在文章中表达了他们的少数派观点，其观点与他们曾经共事过的其他委员会成员提出的多数派观点是对立的。美国国家科学院、工程院和医学院委员会曾在当年早些时候开会，审议《让药价负担得起：国家当务之急》（Making Medicines Affordable： A National Imperative）。发表这一长达 235 页的宣言，是为了纪念亨利·特米尔（In memory of Henri Termeer，1946～2017）。

从其在 2005 年成为 BIO 总裁和 CEO 算起，吉姆·格林伍德（Jim Greenwood）与亨利·特米尔相识并共事 12 年时间。这位备受敬重的生物技术产业最强大的国际性行业组织领导在任职 BIO 之前，还曾做过社工、州议员和六届美国众议院议员（代表宾夕法尼亚州第 8 国会选区）。

格林伍德这样回忆特米尔："亨利是高价药创新者的化身。由于某些药物的定价，很多人都恨我们这个行业。这是很大的讽刺，因为我们是拯救生命、改善生命的，我们行业中每个人真的都是致力于这个。但我们的确有高药价，而且人们也有这样一种认识，就是说这个行业基本上都是些贪婪的人，他们把 NIH 所做的不管是什么东西拿过来，稍加改变，就开始向患者漫天要价。

"而亨利却是如此地重视患者，如此地有爱心……他是一位有爱心的好人……任何听过亨利讲话或与他交谈过的人，不管是国会议员、记者或其他任何人，都不会认为除了'主的工作'外他还在做别的。"

第八章

从巴西到中国

　　乌兹马·沙阿（Uzma Shah）博士静静地站在巴基斯坦卡拉奇一个大型地区医院五楼的走廊里。那是在 1995 年，当时正处于美国和盟国在阿富汗打击塔利班的"持久自由行动"作战的高潮阶段。数千难民跨过边境，涌入巴基斯坦寻求避难。病房里满是痛苦的病人——有失去胳膊腿的、失明的、身体烧伤的、感染的，也有其他创伤的。但在这一切当中，她当时想的却是一个病情尤其危重的五岁男孩所处的困境。

　　他因为呼吸困难和接近心力衰竭而非常痛苦。身材矮小的沙阿博士当时 33岁，正在其祖籍国巴基斯坦进行为期一周的访问。她是从波士顿来的，在那里她最近完成了在马萨诸塞州总医院（MGH）的医学培训。沙阿的父母在她两岁时从巴基斯坦移居英国萨里，但他们始终都想让她回到巴基斯坦做善事，或者正如她后来所说的，"做我为人类应当做的工作"。

　　她在 MGH 的部门主任曾建议她去卡拉奇看看，因为当地医院想招聘一个儿科胃肠病医生。现在，她在该医院病房的大厅里转悠，观察着新环境，心里想着自己将面临的各种可能性。在其中一个病房里，她注意到一个小孩明显很痛苦。她找到了负责照看这个小病人的住院医生和医疗团队，他们告诉她，他患有戈谢病，并且处于心脏衰竭、肾脏衰竭和呼吸衰竭状态——他小小的身体在一个器官一个器官地停止运转。医生给他的诊断是如此可怕，以至于他们在他的病历上注明"不要做心肺复苏术"。他们没有办法挽救他的生命。

　　"让我只是袖手旁观非常难。"沙阿博士回忆说，"我跟其团队说了，也与他父母谈过了。我请他们允许我再看看他的情况，看我们是否能够做点儿别的。

"我不知道我们是怎么做的，但我们的确是想办法让他不再心脏衰竭。"沙阿回忆，"我们对他进行了心肺复苏，他活了下来。

"一星期后，我在波士顿一个朋友家吃晚饭。我提到，巴基斯坦一家医院让我看到了我以前从未见过的东西，也让我看到了一些情况，这些情况不仅考验了我作为一个医生的能力，而且更重要的是，考验了我作为一个人的情感。

"我说有这样一个五岁大的孩子，他让我很担心，而我在健赞工作的朋友说：'等一下，我知道有人也许能帮忙。她的名字是托米·蒂尔尼。'"

沙阿博士有点儿怀疑。饭桌上一阵儿沉默，她看着她的朋友，问道："这有什么意义呢？巴基斯坦那个孩子的生命在消逝，没有希望了，是吗？"

托米·蒂尔尼是健赞公司与发展中国家的联络人。她的任务之一是服务欠发达国家的患者。她的这个角色凸显了健赞对救治无力承担昂贵药物治疗费用的患者的承诺。

"思而赞"最近才刚刚被批准，虽然沙阿了解其治疗戈谢病患者的疗效，但她也完全清楚，巴基斯坦是没有能力为有需求的患者提供该药物的。不过健赞有一整个部门是致力于提供人道主义援助的。还有其他制药公司这样做吗？也许巴基斯坦那个小男孩还是有希望的。

在沙阿回到波士顿几个星期后，她收到托米·蒂尔尼一封电子邮件，说蒂尔尼对这个病例很感兴趣，想帮忙，问她能否与她一起去见亨利·特米尔。

第二天，她被带到该公司漂亮的玻璃幕墙总部大楼的 12 层。

"我见到了托米。"沙阿回忆说，"我们一拍即合。她说：'我想让你去见亨利，亨利想见你。'"下了电梯，她和托米走到拐角处的办公室，像通常一样，办公室的门是开着的。当她们走过去时，亨利立即起身迎接她，几乎是条件反射般地问："请你告诉我这个小男孩的情况好吗？"

乌兹马·沙阿回答："我上次见他时，他的心脏还在跳动，他的肾脏也还在发挥功能。他早饭、午饭和晚饭都吃得很好。他的父母在一个难民营里，我不忍心看着他就这么离开人世。他是一个漂亮的男孩。"

当她说完时，亨利说："我要给你一个承诺。这个承诺是，只要我还活着，这个男孩就会得到免费治疗。这是我对你的承诺。"

沙阿无法相信。她的眼里充满了泪水。亨利·特米尔看到了她的反应，向她靠近了一些。"过来，跟我坐在一起，因为我觉得我们要一起哭了。"

沙阿喜出望外，但仍有怀疑。"我心里在想，'你可能会改变想法，因为这是非常昂贵的……我们谈的是巴基斯坦。一场战争正在阿富汗进行。他们住在一个难民营里。我要怎么每月给他这么一针药，怎样通过移民局把它送给这个孩子？'"

特米尔——他给其团队的口头禅总是"这是你的责任"——说："这是你的工作。我承诺将给你供药。"

沙阿还是无法相信。离开亨利办公室后，她找到蒂尔尼，说："他不是当真的，是吗？"蒂尔尼说他是当真的。

"他是当真的。他已经告诉我这个了。他要求我最好别掉链子。乌兹马，我不会掉链子。"这也是她的责任。

几个星期后，沙阿回到了卡拉奇。令她感到吃惊的是，这个药物已经由巴基斯坦卫生部送来了。他们做的是一项很艰难的工作，但亨利和托米遵守了他们的承诺，沙阿对这个男孩持续观察了几年时间。他定期接受注射，活了下来。沙阿将他描述为"一个漂亮的年轻人"。

卡拉奇的那家医院也遵守了自己的承诺：只要他们收到"思而赞"，他们就会确保这个小孩免费得到该药物。

几年时间过去了。每隔几个月，蒂尔尼就会写信问那个小男孩怎么样，看药物是否能够按时送到。小男孩家人会拍些照片，并写信感谢他们"可以说是在救他的命"。但他们并不真正理解为什么这个奇迹会在他们身上发生。

沙阿记得小男孩母亲问到亨利·特米尔："但他为什么要帮我们？为什么这位先生要在他余生免费给我们这种药——我知道这种药非常贵，他们想要什么东西吗？"

乌兹马·沙阿说："不，他们什么都不想要。他不要你们任何东西。"

"我认为，世上没多少人是像这样的。"穿着医生的白大褂，有着卷曲的黑发和深棕色深情双眼的沙阿得出结论说，"对我来说，亨利就是这样的人。"

乌兹马·沙阿觉得她与健赞打交道的经历是不同寻常的，甚至是前所未有的，但这种人道主义承诺是该公司的立业之本。

这样的故事，随着健赞在 2009 年成长为一家"财富 500 强"公司而在全球不断上演。"使命一致"成了健赞的标志，也在其所有层级的员工中产生了该公司自己的动能。这也有助于在其患者、他们的家人、医生和其他关注罕见病患者治疗问题的人们心中打造该公司的品牌。

健赞反映了亨利·特米尔最基本、最独特和最持久的品质。亨利·特米尔是一个乐观主义者；亨利·特米尔是一个实用主义者；亨利·特米尔做的任何事情都充满了他不可动摇的希望精神。

对于健赞，这意味着开创和发现一种新疗法是不够的，还需要它的患者必须能够得到它。

健赞前国际事务负责人，与特米尔共事 15 年的桑迪·史密斯在回忆那些日子时说："在最初的那些日子里，我们的确是用我们在治疗多少患者来衡量业绩的。我从 1996 年一直工作到公司被赛诺菲收购。我们经营公司的神奇方式将来也许永不会被复制。在肯德尔街 500 号楼梯上所做的那些决定……你会在上楼或下楼或在走廊里碰到某个人，然后做出决定，接着你会去做自己该做的事情。我在自己以前工作过的公司（一家大制药公司）已经习惯了的那种垂直组织结构是不存在的。我们是按照我们在治疗多少患者来管理业务的。在每一项决定中患者都处在核心位置。"

1992 年，"西利酶"进入巴西。巴西是最早得到这一新药的发展中国家之一。罗杰里奥·维瓦尔第（Rogerio Vivaldi）博士是里约热内卢的一位内分泌学家，当时刚从医学院毕业，开始自己行医。一位教授要他看看一个 14 岁的男孩，这个男孩被罗伯特·德斯尼克（Robert Desnick）博士诊断患有戈谢病，后者是纽约西奈山医学中心一位先驱性遗传学家。

在纽约，这个男孩一直在接受药物治疗，每两个星期要通过静脉输液方式用"西利酶"治疗一次。这种治疗方式本身引起了维瓦尔第的兴趣。"我肯定想见见一位我必须每两星期见一次的病人，这很好。"

那个小男孩名叫阿尔贝托·利维（Alberto Levy），他喜欢足球，但容易受伤。他要经常去医院，经常出血，而且肝脏和脾脏都肿大。

治疗开始后，维瓦尔第根据自己在急救室的经验建立了一个治疗程序，他亲自动手找到男孩的静脉给其输液。

"有些人将那个时刻描述为我救了他命的时刻，"维瓦尔第博士回忆说，"但我是以不同方式来描述它的：它是两个生命得救的时刻——不只是他的生命，还有我的生命。因为我在医学中看到了我们一直在寻找的某种东西：我们在寻找一个奇迹，我们在寻找某种如此有效，会让我们惊喜过望的东西，而那就是我所看到的。"

该药物使那个小男孩的遗传系统能够恢复平衡。"他长了近 51 厘米，个子比自己的堂 / 表兄弟们都高。他又开始踢足球了。"

有一次，在他们首次共进晚餐时，亨利·特米尔问巴西有多少戈谢病患者。"至少 200。"维瓦尔第回答。但随着治疗消息的传播，新患者也被识别出来了，患者总数上升到了 1300 以上，这使巴西成为世界上戈谢病患者最为集中的国家之一。在两年内，罗杰里奥·维瓦尔第诊断出的戈谢病患者数量就几乎超过了医学界的其他任何人。

但这还不够。巴西的戈谢病患者所需要的不只是健赞的药物和领导作用。巴西政府也必须在其中扮演一个角色。该国的国家医疗基础设施需要予以调整，以诊断和治疗戈谢病患者。维瓦尔第知道需要制定一个支付方案。

"我以一个医生的身份给巴西卫生部长写了一封信，描述了这种疾病，描述了这些患者，也描述了我和阿尔贝托所看到的，卫生部长回复了我，说：'我喜欢你所写的，我将对这种药物给予报销。'"

维瓦尔第打电话给健赞，告诉特米尔他得到了报销。这是好消息，但亨利总是要求更多。既然他已看到了罗杰里奥·维瓦尔第所能够做到的，他就想让他加入自己的团队。托米·蒂尔尼领受了招聘他的任务，但维瓦尔第并不想要一个其报酬取决于销售量或他治疗患者数量的工作。"如果你想雇我，你就雇我，并给我发一份工资。"维瓦尔第告诉亨利·特米尔，"就这样。我根本不想按任何东西的比例获得报酬。"

亨利的反应？"好吧，加入我们，在巴西创立一家公司。"

这是最典型的天马行空想法——亨利·特米尔的风格。

"他们一点儿都不知道我们能做什么。"维瓦尔第说，"我可能也不知道，但我想做一个与众不同的制药公司。我对销售代表到办公室里来找我是很不以为然的。我想招聘最好的人，来做最为以患者为中心的事情，而这就是我们所做的。

"我们成立了一个开始时收入为零的公司，在不到五六年的时间里，我们的销售额就超过了1亿美元。我认为我获得了健赞在单一国家所签署过的最大合同。"

这个交易中双方都是赢家。与巴西卫生部的合同是其历史上最大的合同。

"我们有三个不同政党、多个卫生部长、不同的总统，但我们从未允许该合同失效。"维瓦尔第自豪地说。巴西这个项目，成为健赞其他新兴市场项目的原型。

维瓦尔第富有创造力和激情的领导风格，使他被提升为健赞首任拉丁美洲总裁，在这个职位上，他负责执行公司在这个地区的"统一价格或免费（One Price or Free）"定价策略。

这一针对高价药处方的新颖定价方式坚持了一段时间，但最终却让位于一个更为灵活的方式，正如桑迪·史密斯所描述的那样："我们并没有全世界统一的价格，尽管我们希望自己有，但这种情况从未实际发生过。

"健赞有一个令人羡慕的公益性药物使用计划，在有些国家我们可以谈判，这种做法至今仍不被人们理解。我们会说：'看看，我们通过你们的医疗系统诊断出了那么多患者，如果我们治疗所有这些患者如何？'没有任何两个国家是一样的。另一个因素是，患者人数超过200的国家非常少。"

在维瓦尔第的领导下，健赞进入了16个拉丁美洲国家，而且在其中大部分国家，只需要识别出两三个患者，就有了建立基础设施、培训和患者识别及招募等系统所需的基础。如果地方政府不能为该药物付费，那么健赞就免费提供。

罗杰里奥·维瓦尔第是这样理解其中的数学问题的："以300 000美元的价格来看，如果你给一个10%或20%的折扣，那是改变不了什么的，不会使得该药物能够负担得起，唯一能够起一定作用的办法是免费供药。

"从医学上来说，这些患者是否有风险？如果是，那么公司就有一个社会责任，因为这些公司是自己选择进入罕见病领域的，它们理解并不是每个人都有支付能力。"

维瓦尔第回忆，自己带亨利·特米尔去里约热内卢一家医院，在那里，他们看望了其中一些最年轻的戈谢病患者，包括一个一岁大的女孩。

"亨利眼含泪水，"维瓦尔第回忆说，"他非常高兴，说：'罗杰里奥，要治疗这个一岁大的女孩……这个女孩将从不会觉得她是一个患者。她太小，不知道这种病，而我们是在改变她的生活，使其与以前不一样。太好了，太好了！'"

随着时间的推移，"思而赞"的疗效也越来越明显，于是政府意识到，为这一救命药提供报销是他们的责任。正如特米尔所解释的那样："我们的目标必须是创造一种情况，那就是国家本身最终将承担治疗责任。这是我们需要努力的方向。"

健赞在巴西，最终在整个拉丁美洲成功的故事，再加上特米尔满足戈谢病群体需求的关爱之情，促成了健赞的"戈谢病全球倡议（GGI）"在1998年成立。

GGI 很快在1999年与"世界健康基金会"（简称"世健会"）建立了联系。"世健会"是为五大洲患者提供健康解决方案的一个全球性人道主义服务提供商。

健赞和"世健会"共同建立了一个创新性的合作伙伴关系，来为戈谢病患者提供酶取代疗法。在其最初五年里，17个国家的200多位患者通过GGI/"世健会"联盟获得了"思而赞"。

特米尔经常将健赞在这样一种伙伴关系中的参与总结为该公司的"责任"。治疗这些患者是健赞的"义务"，不管他们能否付得起费用。

"世健会"与健赞之间的伙伴关系是典型的特米尔风格：它是全球性的；是有眼光的；是先驱性的；是旨在服务那些没有希望、没有途径获得治疗药物，也没有或几乎没有经济来源的患者的。这又一次显示了健赞在确保那些需要治疗的人都能得到治疗方面所寻求建立的高尚道德标准。

2001～2015 年担任"世健会"CEO 的约翰·豪（John Howe）博士，用他经常听到特米尔使用的一个短语来描述特米尔在这项合作中所起的作用。

"当我拜访他时，他会谈论——用他自己的话说——'资产组合方法（portfolio approach）'的重要性。我们在'黄宫'里谈过这个问题，其并非传统意义上的资产组合，即这里是可供分配的资本，然后你把馅饼做出来，投资就会出现。

"这主要是关于他的时间的一个'资产组合方法'。后来，这将是关于他与其合作伙伴在一起的时间、他在马萨诸塞州总医院的时间、他在麻省理工学院的时间，以及他在生物医学公司董事会的时间，但在这里，他有一个关于怎样为治疗患者而分配时间和资源的'资产组合方法'。

"他问：'你怎样把拼图拼在一起来履行道义责任？你怎样把拼图拼在一起来将该药物送给有需要的人？'

"健赞将提供该药物，然后'世健会'将交付该药物，建立一个国内网络，培训医生，吸引患者，培养能力和建设卫生基础设施。

"我要描绘的图景是，它不是一次性的。他的希望和抱负是，有需要的患者将会得到该药物，但我们要做的将不仅仅是出现在医生办公室，把该药物留在那里，因为埃及和中国的医生没有经验来给患者用该药物。我们还有责任培训医生，而且非常重要的是，我们还有责任建设卫生基础设施。"

耶鲁大学医学院教授普拉莫德·米斯特里（Pramod Mistry）博士是"戈谢病全球倡议"的一个领导，他将埃及描述为一个精彩故事。

"你可以只是想象一下开罗。那是一个非常混乱的环境。当我们开始时，没有人了解关于戈谢病的任何东西。然后在早期日子里，理查德·莫斯西基（健赞公司首任首席医疗官）、托米·蒂尔尼和我会拜访患者，与感兴趣的医生一起为患者义诊，给他们做检查和讨论治疗方案。那个时候，埃及没有治疗罕见遗传病的医疗系统。

"我们成了一个平台，来在整个埃及对一代埃及医生进行辅导，他们最终承担起了治疗该国戈谢病患者的责任。他们现在是戈谢病专家，其水平可以与西方医学界最先进的同行相媲美。他们要求我们以在曼哈顿治疗患者相同的方式来治疗这里的患者。"

约翰·豪认为，时任埃及总统胡斯尼·穆巴拉克（Hosni Mubarak）的妻子在这个困难的环境中支持"世健会"是有功的。"穆巴拉克夫人是一个伟大的支持者。当时埃及社会不稳定，经常会出现动荡，载有药品的船进来后卸货会延迟，但她总能帮忙找到办法，让载有'思而赞'的船进来，以使患者能够得到该药物。"

2015 年，埃及政府承担了为戈谢病患者治疗提供经费和为该国的戈谢病患者中心提供经费的财政责任，这也显示了"戈谢病全球倡议（GGI）"的重要性及其取得的成功。

这一人道主义计划在中国、印度和多个非洲国家也得到了复制。这是一个大胆的计划，克服了很多障碍，为全世界所有患者迎来了罕见病治疗的一个新时代，无论他们是否有钱。正如特米尔经常说的："我们的目标是服务世界上70 亿人，而不只是有幸生活在发达国家的 10 亿人。"

在中国，特米尔任命了另一位有前途的年轻领导人薛群（James Xue）为健赞中国总经理。薛群是出生在中国的美国公民，第一次见到亨利·特米尔时，他是健赞的一个业务发展实习生，来自亨利的母校——达顿商学院。他们两个人是一拍即合。

特米尔告诉他："詹姆斯，你有一个独特的竞争优势。你讲中文，了解中国文化，而且中国一定是健赞最重要的市场之一。"

特米尔的思绪越过了达顿商学院，他回想起了自己在百特工作的日子。"我认为，你可以采用的最好方式之一是，做与我在百特所做的非常相似的事情，"他告诉这个年轻人，"我讲德语，我了解欧洲，我能够通过身在欧洲真正奠定我职业生涯的基础。"

但在薛群接受培养的同时，在他于 2003 年第一次代表健赞出差到中国之前，薛群记得他在亨利办公室里与其见了重要一面。

"在我离开的前一天，他请我到他办公室，"薛群回忆，"他试图说服我，我们（所做的）已经超过了可以免费获得治疗的患者数量。他说那是不可持续的。他说：'中国的责任是照顾好他们自己的患者。我们作为一个行业，作为一家公司所能做的也就这么多了，对吧？'"

但薛群并没有条件反射似地回答"对"。

"我没有想太多，说：'在中国文化背景下要实现报销……要真的让社会为那么少的患者支付那么多将是非常困难的。'"

特米尔的反应震撼了薛群。"我的职业生涯可能在那个时候就要终结了。"他当时想，"他的脸变红了，他给我上了我成年生活中最难忘的一节课。他说：'詹姆斯，如果你不相信这个，那么你就不应当去中国。你必须是一个信徒。任何社会、任何市场都必须照顾好自己的患者，即那些没有能力保护自己的人们。这是我们所做工作之一，在成为一个成功的实践者之前，你必须是一个信徒。'"

几年之后，亨利不止一次地就他在那次见面时的严厉语气表示道歉。

"'詹姆斯，我对你太苛刻了。'"薛群回忆说，"但我说：'亨利，那真的是你给我的最好的、最关键的时间之一。'

"当然，他后来也看到了我是怎样转变的——不仅转变成一个信徒，而且转变成一个传道者、一个导师。今天，对我在我的新公司剑桥（CANbridge）辅导的高管们，我几乎是采用同样的话。"

对在发展中国家所有这些投资的支持，部分来自多年来将富裕的大国带进这一领域所产生的收益。

日本是健赞在1987年通过销售诊断产品进入的一个市场，它在引入"西利酶"时速度比较慢。尽管日本有很多戈谢病患者，但日本厚生省在"西利酶"于1991年在美国获批后很多年时间都不允许健赞引入该新药。

日本厚生省称，依靠可能被HIV污染的人体组织（胎盘）作为药物产品唯一来源风险太大。特米尔意识到，日本至少有36名儿童患戈谢病，需要立即治疗。他和健赞的日本区总经理去找时任美国驻日大使沃尔特·蒙代尔（Walter Mondale），讨论怎样让这些患儿得到该药物。

他们的策略很大胆。特米尔建议："我们把这些儿童转移到夏威夷，在那里治疗他们。"蒙代尔表示支持。当日本政府官员意识到这一有可能让他们丢脸的策略时，他们也改变了想法，很快批准了该产品。

亨利·特米尔再次展示了健赞将患者置于首位的责任。他们的责任是，用亨利·特米尔的话说，"……我们所做一切事情的支柱。如果你采访 11 000 位健赞的员工，这就是他们要反复告诉你的，因为这就是我们的目标。它比我们任何一个个体都大，它是推动我们前进的水流，它比股价，比这个、那个或其他的都要强大。"

欧洲区作为健赞最大的国际市场，存在一种不同但相关的挑战——某些政府官僚机构对于引进一种昂贵的新药抱有不妥协态度。在英国，国家临床卓越研究所（NICE）——决定该国药物和医疗经费分配的机构——宣布，报销这种药物太过昂贵，政府无力承担。虽然他们的立场在欧洲并不是唯一具有挑战性的，但却是最不通融的之一。健赞团队将需要花费数年时间与患者和医生一起来克服它。

然而，北欧地区却是健赞面临挑战不太严重的典型市场之一。迪克·梅杰（Dick Meijer）于 1991 年加入健赞，作为健赞在欧洲的第二名员工，受命在六个北欧国家为公司找患者。

瑞典是他优先考虑的国家之一。在北极圈附近一个偏远地区，梅杰遇到一位临床专家——安德斯·埃里克松（Anders Erikson）博士，他是北博滕地区最好的戈谢病医生。

埃里克松的患者之一是一个小男孩，他必须坐轮椅，是该地区被诊断为患戈谢病的 25 位患者中，要接受"西利酶"治疗的第一个患者。政府部门立即批准了对治疗费用进行报销。虽然他们因为价格而不赞成将患者从用"西利酶"治疗转为用"思而赞"治疗，但他们仍继续对这两种药物的每年治疗费用给予报销。

梅杰在回忆这个年轻的瑞典患者和北博滕地区对戈谢病治疗的整体接受度时说："这个大肚子的小男孩开始用'西利酶'了。他恢复非常快，也没有做脾切除，五年后就在打冰球了。所有患者都得到了治疗，政府给他们报销。这种情况在其他北欧国家也出现了。"

瑞典的情况与其他一些富裕的、发达的大国相似。特米尔在打造公司国际市场时所依靠的模式，被证明实施起来是直截了当的，如果不是显而易见或简简单单的话。

从 1998 年开始负责健赞欧洲业务的吉姆·杰拉蒂看到，公司在那里的成功可以追溯到其先驱。"将'西利酶'引入欧洲的第一批人像扬·范黑克（Jan van Heek）、卡洛·因切尔蒂（Carlo Incerti）和弗朗索瓦·考尔努（François Cornu）都在百特工作过，我也一样。我们了解亨利的价值观，也具有相同的管理理念，这便产生了一种信任，使欧洲团队能够以非常具有企业家精神的方式来运作。"

他会招聘很多医生来打造这些市场。这些领导人当中大部分都是本国人。在他们为打造这一业务所做的一切事情中，患者都处在核心位置，而对个人责任的接受也是所有决策的核心。

特米尔对于其区域经理／领导在个人层面上是非常关心的。他认为自己应当经常去看望他们。他和其同事桑迪·史密斯会定期乘坐包租的"湾流Ⅶ"型公务机从汉斯科姆空军基地飞往世界各地，每周访问 10 到 15 个国家。

每年，他还会邀请整个集团的国际经理们到他在马布尔黑德的家中享受一顿丰盛的晚餐。健赞公司这些聚会上的仪式之一是，每个区域领导都要向大家致辞，以增强屋里的文化氛围。新入职者还要接受教诲，甚至经常还要接受一些善意的玩笑，因为他们会被要求站在椅子上，讲讲他们为什么决定加入健赞以及他们所面临的挑战。这些不同寻常的庆祝活动，是打造全球连接和健赞文化所必不可少的。

但说到底，所有这一切都归结为为患者做正确的事情、个人担当和个人责任。这三个支柱是特米尔领导信条的基础，也是他与整个组织契约的基础。

第九章

公司高管眼中的特米尔

亨利·特米尔不喜欢战略规划。他很多次被要求遵守咨询师们正规化的使命陈述辩论模式、长期战略规划模式和五年展望模式。每一次他都很生气。亨利想要的是"战略思维"。

"有一个关于亨利的趣闻：他不喜欢'规划'这个词。"格雷格·菲尔普斯（Greg Phelps）回忆说。他是特米尔最亲密的朋友之一，也是他在百特和健赞的一个长期同事。"他不想要战略规划，因为他害怕计划会影响人的思考范围。"

亨利经常将百特的长期战略规划方式作为一个要不惜一切代价避免的例子。让高管们几乎离开工作一线一个月时间，仅仅是为了制定一大堆三年计划或五年计划，而这些计划只是被装订起来，束之高阁，然后被忘记，那是多大的浪费！这是一个机械性过程，会妨碍亨利最重视的东西——在快速演进市场上的战略思维、灵活性和敏捷性。

"我们即便是谈谈长期战略规划都是被禁止的。"桑迪·史密斯回忆说。"一个来自一家大型金融机构的人试图谈这个，"史密斯大笑，"他被训了一顿，不得不离开。"

亨利·特米尔认为应当见机行事，而战略规划会妨碍这么做。计划越正规，越妨碍沟通。他说，你想要的是灵活机动和见机行事，而不是官僚主义。

亨利·特米尔对机会主义的定义是从定义使命开始的。"他是你的业务伙伴。"格雷格·菲尔普斯说，"不管你在公司里的角色是什么，如果你知道公司使命是什么，而且你是一个敏锐的人，并与亨利保持亲近，让他知道你在做什么，那么他就会支持你所做的事情。"

虽然亨利有些会议是安排好的，但他的时间安排大部分是灵活的，是可以接受随意拜访和临时会议的。结构是机会主义之敌。如果你是从一个刻板的结构概念中寻找线索，那么你将整天生活在那个盒子里。

但也有一些亨利无法放弃，也不想放弃的结构。亨利所接受的是一个高度专注的过程。由大约 30 位对公司盈亏负有责任的人参加的每周评估会议，每周一上午 7 点在亨利位于 11 层的大会议室召开，这个大会议室在他的办公室下面，相距有一段楼梯。当他的团队参加这些会议时，如果有新来的试图坐在马蹄形会议桌左端的椅子上，他 / 她就会被请离，因为那是亨利的椅子。

扬·范黑克是荷兰人，从 1992 年开始到公司 2011 年被收购，在健赞担任负责国际业务的高级领导职务，他记得自己在星期天晚上经常会是什么感觉。"我告诉你，星期天晚上有时是很难的，因为星期一上午你必须站起来谈问题、谈数字。如果事情进展不顺利，那么站在那里可不好玩。"

事实上，很多人会在星期天晚上打电话给特米尔，提醒他注意他们第二天早上将要发布的坏消息。亨利不喜欢出乎意料，他们知道，在一个群体环境中不要让他感到出其不意有多重要。

"好的，你的数字在哪里？"他会问其团队的每个成员，"你的预期是什么？发生了什么？你是否要改变自己的预测？"

鉴于人们对上市公司投资者的关注，桑迪·史密斯回忆说："患者在我们所做的一切事情中都处于核心，但我们也非常、非常重视每股收益（EPS）。"

特米尔在这些会议上会穿越全球，向他的经理们提出关于健赞在国际市场上业务表现的各种问题。"这里发生了什么？"他会问，"你在寻找解决办法吗？"

没有人有一个打印出的议程，但人人都知道这些会议将会怎样展开。在之后的一个小时或一个半小时，每个部门负责人都要介绍最新情况，并过一遍他们的数字。在数字问题上，没有人比特米尔更严格了，他总能在幻灯片上找出一个不合理的数字来。当有人正在介绍幻灯片时，亨利的绿色激光指示器可能会突然指向某一项内容。

人人都知道亨利的绿色激光指示器。"它成了传奇。"艾莉森·劳顿（Alison Lawton）说。她是一位在健赞工作了 20 年的高管，1991 年进入该公司。

"大部分激光指示器都是红的，但亨利——永远的乐观主义者——却喜欢他的指示器是绿的。"

不过有时，你最不想看到的东西就是亨利的绿色激光指示器，不管它是否是乐观主义的象征。

艾莉森·劳顿回忆说："如果你正在用幻灯片一张接一张地做介绍，上面满是数字，几秒钟内，亨利就会用他的绿色激光指示器指出一个你不想让他发现的数字，他就会问你一个问题，他就会像这样看到它。"

他有过人的记忆力。他能够记得几个月前所做报告中最含糊、最细微的东西，这使健赞的领导们感到惊讶。你可以把它称作过目不忘的记忆力。对这些会议，你必须有所准备、好好准备。

但这些会议在健赞内部是一个正能量，能让团队近距离地、不加掩饰地看到每个人在做什么或必须要做什么。毕竟，这是他们的责任。

没有人觉得特米尔在试图给他的经理们使绊子。阿丽莎·塞科尔（Alicia Secor）是经常参加这种会议的人之一，也是特米尔的辅导对象之一。她说："他向我们表明，他愿意花时间来显示他在关注、在关心。他还会指出我们也许会认为对他来说不明显的问题。所以从这个意义上来说，那几乎就像是'我可抓住你了'的时刻。但他真正要说的是，我应当专注这个或那个，而你则需要准备回答他……这就是一个微妙的平衡，既要关注数字和业绩，又要使人觉得有动力继续去做他们所做事情。他会使劲把人往前推，但总是以一种公平的、建设性的方式。他会真的挑战你，但会让你事后感觉挺好，而这是他的特殊技能之一。"

特米尔是更多凭直觉行事的人，含含糊糊对他来说没有关系，同时他做事也正派、文明。但在某些方面他也是一个矛盾体。表面上他可以是，而且也经常是一个不苟言笑的、雄心勃勃的和求胜心切的商人。但他也是一个灵活机动的、富有同情心的、很好玩的、好奇心强的人，知道怎样欣赏他人，慷慨地与他人分享功劳，不喜欢呆板或僵化。在其内心深处，他的道德价值和伦理原则是没有商谈余地的。

有时他会很固执。他显然喜欢掌控。但他同时也愿意只是给他人指出方向，让他们负责，自己退后一步，给他们让出道来，让他们自己做主。

"亨利非常喜欢有不同的想法和不同的观点。"艾莉森·劳顿说，"他会绕着桌子转，问每个人'你认为怎么样？你认为怎么样？你认为怎么样？'他想迫使每个人将他们所想用语言表达出来，以使他能够了解他们的观点。但他也会做出反应。如果有人不适当地挑战他，他会坚决面对，不会客气。"

特米尔是一个乐观的人。人们经常看到他在微笑。很多人记得他就是这样的。是的，他会强硬，非常强硬。在他在健赞的早期岁月里，他的脾气很少表现出来。但随着年龄、地位、权力和荣誉的增长，他也越来越自信。他是一个知道自我控制的人——谦逊、人道、接地气。

他故意将自己的办公室设在健赞中心大楼 12 层的员工咖啡厅入口处，这样他就可以让所有健赞员工都能看得见，也便于他们找到自己。这种方式影响了别人是怎么看他的，也影响了他是怎么生活的、怎么领导公司的和怎么做决定的。他是一个超越常人的人，将自己的很多天赋、魅力和智慧用在了他所做的每一件事情上。

对多年负责健赞组织发展的琼·伍德（Joah Wood）来说，亨利将用于战略问题的非正式方法同样也用在人力资源发展上。他从不喜欢组织结构图或正式的辅导计划。他相信人情纽带在启迪、发展领导团队方面所具有的力量。伍德回忆说："亨利有一种个人能量，这使得即便是最害羞的人也不可能不去与他人交往。"

也许他在健赞最密切的关系，是与其长期的知己，健赞高管彼得·沃斯的关系。"亨利的典型特征是，他具有能够感同身受地理解人，真诚与人交往的自然的、天生的能力。"沃斯说，"不管是跟一个患者交谈其迫切需要的，用来治疗每 40 000 人中只影响一个人的某种疾病的有效药物，还是与一群没有戒心的年轻 MBA 们坐在健赞的咖啡厅里即兴评估他们最新的企业发展项目……他都会很自然，但又很投入……你会觉得那个时刻你是亨利生活中最重要的人，而那种感觉会让你有一种舒适感、自信感和一种重新焕发的乐观精神。"

在其内心最深处，亨利是一个精明的使能者。他选择非常有才华的人，使他们与企业的使命保持一致，对他们进行辅导和栽培，观察他们成长，然后放手，让他们去自我实现。他不会一直看着他们。相反，如果说他会犯错，那么就是他会给他们太大空间。这个负担会转移到他的团队。但最终责任，至少在健赞，还是由他来负。奥斯顿·兰丁工厂的危机就清楚地说明了这一点（见第十章）。责任将落在他的办公桌上。事实上，他将为该工厂的病毒污染及其后果负全部责任。

当被问到亨利是否是天才时，长期担任健赞公司董事和美国国家医学科学院院长的曹文凯（Victor Dzau）博士这样描述他："爱因斯坦是天才。亨利最准确地来说是一位领导，因为他了解为他工作的人和真正支持他的人，包括买他产品的人。他是一位领导，因为他敢于并也愿意承担风险。他是一位领导，因为他果断，能够说到做到。他改变了一个行业，而且是以一种几乎自然而然的方式做到这一点的。"

或者，正如杰克·赫弗南所说的那样，"亨利是我们大家的父亲，正如我们是他的孩子一样。我们是一个家庭。你会被训诫和被责骂，之后又会被拥抱。他会鼓励你。在谈到谁应当负责的问题时，亨利会说：'你要对此负责，这是你的工作，不是我的。你需要对此负责'……但他从不会让我们失败。亨利始终都有一个安全网……他会拿起健赞文化之网，像一个希腊渔民那样将其撒开……你必须确保顺利完成工作。这又回到了忠诚与信任的问题。乐观是一件美好的事情，尤其是当它对患者有利时。灵感会源源迸发，但最终，我们的挑战和我们的目标还是挽救患者宝贵的生命。"

你必须是一个强势的高管才敢挑战老板，但那些了解自己所做事情的人通常最终会受益。他们将获得亨利的信任和尊重。生物医学遗传学家艾德·凯耶（Ed Kaye）博士就是这样一位领导。艾德 2001 年从著名的费城儿童医院进入健赞。他在溶酶体贮积症领域被广泛认为是一位国际"关键意见领袖（KOL）"。

凯耶博士在健赞任职了九年半时间，他描述了早年一个约有 25 位高管参加的会议。

"我发现一件有趣的事情是，人们对亨利是那样忠诚和尊重。有时他们会很难表达与他不同的意见。我们第一次有不同意见是关于我提出的将'美而赞'用于成年蓬佩病患者，这是一项非常大的临床研究的设计问题。亨利认为那是一个很笨的想法。'只在儿童身上做，说明它有效就行了。'"

但凯耶觉得特米尔的观点没有将一大细节适当考虑进去：大约80%的蓬佩病患者是成人。凯耶没有退让，他说："亨利，你是知道的吧？在你要治疗的大部分人身上实际研究该药物是惯例，对吧？"

特米尔可能是很固执，但凯耶后来意识到，他将参加其第一个"HAT峰会"，这是他的团队用来称呼领导的这些座谈会的一个好玩的绰号。他解释说："所谓的HAT峰会，基本上就是所有高管在一起讨论某个问题，亨利也将参加。我记得自己试图说明我为什么想在成年人身上做这项非常庞大、非常昂贵的三期研究。这就像是一部萨姆·佩金帕（Sam Peckinpah）的影片，里面每个人在四分之三的时间内都会中枪。我在那里试图为自己的想法辩护，而亨利很生气，他对我很生气。

"但当有人攻击我时，我认为我是对的，我的意思是说，你只有用一个火箭炮才能使我让步。这正是我的个性。所以我坐在那里跟亨利争辩。我认为我们已经是在大喊大叫了。没有人说话，所有人之前都认同我，但我是他们的发言人。"

在一阵激烈的交锋之后，亨利转向另一个与会者，以获得其他人关于蓬佩病患者群体的观点。她说凯耶是对的。会议达到了高潮。半个小时过去，特米尔让步了："好吧，好吧。我让你去做，你现在没事儿了。"

在这些争论之后，人们知道特米尔会跟进、道歉和消除误会。几个小时后，在会议已经结束，热度也已经消散之后，他出现在凯耶办公室门口，伸出请求和解的橄榄枝。

"亨利，我被开了吗？"凯耶在迎接他时怯懦地问。特米尔放松地回答："你当然没有被开。我只想知道你在这个问题上为什么如此固执。"这是一个经典的特米尔时刻。凯耶后来大笑说："你能想象我为什么如此固执吗？"

凯耶接着说："所以我向他做了解释。他能接受那种理性诚实的回答。"

亨利的 12 条规则

虽然亨利从来都不是那种制定一套正式规则的人，但他却遵循并体现了一套原则，那些为他工作的人会把这套原则作为他领导风格的核心。在很多对话中，出现了 12 条核心主题，人们最经常记得他的就是这些。

1. 患者永远排在首位。 在"以患者为中心"这种说法流行之前，甚至这个术语出现之前，亨利·特米尔就已经这样做了。如果挑战体系对患者有利，那么特米尔就会鼓励其同事去做。"我们得到了监管者、患者和医生的允许才能在这个领域工作，所以我们保持谦卑。"

2. 褒扬创新，尤其是当它能挽救生命时。 亨利·特米尔对于创新、对于战胜困难和对于实现难以企及之事的执着和热爱，是他的魅力和成功的核心。"西利酶"的研发（这是一个特米尔将公司的命运赌在其上的项目），将作为生物技术行业发展史上最大胆的决定之一而永远被人们记住。他的科学顾问委员会曾建议他放弃该项目。他对他们说："你们也许是对的，但我们无论如何也要去做这个。"这一大胆决定的影响至今仍在回响。

3. 承担责任；诚信经营；把失败当作是自己个人的失败。 健赞旗舰工厂 2009～2010 年的崩溃及他所关爱的患者遭受的供应中断，使特米尔受到严重打击。他觉得自己应当为此负责。"这是你的责任。"他经常告诉自己的同事和辅导对象，"这种责任感是我们在健赞所做一切事情的支柱。这是我们的宗旨，它超越了个人层面，它是推动我们前进的水流。"

4. 与他人一起承担风险；挑战他们；让他们自己去做；但不要让他们失败。 特米尔是一位优秀的人力资本家。他是一个大师级的导师，知道怎样吸引人才、广开才路，使得人尽其才。他支持自己手下的人才，培养他们，教导他们，真诚地关心他们，以健赞人道主义使命为根，创造了一个重视人才的文化环境。

5. 战略思维，而非战略规划。 特米尔以其对战略规划的憎恨而知名。他的回答是"战略思维"，这是他在百特学到的一个方法。他对接受超过 18～24 月的详细预测是犹豫的。他非常善于见机行事。他相信过分依靠长远规划会使人麻痹。虽然他母亲让他放弃了棋盘，但他仍然是完美的棋手，始终都在注视着棋盘，评估风云诡谲的棋局。 他通常都要比房间内的所有人超前四步。

6. 注意你的时间。 亨利喜欢讲他父亲在他 12 岁生日时送他第一块手表的故事。 健赞传播总监波·皮拉（Bo Piela）回忆了特米尔所说的话："我记得坐在父亲膝上，将表戴上。我父亲指着秒针。'你看到吗？'他问，'过去的每一秒永远不会回来。'"时间的速度在特米尔的脑海中产生了一个紧迫感。它不断地激发他对挽救患者生命的热情。他收集钟表。它们占据着他在健赞的办公室，后来也占据着"黄宫"的很多书架空间。人们说他走路很快，是一个很忙碌但又有节奏的人，总能为他人留出时间。

7. 鄙视官僚主义；容忍含糊。 在严格自律的同时，特米尔经常又随心所欲。他不喜欢妨碍果断决策的组织结构。在健赞业务增长的高峰时期，他有多达 30 人向他直接汇报工作。他始终都是轮毂，而公司是其辐条。他从不过多依靠组织结构图，他周围的人亦是如此。如果他知道自己能够找到，那么他就不在乎下沉四个层级，突然出现在一个下属门口寻找答案。

8. 表彰英雄，尤其是那些以行动改善患者生活的人。 特米尔知道表彰那些取得重大成就的个人和团队有多重要，尤其是那些践行健赞"以患者为中心"使命的个人和团队。年度"高山奖（Alpine Awards）"就是为了承载这一文化使命而设立的。

9. 不要放弃你的第一个孩子。 特米尔与同时代大多数生物技术公司 CEO 们都不一样。他们与第一个、最重要的和最有价值的研发计划都经常寻求合作。这是他们在经费上支持其业务增长的方式。但亨利·特米尔不会放弃对健赞命运的掌控，所以，同公司的很多计划一样，他选择独立开发和商业化其"西利酶"/"思而赞"系列产品。这些是他第一批重要的商业资产，从来都不会与他人合作。后来，在他所服务的生物技术公司董事会中，他经常会建议不要就相关资产寻求合作。对特米尔来说，独立等于实力。

10. 量入为出。 同他父亲一样，特米尔在内心也是一个荷兰重商主义者——在财务上是保守的和精明的。他不是一个超前消费的人。他寻求减少健赞对不稳定的资本市场的依赖，而且他也做到了。他并不小气，但一谈到钱，你就能觉察到他的倾向性。具有讽刺意味的是，他的节俭可能是导致其公司最终灭亡（无奈被收购）的根源。当奥斯顿工厂失败时，健赞并没有投入足够多的资金，为其关键产品的生产建设一个备用生产基地。

11. 活在当下。特米尔能够与他遇到的几乎所有人都融洽相处，不管是完全陌生的人还是长期同事，在这方面他有巨大的天赋。他据说会与公司高管、药店工人、董事会成员，以及年轻的、没有经验的新员工签订"个人合同"。他的风格是没有威胁性的，是为了建立信任，因为其目的是寻找并认可人们最好的一面。在与他令人鼓舞、振奋和乐观的相见之后，人们常说他会让你感觉自己像是"在云中漫步"。

12. 万事皆有可能。特米尔是一个有着远大梦想和高远目标的领导人。他的同事会发现实现这些梦想和目标所存在的局限性，而他则会要求他们寻找办法。他会将橡皮筋拉伸到接近断裂的程度。他不怕打破传统和破除成见。特米尔永远都是乐观主义者，他将生命看作是半满的杯子，聘用优秀人才，用正能量去感染他们，设定能够团结和激励他们的目标。

正如特米尔喜欢说的那样："当你创造一种有充足机会的环境，并具有把握它们的远见时，幸运就会出现。"

第十章

危　机

　　站在从地面延伸到天花板的推拉窗前，亨利·特米尔双臂交叉，从他位于12 层的宽敞办公室里望着窗外波士顿的天际线。那是一个阳光灿烂的星期二下午，时间是 2009 年 6 月 16 日。消息已经传开，其影响因一篇精心设计的新闻稿而有所减轻。这篇新闻稿将当天的消息称为一次"暂时中断"。公司位于奥斯顿的旗舰细胞培养设施中的一个生物反应器发生了病毒污染，迫使健赞停止生产。该工厂需要消毒，FDA 已收到通知，并且同意公司的决定。

　　公司所面临的问题远观似乎很小，其股价几乎没有变动，生活还在继续，只不过是碰到了一个减速带而已。亨利耸耸肩，对分析师们说，所有问题都会在 30 天内解决，工厂很快就会全面复工。灾难就这样被粉饰过去了。

　　然而，经验丰富的华尔街生物技术分析师们却不会上当。斯泰里奥斯·帕帕佐普洛斯（Stelios Papadopoulos）博士是一位前分析师和投资银行家（现任百健董事长），他这样总结了他们的反应："我们面面相觑，说：'他在说什么？他们怎么能够解决这个问题，通过检验，并在 30 天内恢复制造和供应？'这种情况并没有发生。"

　　而对于健赞那些层级较低的人来说，他们认为自己完全了解等待他们的是什么，即便亨利·特米尔另有想法。亨利永远是乐观主义者，他总是能够找到走出困境的办法。

　　在潜在的战略和财务问题之外，该工厂暂时停产，对其生命依赖于这里所生产药物的很多患者来说，是最为不祥的征兆。在大约 36 天后，公司于 7 月

22日发表了一个声明，此后这一点就变得更为清楚了。他们采用了"配给"的方式。健赞的药品是其患者的生命线，每位患者都已将该公司作为他们深深信任的一个供应商来依靠。"思而赞""法布赞"和"美而赞"都是在奥斯顿工厂生产的，所有这些药品都是治疗罕见病的，而且其中两个用量最大的药品——"思而赞"和"法布赞"——还是单一来源的产品。

这个工厂在1995年正式开业时被称作奥斯顿·兰丁工厂。这样一次供应中断事件发生在该工厂是极具讽刺性的，因为工厂离哈佛商学院很近，沿查尔斯河只有一英里远。厂房也是很神圣的，被每天上午经过的划船者称为"查尔斯河上的大教堂"。它是按一座欧洲教堂设计的，其明确目的就是制造救命药"思而赞"。人们可能会以为，健赞早就为关键产品出现供应问题甚或停产这种情况做好了准备。安全库存和备用工厂到哪里去了？难道哈佛某些聪明的MBA们没有顺河而下发出警告吗？

一些患者非常生气，尤其是当公司在7月份宣布某些药物供应将会受限和需要配给后。其中一位戈谢病患者积极分子尤为尖刻和不满，很夸张地说："人们当时歇斯底里……人人都很生气，因为再一次……我们是最后知道真相和最早要死的人……他们的医学顾问委员会拿出了一个'啄食顺序'，基本上就是决定谁将活、谁将死和谁将得到药品、谁将得不到……法布里病患者，他们就没有药，我的意思是一点儿都没有，连两盒都没有……那些人被坑得真的很惨。那些法布里病患者甚至比我们还生气。我们是一起输液的，所以我们都互相认识……那是一个困难的时期，人们都病了，是的。"

对亨利·特米尔来说，这是他最大的噩梦。作为一个领导，他的核心原则是个人担当、个人责任和将患者利益放在首位。未能为自己的患者找到第二个供应来源是巨大的失责，他要后悔一辈子的。在之后的19个月里，随着危机深化，他也受到了深深的打击。但对将要到来的痛苦，他从未推卸个人责任，这一点还是要非常肯定的。他知道自己让其他人失望了，所以他要担起责任来。他的健康也受到了影响，他本人的信任度也将遭受一个很大冲击。

但是现在，演出还得进行下去。公司正面对着一头可怕的野兽。事实上，刚开始时，他们甚至还不能确定自己面对的野兽是什么。但很快事情就清楚了：这个野兽其实是一个非常小的微生物。该工厂的污染可能是由一种潜伏病毒引起的，它叫作 Vesivirus 2117，是在健赞从新西兰进口的胎牛血清中被发现的。这些胎牛血清用在工厂的大缸中，来供养表达该公司酶产品的细胞。

经过紧张评估，他们得出了结论，关闭工厂和清除病毒污染是唯一办法。所有这一切都在 6 月 13 日这个周末成为了现实。马克·班福思（Mark Bamforth）、斯蒂夫·肯尼迪（Steve Kennedy）、布莱尔·冲田（Blair Okita）、桑德拉·普尔和健赞其他负责生产工作的领导人放下所有工作，一起制定工厂的补救方案。

普尔的参与很有代表性。当她接到电话时，她甚至还在布鲁塞尔郊外一个比利时游乐场庆祝她儿子的生日。她回忆说："我在星期天接到斯蒂夫·肯尼迪的电话，星期一早上我就在工厂了。在此后的两个月里，我们每周七天基本上都在工厂里，每天只睡几个小时，简直不可思议。"

他们准备清除工厂的污染。清除活动参与人数众多，而且预算不限。工厂总计占地 180 000 平方英尺，都必须要拆除。他们迫切地要将工厂清理干净，所以所有能参与的员工都参与了，决心可谓是空前之大的。隔壁的双树酒店成了他们当中很多人的"家"。所有人员都出动了，这是公司的生死关头。

过氧化氢蒸气被用来对工厂的六个巨大的、数千升的不锈钢生产缸进行消毒，每个走廊的墙壁也都进行了消毒处理。五英里长的隔热管、一英里长的铜管和 267 个高效空气过滤器都被更换了。层析柱也被大量重新加载。工厂的所有东西都被看作是一种风险。工厂的所有东西都需要被清洗、消毒或更换。所有东西都是如此。

他们只用 8 个星期就使工厂恢复了生产，而且产能也开始恢复了，这是很了不起的。特米尔每天上午都要跟其在奥斯顿工厂的团队了解情况。然而患者对公司的信任已经动摇了，健赞的危机还远未解除。

在夏末，他还有更多的坏消息要告诉大家，但他试图在工厂重新开工之际冷静处理问题。他那天上午针对健赞的库存供应短缺问题做了一番讲话："做出一项如何就这次事件部署工作的决定对我们来说一直很困难，因为我们需要在维护患者医疗利益与减小新清理的奥斯顿工厂所面临的风险这两者之间寻求一个平衡。最终，我们认为，我们不能冒任何有可能使工厂再次遭受污染的风险，同时也不能冒又无法向患者供应'思而赞'的风险。既然我们已经复产，那么我们现在就要专注于恢复之路。"

这一决定的结果是，"思而赞"一半以上的库存、安全库存和在制品管道被毁。当时新任奥斯顿工厂厂长的桑德拉·普尔解释说："我们损失掉了一年供应量的相当大一部分。我们的库存已经低于正常库存水平。"但被放弃的产品一直被认为有风险。因此，公司的"思而赞"和"法布赞"供应几乎耗尽。最终总亏损超过 3000 万美元，导致健赞收益又一次遭受重创。

的确，在当健赞被迫求助于"配给会议"时，通常的营销脚本就已经被翻转。这是一个精心选择（配给方案与配给对象）的繁琐过程，目的是确保公司患者中没有一个人失去生命。正如一位公司高管在描述当时状况时所说的，这次危机"使公司从蜜月期突然陷入绝望。"

这些会议定期由许多健赞高管参加，但它们的原则是由特米尔指导制定的。不仅是那些负责罕见病业务部门财务业绩的负责任人参加，那些负责临床、监管，以及制造／供应链部门的人也要参加。特米尔的命令是，对所有患者一视同仁，不管健赞是否收到所交付产品的付款。药品配给是根据医疗需求而不是财务价值进行的。

特米尔的企业传播总监卡伦·阿恩斯坦（Caren Arnstein）这样描述当时的气氛："每个人都备受打击。我们大家一听到关于奥斯顿工厂的消息就都知道了。没有那个工厂，我们就无法给患者供应药品。我们就是干这个的，这就是我们的全部使命。我们要做的就是给患者他们所需的药品，而现在我们却发生了这种事。我们是他们的生命线。我们当时都深深觉得：'天哪，我们让患者失望了。'"

由于不同国家在监管条例和其他条例方面的差异，健赞对在不同国家的药品配给制定了不同的方法。

例如，在美国，配给团队会经常评估某一患者的需求，来确定他们病情的严重程度和治疗的危急程度。在背后，他们会依靠一套决策规则来进行决策。根据这些规则，病情较严重的儿童与病情较轻但岁数较大的患者相比，前者会优先得到"思而赞"。而且，他们还制定了一个紧急供药计划，对有生命危险的患者，其医生可以优先获得"思而赞"。至于谁将得到什么，在产品有货可供的情况下，由健赞委员会来做最后决定。

在欧洲，监管部门姿态相对来说更不宽容。他们坚持认为其国民应该得到全部剂量的药品，尤其是对法布里病患者来说，其症状经常包括重要心血管、中枢神经系统或肾功能的损伤。约翰·巴林杰博士（他是罗斯科·布雷迪在 NIH 实验室的一名研究人员，曾帮助研发'法布赞'）在评论该药物的剂量管理问题时说："采用充足剂量很重要。如果剂量不足，你就会生病。"

这种姿态本身当然也引起了其他人的不满。代表法布里病患者的人身伤害律师艾伦·布莱克（Allen Black）在《匹兹堡邮报》上发文指出："欧洲人得到全部剂量，而美国人却没有……美国人基本上没有选择，只能保持低剂量，这绝对是荒唐的……"布莱克是有一定道理的，毕竟，NIH 为研发"法布赞"花了 410 万美元美国联邦政府的钱。

健赞集团负责临床开发的副总裁和公司配给委员会成员艾德·凯耶，后来解释了他对患者群体的反应所持观点："……人们将健赞看作是一家诚信的公司，认为我们是讲道德的，做的是好的科学研究，试图帮助患者。人们对健赞仍然是信任的。"

杰夫·麦克唐纳（Geoff McDonough）博士是负责健赞罕见病业务的高管之一，他试图在一份准备好的声明中安抚患者群体："这些（配给）行动是为了给最脆弱的患者保留库存，并在这个对患者和医生极具挑战性的时刻确保全球平等。"

公司最初说，供应短缺会在 10 月份结束。但到了 8 月份，很显然这个目标是实现不了的。公司被迫修改其预测：新产品在当年晚些时候才会发布，可能要等到 12 月底。这又增加了两个月的不确定性。

后来人们才知道，健赞面临供应压力已有一段时间了。那种名叫 Vesivirus 的潜伏病毒攻击健赞的细胞培养已经几个月时间了，但都没被发现，这影响了其细胞生长和产量。

患者听闻了这个消息，感到很绝望。"法布里病支持和信息群体（FSIG）"

执行总裁杰克·约翰逊（Jack Johnson）对当时的情况记得很清楚，他说："那是一个非常困难的时期。全国各地都有患者遭受很大痛苦，也包括海外的新患者。作为一个患者利益代言群体，我们想知道发生了什么事情，想尽快得到最新信息。遗憾的是，FSIG 和其他各方能够得到的，都是在该公司的投资者已被吹风之后才发布的陈旧的、回收的信息。"约翰逊承认，那并不是健赞公司的错。"制度就是那样运作的。"他说。但尽管如此，这还是让人感到刺痛。

按照惯例，出现这种情况后，在健赞重启奥斯顿·兰丁工厂的同时，监管部门也在密切关注事态发展。为了监测其进展，FDA 在马萨诸塞州斯托纳姆的办事处对奥斯顿工厂进行了一次检查，该检查从 10 月 8 日开始。这是FDA "良好操作规范（GMP）"的重要组成部分，而 GMP 则是 FDA 确保药物安全和质量的严格规范。

这项检查耗时五星期，检查完成之时 FDA 代表来到奥斯顿工厂，宣读了他们的结论。那天是 11 月 13 日，星期五，是一个沉闷的雨天。他们给该公司签发了一个 Form 483 报告，并要求亨利参加会见。这份 22 页的报告列出了49 项违规，该数字也是异乎寻常的。当 FDA 的首席现场调查员托马斯·阿里斯塔（Thomas Arista）逐条宣读各项违规时，特米尔面无表情地坐在那里。宣读过程用了半个多小时，桑德拉·普尔回忆说："这对亨利来说是一个很黑暗、很黑暗的时刻。"该来的终究会来的。几个月后，FDA 通知健赞，他们将采取进一步的执法行动。

在健赞的患者群体和支持者思考他们所处困境时，一个经常出现的根本性问题是，为什么该公司没有建设一个备用工厂？这似乎是不可理解的。

有一个答案显而易见：费用，高达 5 亿美元的费用。但自从奥斯顿工厂 14年前开业以来，健赞一直都在呈指数增长，包括有机增长和无机增长，而且其利润也在飞涨。该公司的确是拥有建设备用工厂所需资金的。

1995 年以来，该公司对这个工厂进行了无数次的更新和改进，包括建设一个大型的新侧翼，以扩大产能。然而，虽然早就有所规划，但修建一个用于生产"思而赞"和"法布赞"的备用工厂所需的可观投资，却经常从公司资本开支项目清单的最顶端被拿掉。

推迟此项投资的一个显著原因，是 9 个婴儿和一批转基因兔子。他们都是 21 世纪初期到中期在欧洲进行的一项实验性临床试验的一部分。那些婴儿有蓬佩病；那些兔子所产的奶含有一种"初酶"，将这种"初酶"从奶中分离出来并纯化后，可以使那些婴儿得到治疗。根据这项研究的结果，这种酶似乎能够从根本上消除他们的死亡风险。

获知这一潜在的医学突破之后，其他蓬佩病患者父母也前来要求给他们的孩子治疗。在有些国家，他们甚至走上电视，将自己与本国卫生部拴在一起，来宣传他们的诉求。他们要求该公司生产足够多的酶来治疗自己的孩子与所有其他需要这种酶的孩子，而不只是治疗最初的那 9 个孩子。

为了应对这些呼声，健赞对自己的生产和供应战略做出了一个改变：马萨诸塞州弗雷明汉一个备用工厂的建设被突然暂停。这使得公司能够重新分配资金，来在比利时赫尔一个工厂建设与蓬佩病相关的生产设施。这个工厂是健赞 2001 年 12 月从法名集团（Pharming Group）收购的。与此同时，在这个工厂饲养的那些兔子可以继续为那 9 个孩子生产药品。

将比利时这个小工厂进行改造，以生产日后成为"美而赞"的药物，这将需要巨额投资。特米尔优先考虑其资金需求，因为他看到了该药物对治疗蓬佩病患者极为有效。一位健赞高管后来回忆，特米尔断言，优先考虑建设这个工厂的一个直接结果是，数百个孩子的生命将会得到挽救。

但事后来看，这一决定的后果还是很严重的：虽然能够挽救很多生命，但它也使得奥斯顿工厂备用产能不足，以致该公司最终不能为戈谢病患者和法布里病患者提供稳定、安全的药品供应。它的后果在之后七年时间都没有被完全意识到，而在这段时间，为奥斯顿工厂建设一个备用工厂的问题总被提及，但却从未得到充分考虑。

回想起来，显然该公司是应该建设备用产能以确保其能够供应"思而赞"和"法布赞"的，不管是在弗雷明汉还是在其他地方。建设一个备用工厂所需投资在 2001～2009 年间被不断推迟的事实至少说明，该公司太过节俭了。从最坏的情况来看，它反映了该公司存在一个非典型的盲点，这个盲点也许是由于公司的傲慢自大，抑或是由于公司不理解发生供应中断时会随之而来的灾难。几年之后，一位高管分析说，这只不过是说明该公司对自己的能力以及"我们以前从未失败过"这一事实的过分自信。可悲的是，他们现在失败了，而这一错误的代价是惨痛而深远的。

在奥斯顿工厂发生生产危机的同时，特米尔也开始面对一群难以驾驭的健赞股东。他们的股份在贬值。销售和利润指标也无法实现，因为没有产品发运。公司的财务预期也被调低。健赞要怎样实现其业绩指标？它现在是一家 46 亿美元的公司，是世界 500 强之一，但这种状况能保持下去吗？在 2009 年 7 月底，健赞对结束于 2009 年 12 月 31 日的财年的财务预期范围做了调整。这个范围从 52.5 亿～53.5 亿美元被下调至 46 亿～50 亿美元。该公司当年最终实现的营收是 45 亿美元。营收缺口主要是由奥斯顿工厂暂停生产的三种产品导致的："思而赞""法布赞"和"美而赞"。这三种产品每一种都未实现销售目标。

回想起来，这些缺口显示了公司战略中的一个基本缺陷，而这个战略是特米尔领导健赞 28 年间不断乐观地收购其他企业的基础。到健赞在 2011 年被出售时，该公司已经进行了超过 30 次收购——这个数字远远超过它同时代任何其他生物技术企业所进行的收购。而健赞收购所涉及领域的范围很广，包括肾病、多发性硬化症、血液学/肿瘤学、生物手术、药用中间体以及基因测试。

从一开始，分析师就推测，特米尔的真正战略不是专注于罕见病，而是专注于多元化。他的战略是构建一个由不同部分构成的拼图，而这些部分又能在"患者关爱"这个主题下拼在一起。这些不同部分将使健赞不受市场的周期性变化、有竞争力新产品的发布、专利的过期，以及像奥斯顿工厂那样的暂时性运营问题的影响。一位分析师甚至断定，亨利在试图用几十年时间打造另一个强生公司——一家高度多元化的国际医疗产品公司。

然而，随着时间的推移，这样一个明显的事实摆在人们面前：对健赞及其股东来说，似乎最为行之有效的投资是在治疗罕见病方面的投资。这并不是说其他产品，尤其是"磷能解"，不能为公司的营收和利润做出贡献，只是说其中很多产品不能做出相同程度的贡献。

所以，虽然非孤儿药业务在奥斯顿工厂灾难被平息的时候提供了一定程度的压舱作用，但它们很难成为像"思而赞""法布赞"和其他罕见病药物那样创造价值的引擎。

该公司的未卜前途，分析师和激进投资者都在密切关注着。该公司的下行螺旋也暴露了健赞的软肋。公司的不同业务部门中有业绩不好的。不久，公司就面临要剥离它们的压力，这种事情是特米尔多年来非常抗拒的，因为它将妨碍自己对健赞所怀有的更大梦想。

这一战略性弱点招致了投资者的批评和激进行为。关系投资者公司（Relational Investors）的拉尔夫·惠特沃思（Ralph Whitworth）就是其中之一。惠特沃思是在 2009 年关注健赞的，当时媒体不仅报道了该公司奥斯顿工厂的问题，而且报道了人们已经意识到该公司某些业务部门的价值被低估。由于 FDA 所采取的一些措施，也由于投资者在密切关注该公司未能实现其业绩预期的问题，该公司的股价在那年秋季一直在下跌。

对于激进投资者，这种现象有一个被拆分对象所具有的特征。惠特沃思已经从拆分公司中发了家。他在积极寻找那些由于在资本分配方面做得不好而被视为表现不佳的公司。布恩·皮肯斯（Boone Pickens）曾是他的导师。他的"战利品"包括"家得宝"的 CEO 和 IBM 的 CEO，这两个人都在他的要求下离开了各自的公司。虽然号称是一位"比较安静的"激进投资者，但惠特沃思却拿着一个大棒。

关系投资者公司在 2008 年底开始增持健赞股票，到 2009 年底，它持有该公司大约 4% 的股份，当时价值约 5.4 亿美元。

惠特沃思在前一年夏季一直在与特米尔讨论健赞的命运。要说他们是"朋友"还谈不上，用"半个对手"来描述他们之间的关系也许更准确，一位一直关注他们之间关系发展的健赞内部人士就是用的这个词。但他们之间已经在进行一场对话，而这种对话也是人们预计一个 CEO 与一个大股东之间会进行的那种对话。

随着奥斯顿工厂重新开放和 FDA 签发其 Form 483 报告，惠特沃思开始了长达数月的施压。压力逐渐升级，促使健赞董事会和管理层的组成以及公司的管理实践发生了深远变化。自 20 世纪 80 年代中期以来，亨利·特米尔在领导健赞方面一直是说一不二的，影响和指导其战略决策、其决策体系、其人力资本实践以及其公众形象。所有这一切在外部压力开始逼近他时都将结束。

在很多方面，这种竞逐可以追溯到特米尔在蒂尔堡的棋社中所玩的游戏，那些游戏锻炼了他环顾四周、制定战略、进行预测和做好准备的能力。但这次却有所不同，因为棋盘上的王所落子的位置比 80 年代中期以来他所碰到的任何位置都要差。

在 2009 年 12 月 10 日，由于很多方面的消息都需要更新，特米尔给股东发出了一封信，告知他们健赞发生的很多事情。在信中，他有力地、乐观地介绍说，健赞将"一举成为一家更强大的公司，为实现我们对可持续增长的承诺做更好准备。"这是经典的特米尔风格。

这封信向其读者回顾了过去的一年，实事求是地陈述了已经被成功解决的问题。信中不仅包括了对奥斯顿工厂之转机及其展望的一个更新，而且包括了健赞公司负责运营工作的领导层所发生的变化，其中包括来自公司之外的负责不同关键职能的四个新高级经理。特米尔还首次向读者揭示了他自己的接班计划：大卫·米克尔、约翰·巴特勒（John Butler）和马克·恩涅迪（Mark Enyedy）（全都是健赞内部人士）将共同负责公司商务和制造业务。在这三个人当中，米克尔所承担的责任最大：他是负责遗传病、生物手术和公司运营的执行副总裁，他在公司运营方面的职能也包括奥斯顿工厂。

信中还提到了罗伯特·贝尔托利尼（Robert Bertolini）前一天被任命为健赞董事会成员的消息。贝尔托利尼在先灵葆雅公司以 410 亿美元被卖给默克公司之前一直担任该公司的首席财务官（CFO）。这一交易对于先灵葆雅公司股东来说是巨大的成功，而且它就在一个月之前才刚完成。鲍勃（罗伯特）是该交易的主要幕后推手之一，他被视作一位具有良好判断力且对投资者友好的董事。这一任命几乎没有造成什么轰动，但它却是特米尔愿意改变其董事会组成，为投资者在董事会会议上提供另一独立声音的一个信号。

几天之后，拉尔夫·惠特沃思已经胸有成竹，决定采取行动了。12 月 15 日，他打电话给特米尔，正式要求在健赞董事会上占有一个席位。当时正是假期，两个人大部分时间都在讨论惠特沃思的这一要求。

1月7日，在当年最重要的生命科学领域投资者大会，即第28届摩根大通年度医疗大会（摩根大通年会）之前一个星期，健赞宣布，它已与关系投资者公司达成一项"相互合作协议"。在满足某些条件，包括一项冻结条款的前提下，惠特沃思同意将自己加入健赞董事会的任命推迟到当年晚些时候，具体来说就是推迟到11月份。他还同意支持那些健赞提名将在6月份举行的公司年度股东大会上参选的人士。

在这之后的1月11日星期一，即摩根大通年度医疗大会开幕当天，鲍勃·卡朋特重新当选为健赞首席独立董事，这个职务在前一个星期已被强化，成为一个正式职务。董事会投票将卡朋特的职务权限扩大到"包括一般由不担任公司CEO的董事长履行的那些职责"在内。卡朋特预计将在这个职位上任职三年。

在太平洋标准时间第二天上午9点，特米尔在座无虚席的圣弗朗西斯酒店大宴会厅介绍了健赞2009年的业绩和2010年的展望。总结过去一年的情况、今后面临的挑战，以及健赞财务业绩的不足本不会是很有趣的事情，但一贯乐观的特米尔却找到一个穿透旧金山迷雾的办法。"在2009年，我们的多元化业务都在继续成功地执行。"他说。在同时发布的新闻稿中，其首页所列的八个亮点中没有一个提到"思而赞"或"法布赞"。这些产品淹没在了后面的文字中。

这不是特米尔在摩根大通年会上最好的一年，但他却是迄今为止生物技术这个"皇室"的一个成员，是这个行业任职时间最长、最为成功的CEO之一。作为一个天才沟通者，他半个小时的演讲充满了幽默、沉着和魅力，而这些大家都知道，也都理所当然地认为他应该具备。

与此同时，健赞的股价在2010年1月5日收于每股48.24美元。到1月12日交易结束时，其股价为每股52.98美元，相当于一周内上涨近10%。

下一个月，该公司着手年底封账和为年会及代理人会议做准备，所以显得比较平静。但在幕后，激进投资者卡尔·伊坎（Carl Icahn）却一直在增持健赞股票。他在2009年8月中旬就开始建仓了，而且数量可观。如果说拉尔夫·惠特沃思是"安静的激进投资者"，那么卡尔·伊坎则会风风火火，为他们二人制造足够多的噪音。

伊坎并没有让人失望。在 2 月 22 日星期一上午，伊坎合伙人公司通知健赞，它打算在健赞公司 2010 年股东大会上让四个人进入其董事会，健赞公司 2010 年股东大会当时计划在 5 月 20 日召开。健赞已经在为股东大会做准备。该公司的"初步代理人声明"已在 3 月 11 日提交给美国证券交易委员会（SEC），与"伊坎合伙人公司"之间的一场代理人之争显然一触即发。年度股东大会可能会近乎成为一场骚乱。

伊坎在 3 月 23 日提交了他自己的代理人声明，提名了四个董事人选。该声明确认，伊坎合伙人公司及其附属公司已收购近 4% 的健赞股份，在公开市场上价值约 5.75 亿美元。在公开场合，特米尔只回应了他唯一能够回应的问题，说："……我们对股东的意见是持开放态度和积极响应的，我们欢迎与伊坎先生进行一场建设性对话。"

特米尔面对关于健赞不断产生的各种传闻还能保持冷静。他面临的压力很大，而且还在不断增大，事情还会变得更糟，但作为坚强的领导和绅士，特米尔在面对自己和对手时都表现出了坚韧，也表现出了一定程度的平静和优雅。他的团队和他的董事会仍然力挺他，即便激进投资者和监管部门几乎每天都在向他们发难。

2010 年 3 月 24 日星期三，健赞和特米尔将面临他们的最低潮，这也许也是整个传奇的最低潮。FDA 又打电话来了，这次还带来了一些消息。

健赞公司当天晚些时候发布的一篇新闻稿解释说，由其奥斯顿工厂出现的问题所导致的一个民事执法行动，即一份"永久禁制同意令"正在准备当中。特米尔和他的两名手下将被列为被告人。向马萨诸塞州地方法院提交的起诉书的详细内容将在几个星期后公布。

第十一章

卫 兵 交 接

2010年3月24日一早，奥斯顿工厂负责质量工作的最高领导人布莱尔·冲田博士正在回自己办公室的路上。在他离开健赞中心召开的晨会时，碰到了亨利核心圈层的一个成员，后者也是健赞执行委员会的成员。"我需要跟你谈谈。"这位高管严肃地说。他们躲进了一个安静的办公室。

当天的消息不是好消息。FDA通知健赞，它将对该公司采取执法行动，因为该公司在继续违反FDA的GMP规范。这是对健赞的明确拒绝，也是FDA所能给出的最清楚的信号，即它已对该公司解决其制造和质量控制问题的能力失去了信任。

特米尔及其团队匆忙发布了一篇新闻稿，并在上午11点召开了一个电话会议，来让健赞投资者了解最新情况。该公司宣布，FDA"打算采取执法行动，以确保该工厂制造的产品符合良好操作规范的规定。FDA的执法行动将可能会导致一项'同意令'。"意思是说，这将导致FDA对该工厂进行监管和高额罚款。

几天后，大卫·米克尔被任命为健赞首席运营官（COO），这个职务将专注于领导公司的商务部门、各国分公司管理和市场准入职能。兹事体大，特米尔重组了公司的汇报体系，将他自己置于更靠近负责生产和质量的部门。两个最近聘用的负责生产和质量的领导人——来自礼来公司的斯科特·克努特（Scott Canute）和来自百健的罗恩·布兰宁（Ron Branning）——现在将直接向特米尔汇报工作。

在投资者方面，新闻报道所产生的影响还在继续增加特米尔及其领导团队所承受的已经够大的压力。很难想象特米尔怎样继续前行。在患者的不满、FDA 的执法行动、不高兴的投资者和酝酿中的代理人之争之间，特米尔很难不焦头烂额。

伊坎合伙人公司在修改自己的"初步代理人声明"，做战斗准备。而不愿屈尊于伊坎的拉尔夫·惠特沃思此时也在磨刀霍霍：他想重谈其合作协议，并加快自己进入健赞董事会的进程。健赞得出结论认为，它需要更多时间来准备其年会，并将年会召开时间推迟四个星期，推迟至 6 月 16 日。

健赞不到一个星期就投降了，同意任命惠特沃思为公司董事，立即生效，因此董事会成员由 9 人增加到了 10 人。惠特沃思将继续同意维持现状。但后来他选择的另一位董事也加入了董事会。双方同意，他所指派的人（其任命将在即将召开的年会上进行）将具有"制药或生物药制造或质量控制运营方面的专长……"。

一场大戏正在上演，在这个节点上，即便是一位有着特米尔那样的非凡能力和乐观精神的领导人也面临着巨大的挑战，而且几乎没有缓和的迹象。他周围的人都知道他的毅力。他不会把自己的担心挂在脸上。

对他们来说，他仍然是"亨利"。但两个星期前，一直是"同意令"；这个星期是惠特沃思；下个星期将是健赞令人失望的一季度业绩的发布。

要发布的数字将显示与前一年同期相比，又是一个业绩下降的财季。销售预测在很大程度上没有实现；利润率也承受着压力。而且"同意令"的初步条款已经发布。首笔 1.75 亿美元的预付罚款已摆上桌面，同时公司还将因不合规而面临其他处罚。

这 1.75 亿美元罚款是在 5 月 24 日确定的。健赞、特米尔、冲田和布兰宁在该执法行动中都是指定被告人。FDA 本想也指控其他健赞高管，但经过谈判，他们被从民事诉讼中除去了。这一执法行动给伊坎和鼓动该公司领导层进行人事变动的其他人提供了明确无误的弹药。

两天后，伊坎向健赞股东分发了一个 62 页的 PPT 演讲稿。在该演讲稿中，他解释了为什么应该将健赞董事会拿掉并对其执行团队进行评估。这个演讲稿对公司在当前管理层领导下的业绩进行了谴责。这个演讲稿实际上就是他的"变革宣言"，其标题是：《健赞，卫兵该换岗了》。几天后，伊坎又给健赞股东写了一封信，请他们在已经演变成一场酒吧械斗的代理人之争中投票支持他。

健赞很快做出回应，也以 PPT 的形式分享了自己的观点。它的 PPT 提供了一个相当乐观的展望，批评了伊坎在分析中所采用的方法，并且提到该公司剥离其三个非核心业务部门的计划，这三个业务部门分别是基因检测、诊断以及药物中间体。

现在，双方已经摆开阵势，准备动手了。

媒体也注意到了，健赞面对伊坎不妥协、不让步的姿态赢得了很大支持。霍华德·安德森（Howard Anderson）在《波士顿环球报》上发表了一篇评论文章批评伊坎，题目是《卡尔·伊坎试图打败健赞之战》。这篇文章提到了"绿票讹诈"、机会主义和"伊坎急不可耐地要获得短期利润"。早些时候，在 4 月 13 日，《波士顿环球报》还发表了一篇题为《将生命留在生命科学中》的文章。文章作者为集中在马萨诸塞州的包括健赞在内的 400 家生物技术公司辩护，这些公司雇用 77 000 人，为该州经济做出了显著贡献。

在由《纽约时报》主办的博客中，哈佛商学院教授、美敦力公司前 CEO 比尔·乔治（Bill George）指出，伊坎寻求"在一个需要巨大投资和很长时间来创造长期股东价值的行业中使短期价值最大化"。《纽约时报》还刊发了来自"溶酶体病研究捉迷藏基金会（Hide & Seek Foundation for Lysosomal Disease Research）"执行董事乔纳森·雅各比（Jonathan Jacoby）的一封信，在信中，他表达了对健赞所有人的感谢，感谢他们致力为溶酶体病寻找治疗药物。

也许他们的支持使得局势变得对健赞有利了，因为伊坎及其公司六天后宣布，他们已找到一个解决方案。不管是什么情况，伊坎都同意只在健赞董事会上任命两个新董事，而不是四个，伊坎合伙人公司将立即停止与其代理人征集相关的所有努力。

健赞年会于 6 月 16 日召开，董事会扩大到 13 名董事。丹尼斯·芬顿（Dennis Fenton）、史蒂文·布拉科夫（Steven Burakoff）和埃里克·恩德（Eric Ende）加入了董事会，他们都是由激进投资者提名和指派的。包括拉尔夫·惠特沃思在内，现在共有 4 名激进投资者被指派担任董事，另外 9 名是健赞原来的董事。

在背后，法国制药巨头赛诺菲 CEO 克里斯·菲巴赫（Chris Viehbacher）及其团队一直在评估美国的收购对象，以推进本公司的战略计划。与此同时，赛诺菲主要是一家"小分子公司"，急于分散其最大的、利润最丰厚的一些品牌如"波立维""依诺肝素"和"来得时"所面临的巨大专利悬崖带来的风险。这家公司还在寻求以某种方式进入美国生物技术行业，更具体来说，进入作为全球生物技术研发新兴中心的波士顿地区。用克里斯·菲巴赫的话来说，"理想的交易对收益将是增值性的，将涉及对一家较大公司的收购。"菲巴赫和亨利·特米尔以前在"美国药品研究与制造商协会（PhRMA）"董事会的各种会议上曾经见过面，虽然他们彼此相识，但并不是很熟。

在介绍了健赞作为赛诺菲理想收购对象的前景后，赛诺菲董事会要求菲巴赫去找特米尔。5 月 23 日，就在伊坎代理人之争进行之际，他打电话给特米尔，表示了自己对特米尔的支持，也开启了关于赛诺菲有兴趣与健赞进行潜在交易的对话。特米尔反对这一提议，但也提出，自己可能会对一种架构感兴趣，这种架构与罗氏公司和基因泰克公司此前在它们最初合并时所设计的架构相似。不过，他正陷于一场代理人之争中，这个时机不对。他提出，在年会结束后的某个时候继续进行这个对话。菲巴赫记住了他的话，结束了电话交谈。

一个月后，在一个董事会例会上，他向赛诺菲董事们简单介绍了自己与特米尔的谈话。他们认为菲巴赫应当再去找特米尔，进一步推动相关事宜。而现在，激进投资者进入了特米尔的董事会并在主张他们的权利，"同意令"的补救要求正在实施当中，同时患者代表也仍在表达他们对健赞的不满，即便奥斯顿工厂已经重新开工、生产已经恢复。

对这最后一点，健赞在 6 月底发布了一份关键的股东沟通材料，这个材料对赛诺菲是有利的。健赞在其产品供应网站上发布了一个更新，这个网站是健赞为患者和医生创建的，他们仍然担心健赞的生产活动是否能够充分恢复。这个更新是在 2010 年 6 月 29 日发布的，它表明，加速恢复工厂产能的工作实质上已经停止。"思而赞"和"法布赞"的供应预计在 7 月份不会增长，而对

"法布赞",预计在今后三个月其库存都不会增长。这一不能令人满意的前景正好证明了激进投资者的观点,也证明了菲巴赫的观点。

健赞公司制造活动恢复过程中的这一暂停,也许给赛诺菲提供了一个借口,鼓励它采取更激进的行动。这是一个关于预期的问题。健赞给自己设定的预期是无法达到的。工厂恢复所需的时间要比预期的时间长几个月。

随着夏季逐渐逝去,特米尔和菲巴赫仍在相互斗法。菲巴赫不断试图让特米尔联系自己。特米尔则尽可能避免联系他。菲巴赫在7月29日公开宣布了他写给特米尔的一个初步要约,给健赞的估值为每股69美元。赛诺菲的要约被健赞断然拒绝。特米尔和菲巴赫在8月20日见面讨论该要约。他们各自的并购顾问在8月4日相见,就并购流程和步骤相互试探对方。赛诺菲的顾问银行急于开始进行尽职调查。健赞的顾问银行则躲在他们客户背后;他们说,他们没有被授权许可该交易。

如果说对健赞有一件事情是特米尔始终珍惜的,那就是该公司的独立性。他最喜欢说的话之一是:"独立等于实力。"如果健赞要失去其独立性,那么它也不会不战而胜。赛诺菲在8月30日给健赞发去了第二个相同价格的全现金书面要约,抱怨健赞不愿意面对。在24小时内,特米尔回信拒绝了赛诺菲的要约,认为不能满足健赞的要求。

9月份,双方进行了几个回合的会谈和电话交谈。特米尔的一位高管后来吐露:"亨利不想卖掉公司。我们认为我们基本上能够拖得过他们。"

但到10月初,在征询了其董事会意见后,菲巴赫决定他不能再等了。他需要在美国生物技术市场上完成一项标志性交易,而这项交易将涉及赛诺菲的战略要务。健赞满足他的标准,已成为赛诺菲的头号目标。他继续施压。他在10月4日上午又给亨利打了电话。赛诺菲以每股69美元的价格向健赞发起了一个不受欢迎的全现金收购要约。该要约将在美国股市开市之前于美国东部夏令时上午9点发出。

这个时候,健赞已向其顾问银行发出指示,要他们确定公司是否还有其他买家。他们确定,不会进行正式拍卖,但高盛和瑞士信贷被要求秘密寻找一个买家,这个买家会出面提出一个更高的竞价。

在当时，能够开出 250 亿美元支票的潜在竞购者是有限的，几个可能的潜在竞购者最近刚进行了收购交易，他们无法进行或消化另一个大金额的收购。其他潜在竞购者仍然不相信，依靠每年向患者收取六位数药物治疗费用的业务模式适合他们。还有其他潜在竞购者对围绕健赞在产品制造方面的挑战及其"同意令"的不确定性感到很担心，他们无法从容面对这些风险。

影响该公司前景的因素还有人力资本问题以及如何保持员工士气的问题。健赞 2010 年第三季度的财务业绩是在 10 月底发布的。营收相比前一年同期略有增长；已经在挂牌出售的基因测试和诊断业务预计将在年底剥离。为促进公司盈利能力的提升，健赞正在对其运营费用进行严格审查。激进投资者要求降低费用，减少人员开支。

自其 1981 年成立以来，健赞从未进行过裁员。所以当该公司在 2010 年 11 月初实施第一阶段"劳动力裁减计划"时，公司员工都惊呆了。当时宣布的备忘录说，公司裁员目标是，到 2011 年底裁减 1000 个职位。第一阶段将裁减 392 个职位。这是旨在"增加股东价值"的一个更大战略的构成部分。激进投资者的施压和赛诺菲的追逐迫使健赞采取行动。公司士气低落。

根据健赞中心的反应，人们可能以为世界末日到了。健赞中心隔壁沿"宽运河"分布的酒吧里，当天下午 3 点就挤满了听到这个消息后感到震惊的健赞员工。

托米·蒂尔尼就是被要求清理其办公桌的人之一。亨利传来消息，要求见她。那是在她 1990 年 11 月 5 日星期五入职健赞的 20 周年纪念日。她回忆说："亨利从未开过任何人……他们开了那么多工作时间很长的老员工，因为这样可以实现最大的经费节约。亨利马上要我去跟他谈谈，而且他是那么的好，我记不得他具体说了什么……好像是说'请相信我，这样对你最好。事情还会变得更糟……'"

亨利非常关心他的同事。这是整个健赞群体都感到疼痛的一记重击。如果说之前人们还有什么怀疑，那么现在这种怀疑得到证实了：他已失去了对公司的控制。

在 12 月初，健赞宣布将其基因测试业务以 9.25 亿美元现金出售给实验室

（LabCorp）公司。这是为安慰激进投资者董事们而进行的一种资产剥离。如果没有压力，他绝不会剥离该业务。诊断和药物中间体业务是下一个要剥离的，它们可能会在 6 个月后走掉。

快到年底时，菲巴赫和特米尔还在对话：赛诺菲继续进行其收购要约，该要约最终延长到了 2011 年。他最亲近的顾问，尤其是彼得·沃斯和佐尔坦·西玛（Zoltan Csimma）（健赞人力资源总监），是他经常寻求建议的人。他非常注意保密，很少跟人分享自己的想法。有时，他会独自在其位于马布尔黑德的书房里踱步、沉思。

新年已经到来，又是一年一度的摩根大通年度医疗大会了，其第 29 届将在几天内召开。特米尔在假期一直在思考健赞的未来。"白衣骑士"竞购者没有出现。他的业务虽然在恢复，但仍未达到目标。特米尔的 65 岁生日就要到了。

虽然他从未打算下台，更不要说退休，但特米尔也快要做出决定了。赛诺菲、监管部门、激进投资者——他们让他不堪重负。

在他评估自己的选择时，他面对的是一个自己不喜欢的棋局。他可以将公司拍卖，但健赞及其顾问们已经以他们自己的方式尝试过了。如果他们拖到最后赛诺菲走掉了，那么健赞的处境将会不利，他们的股价可能会崩盘，投资者的预期将不能实现，而赛诺菲则可能会猛扑过来，以比目前要低得多的价格收购公司。

所以特米尔决定，在当时情况下，他不愿冒这种风险，他也不能冒这种风险。他从未明确解释过自己的想法，但如果他继续追求独立，他就必须要求其董事会和投资者都"跟我在一起"。但他不能提出这种要求，尤其是如果他提出这种要求也许就意味着他要下台，甚至退休。所以，正如他最亲近的一位顾问所解释的那样，"他已经没有选择，所以他果断迎难而上，跟菲巴赫谈交易。"

那一年，特米尔在摩根大通年度医疗大会上的演讲是专业的，但也只不过是敷衍了事。他是准备要将好钢用在刀刃上。

现在，特米尔也像健赞的少数其他人那样面对现实了。当然，对他有利的是，所有的牌都在他手里，他可以看到终局临近了。进入 2011 年，经过思考，他决定接受不可避免的结局。几个月前他就看到这种局面要来临了。他在 1983 年离开百特加入健赞时所面临的选择是清楚的，28 年后他所面临的选择也同样清楚。

经历了过去 19 个月的痛苦和混乱之后，他对已经发生的事情也感到坦然了，现在他开始关注自己的未来了，尽管很不情愿。虽然难以接受，但他已经在直面这一灾难性的结局。他将以无论是他自己还是他周围的人一年前都无法想象的方式继续前行。

世界经济论坛在瑞士达沃斯举行的为期四天的年度盛会已经开始。那是 1 月份的最后一个星期。私人飞机在当地机场上停了三排，1700 架飞机将在这里卸下它们的乘客。五分之一的达官显要将从苏黎世国际机场或其他附近的直升机停机坪乘坐直升机来参会。来自世界每个角落的领导人都出席了。总理、总统和企业首脑都在，沃伦·巴菲特（Warren Buffett）、比尔·盖茨（Bill Gates）和杰夫·贝索斯（Jeff Bezos）也都在其中。如果你领导一个重要企业，那么你就可能会在那里。乔治·索罗斯（George Soros）在论坛开幕式讲话中对英国经济发出严厉警告。美国财长蒂姆·盖特纳（Tim Geithner）将与英国财政大臣乔治·奥斯本（George Osborne）会见。俄罗斯总统德米特里·梅德韦杰夫（Dmitry Medvedev）在发生恐怖袭击后将缩短他的访问时间，飞回莫斯科。

亨利·特米尔和克里斯·菲巴赫也来到了白雪覆盖的瑞士阿尔卑斯山中这一小镇。奇怪的是，他们两人谁最初都不能肯定对方会在那里，尽管他们可能也都是这么猜测的。命运使然，当年的达沃斯年会对他们来说将不仅仅是一系列全球政策问题讨论，因为他们还有事情要做。

时任杜克大学健康事务院长的曹文凯也是克里斯来自达勒姆的老朋友之一，他当时是健赞任职时间最长的董事之一。他注意到两个 CEO 都在达沃斯，也看到了推动事情发展的机会。他向亨利建议与克里斯共进晚餐，并且还要打电话给克里斯提出晚上相聚。为了缓和关系，他也参加，同时赛诺菲的首席财务官杰罗姆·孔塔米纳（Jérôme Contamine）也一起参加。亨利同意了，他们之间的联系建立了起来。

他们四人晚上 6：30 在达沃斯会议中心外相见。从布尔街走到瓦尔德酒店距离很短，但却是一段坡度很大的上坡路。瓦尔德酒店是一家优雅的家族酒店，里面有一个俯瞰小镇的美食餐厅。曹博士后来笑着说："我们谁都不承认自己大汗淋漓（因爬上小山坡所致）……而当时是冬天。"亨利和克里斯臂挽臂走在一起，为当晚的讨论定了调。

他们在餐厅后面一个包间内坐下吃晚饭。屋外下着小雪，那是寒冷的隆冬晚上，户外气温为 20 华氏度（约零下 6.67 摄氏度）。

在曹文凯和孔塔米纳的陪同下，这个夜晚一切都将迎刃而解。亨利·特米尔和克里斯·菲巴赫已经到了一项交易的全部内容几乎都已确定的程度。在 8 个月前开始的过程已经走完了。还要讨论和达成的就是细节问题了，但他们都认为其公司应当合并。

他们已经相互尊重对方了。用彼得·沃斯的话说，"克里斯手段强硬，但他做得很体面。他知道自己所处的位置……亨利希望收购成功，因为他非常在乎健赞。"

特米尔已相信，菲巴赫真的了解健赞到底是什么，可以信任他会继续传承其精神，把其将患者放在第一位的好名声发扬光大。他会尽最大努力保护特米尔花了近 30 年不懈打造的价值观。在亨利生命的最后六年，菲巴赫和特米尔成为了好朋友。他们相互交往，认识各自家人，也喜欢彼此在一起。他们之间建立了一种情感联系，也建立了一种真诚友谊。

这一交易条款中最重要的部分是在晚餐期间，通过柏图斯酒庄的一瓶葡萄酒达成的。现在要由双方的顾问银行和律师来确定剩余条款和拟定交易协议。他们要达成的是一项每股 74 美元的全现金交易，附带"期待价值权（CVR）"，即取决于交易完成后某些成功事件的权益。这一交易对健赞的估值为 201 亿美元，不包括五个 CVR，后者也许还会给收购价格再增加 30 亿美元。为纪念这一重要场合，菲巴赫后来将柏图斯酒庄的一瓶葡萄酒签名后送给特米尔。这瓶酒今天还在特米尔的酒窖里，是一个永久的纪念品。

他们两人是以一种有所保留但却很友好的情绪离开餐桌的。这是一场消除误会、达成交易和确定未来的谈话。正如他们在几个星期后所说的，也是一个

"新的开始"。

他们走出瓦尔德酒店，走进清新的阿尔卑斯空气中。路很滑，他们还像来时那样，臂挽臂走下小山坡，有时会向后退，以防跌倒。曹文凯跟在后面，但如果他们脚步不稳，他会上去扶一把。虽然一个希望的故事要结束了，但另一个却在开始。火炬将会传递下去。天才、权力和魔法在已经上演的这场大戏中各自都扮演了自己的角色。

尽管特米尔在他健赞生涯最后两年中承受了所有的悲伤和失望，尽管他最终被迫放弃健赞，将其出售给了赛诺菲，但另一方面他也将迎来至关重要的、性命攸关的机会。这些机会将来自健赞压倒性的成功、特米尔的领导能力和巨大影响力、他的慷慨大度以及一个催化性事件，那就是赛诺菲对健赞的收购。这一事件将掀起生命科学历史上罕见的能量、天赋、创新和"资本形成"浪潮。它们将以即便是特米尔那样有远见卓识的人也无法想象的方式增强其已经非常强大的传奇。

2011年2月16日，在一个联合新闻发布会上，亨利·特米尔和克里斯·菲巴赫宣布，两家公司达成一项最终协议，该协议已得到两家公司董事会批准。赛诺菲将以每股74美元收购健赞，附带"期待价值权"。这的确将是一个"新的开始"。

第十二章

健 赞 旧 部

2011 年 4 月 8 日，健赞股票在纳斯达克股票市场上停止交易。与赛诺菲的合并已经完成。超过 200 亿美元的收购款被分配给了健赞股东，包括其员工。如果健赞能够满足交易完成后某些业绩指标，那么它还可以再得到 30 亿美元。彭博社报道说，特米尔在交易完成时得到的酬金为 1.58 亿美元。

本来，特米尔可以轻轻松松结束自己的办公室生活，可以退休，与比琳达一起旅行，在不同董事会任职和陪伴孩子。但他没有这么做，而是选择了不同的方式。他还没有做好退休的准备，远远没有。还有科学发现，还有新发现的遗传疾病，还有新的孤儿药，还有新的公司——似乎相关的大部分人们还都需要他的帮助。

健赞公司的独立性已经失去。正如百特时期的一位前同事古斯塔夫·克里斯滕森（Gustav Christensen）在描述自己与特米尔一次谈话时所说的，"那并不完全是他想结束它的方式。"但几个月前，特米尔就曾面临着出现这一结局的可能性，当它最后来到时，他已准备以自己典型的乐观主义来接受它。大卫·米克尔在描述特米尔的前景时这样说："他退出了，因为他本应退出，这位高级政治家……对他来说，这显然是焕发了青春。"

盖尔·马德里斯（Gail Maderis）是特米尔的一个门徒，现任总部设在南旧金山的安提瓦生命科学公司总裁兼 CEO，在健赞与赛诺菲合并时是湾区生物技术（BayBio）公司的领导人。这家公司是支持旧金山湾区生物技术群体的机构，她也投身到了这个群体当中。2004 年，她为参加第 22 届摩根大通年度医疗大会的那些健赞人举办了一场聚会，这个聚会后来变成了健赞前高管和现任高管的一个年度聚会，让他们在一起叙旧和庆祝新年。随着赛诺菲对健赞的收购，2012年的第30届摩根大通年会将是一个新体验。很多人当时都认为马德里斯的聚会在健赞被收购后也许会让人觉得不舒服。它会落幕吗？

数以千计的生物技术业界大佬——首席执行官、首席财务官、业务发展与授权（BD&L）专家、金融分析师、科学家、银行家、招聘人员、律师和记者——每年1月都会参加摩根大通年会。该年会是所有同类会议的鼻祖，1983年由生物技术投资银行界"四骑士"之一的汉鼎风险投资（Hambrecht & Quist）公司创立。汉鼎风险投资公司是一家专业公司，后来成为1999年大通曼哈顿（Chase Manhattan）的收购方。[在随后的一年，大通曼哈顿公司（Chase Manhattan Corporation）收购了摩根大通公司（J.P. Morgan & Company），之后将整个企业改名为摩根大通集团（JPMorgan Chase & Company）。]

举办该年会的初衷是，为机构投资者与该公司的生物技术客户牵线搭桥，但这个使命早已过时，因为其规模在急速膨胀，而且它所吸引的那些参会者的专业背景也是多元化的。它现在只是一个活动，活动的每一天都是生物技术行业的一个饕餮盛宴。

在2011年那个春天，马德里斯在想，是否要继续举办她的年度健赞聚会。亨利自2004年以来每次都参加。马德里斯说："亨利总是第一个来，最后一个走。"

她的第一次聚会是在一个租来的公寓里举办的。现在，她的家已搬到了电报山上一个优雅的住宅里，聚会时会有100人出席，但聚会的调子却没有改变很多。"亨利管理费用的方式是非常荷兰式的。健赞总为聚会出钱。我会去'好市多'买红酒和啤酒，把费用降到最低。"

在开始计划明年1月聚会活动的时候，她必须面对这样的事实：健赞将为赛诺菲所有。而随着公司所有权的交接，赛诺菲高管们会要求参加聚会，尤其是如果他们要为聚会买单的话。她想，如果还不是"让一切都过去吧"的时候，那么"也许应当由其他人来做东。"

然而，在吉姆·杰拉蒂的要求下，马德里斯认为，要紧跟健赞的真正价值，这个活动就必须继续下去，这是她的责任。"我们真的是关系非常密切的一个群体，更像是家人，而不仅仅是同事。我们必须像以前那样继续前进。"

她在考虑怎样能让亨利和克里斯·菲巴赫都出席。"别扭。"她想。

"我有一个屋顶露台，我还有客厅，所以我邀请了所有赛诺菲高管团队……我可以把克里斯留在客厅里，把亨利放在屋顶露台上，每个人都可以交谈和互动，但彼此之间又保持一点儿距离。"

事后来看，那次聚会很顺利，没有出现差错。回想起来，她接着说："我认为那是我们举办过的最重要的老同事聚会之一。克里斯和亨利都是非常了不起的绅士，都很有外交家风范。他们为聚会定下了一个非常融洽的调子。

"我认为克里斯在那次聚会上看到了亨利非常不同的一面。他意识到两样东西：一是一个巨大关系网，即'健赞旧部'所具有的力量。"正如《波士顿环球报》记者罗伯特·韦斯曼（Robert Weisman）后来在 2015 年 7 月一篇文章中所描述的那样。另一样东西是健赞文化的作用。"我们不仅仅是工作上的同事。健赞形成了一种情谊，也有一个非常强大的文化。人与人之间的关系非常牢固。这是从最上面，从亨利开始的。"

健赞在摩根大通年会期间的聚会（今天仍在继续）成为特米尔最伟大遗产之一的又一个见证——他培养了一批将继承他的精神的生物技术行业领导人。在他的栽培下，他们就是要去争胜，去创新，去回馈，去为尚未被满足的医疗需求推出治疗药物，尤其是那些针对罕见病患者的治疗药物。

在他长期执掌健赞期间，特米尔自然而然地成了生物技术行业的终极人力资本家。正如他的一位高管所说的，"亨利并不是一出生就是伟大的。"罕见病行业新一代领导人的诞生，也并不是他为健赞最初所设定任务的一部分。

但随着他的领导技能、他的身份地位和他强大的高管形象的不断发展，一个巨大的人才库对生物技术行业的重要贡献便完全显现了出来。

他不仅善于发现人才，而且还能意识到人才对于公司成功的重要性。特米尔只是健赞在美国的第 17 名员工，该公司的员工总数在 2009 年达到近 14 400

人。他吸引顶级人才，培养他们，为这个行业输送了大量领导人物，这些人都是投资者和生命科学领域的企业物色领导职位人才时趋之若鹜的猎取对象。这样便形成了他的旧部群体。

经常在这种问题上发表意见的著名生物技术投资分析师彼得·德雷克在1984年遇到特米尔，之后连续15年每六个月都要拜访他。他的公司基德·皮博迪（Kidder Peabody）是健赞1986年上市时的主承销商。关于特米尔的领导团队，他这样说："我观察了他所做的一些招聘案例，我认为它们是任何一位CEO所曾做出的最好招聘案例。它们是完美无瑕的。我敢说你找不出另一家机构能有更厚实的人才梯队，能有更多的高管先在本公司工作，继而又去管理其他伟大公司。也许基因泰克也算是这样一家公司。他周围都是一些非常聪明的人，他们对他也都难以置信地忠诚。那是一个大家庭。"

他们不仅很有天赋，而且还被认为是精英中的精英。正如德雷克所回忆的那样，他们在很大程度上还不只是忠诚。健赞的主动离职率在特米尔28年任职期间一直徘徊的百分之一和百分之二之间，被普遍认为是一个非常适合工作的地方。而且该公司的"好管家"证书也能证明公司高管的声誉，这就相当于是一种认证。

这些高管们都是在特米尔的密切关注下得到培养和发展的，而且在很多情况下还是特米尔本人亲自教导的。当他们离开健赞时，不管是在健赞被赛诺菲收购之前还是收购之后，他们都做好了当领导的准备。他知道他们所有人的名字，他知道他们大多数家人，而且对他们当中的每一个人来说，他永远都只是"亨利"。

人们会问，这么一个巨大的人才库是怎么选出来的？特米尔是怎样培养他们的？健赞到底是因为什么才异乎寻常地集中了这么多优秀人才？

有人会认为，健赞的支持性文化不仅是该公司成功的基础，而且是其成为高管人才工厂的基础。虽然健赞是一个有点儿竞争性的公司，但它的美德是建立在为患者服务基础上的，是建立在信任基础上的，也是建立在创建一个让每个员工在其中都能充分发挥自己潜能这样的环境基础上的。

说到底，美德就是灵魂的状态，特米尔是非常了解这一点的。他的所有美德——其中最高的是道德——是锚固健赞之物。为人类谋幸福的美德，渗透到了公司使命的每一个方面。在这样一个支持性环境中（有人称它是"狂热"的，也有人称它是"家长式"的），特米尔发现人才、吸引人才和塑造人才，而他们当中很多都是最杰出、最聪明的。

健赞高层领导和级别低于他们的人当中，很多都来自医学学术研究、法律、咨询和其他服务行业，这些行业一般都是与特米尔愿望相符的人才库。这些地方并不是生物技术行业高管人才的通常来源。艾莉森·劳顿这样说："我们在健赞有不少非常强势的人物，即不需要非得遵从通常做事方式的人，但亨利明白，他们看重自我能动性、责任心和智慧。"

他们也有来自倾向于以扁平组织架构运作的机构，通常以权威模糊、结构较少和制度混乱程度较低为特征。在这样的环境中，人的能量和思想会得到释放，任人唯贤会形成风气。与生物技术行业的其他大公司相比，健赞高层领导中在大公司工作过的人较少，当然百特除外，因为健赞在很多方面与百特的文化是相似的。特米尔不喜欢官僚主义，他爱聘用能够抵制官僚主义侵蚀的特立独行者。

他也喜欢专业公司是自由思想者来源这样一个事实。他喜欢有不同思想见解的人，尤其是在解决问题方面和为患者改变世界方面。他们在进入健赞时就认同该公司的使命，所以会帮助他塑造健赞的文化和未来。

将健赞的领导风格串联起来的另一文化脉络是节奏。特米尔知道时间在打造健赞高绩效文化中扮演实质性的作用。特米尔收集钟表，其中很多都是交易完成时他的顾问银行送的礼物。还记得波·皮拉所讲的特米尔父亲送给他的 12 岁生日礼物的故事吗？亨利职业生涯中大部分时间都是匆匆忙忙的。为什么要那么着急？答案总要回到他的使命，那就是不屈不挠地挽救患者生命，对此他有一种紧迫感。每一分钟都是宝贵的，因为它有可能决定一个患者是否能够获得健康。

虽然不存在官方数字，但在他 2017 年去世时，特米尔可以称他培养了超过 100 名 CEO，这些人在担任 CEO 前都在健赞做过高管。他们当中很高比例的人，寻求通过追求新技术来延伸健赞的使命，这些新技术使新的罕见遗传性疾病的治疗成为可能。在他去世时，特米尔正在辅导 46 名 CEO。他默默地对这些成就感到自豪，这些成就直接说明了他的伟大之处和领导能力，更不用说他的传奇。

杰夫·阿尔伯斯（Jeff Alberts）在 2004 年加入健赞时是一位年轻的中层领导，他就是一个很能说明该公司"大流散"现象的例子。阿尔伯斯曾在乔治城大学求学，获得一个法学博士 / 工商管理硕士学位，之后从业当私人律师。最初，他与彼得·沃斯密切合作从事交易工作，在公司被赛诺菲收购完成之前一直在健赞任职。他曾被提升为公司肿瘤业务部门的领导，因此，年纪轻轻就通过这些工作与亨利·特米尔有实质性接触。

阿尔伯斯回忆特米尔对自己前途的影响和他对自己的建议时说："亨利是以人为本的，包括员工和患者。他天生就非常关心人。"他也会非常迅速地找到几个关键问题。他理解我们处在一个不断变化的环境中，所以我们也必须保持步调，与时俱进。他的观点是，我们总是可以做得更好，在职业上不断发展。他具有一种慷慨的精神，这一点是最为突出的。我经常发现自己现在作为一个 CEO 会思考："如果是亨利，他会怎么应对这种情况？"

阿尔伯斯现在是个性化医学公司蓝图医药的最高领导人，他是在该公司于 2011 年在马萨诸塞州坎布里奇成立后不久以 CEO 身份加入的。该公司大堂中一块很大的长方形白金标识牌上，按从上到下的顺序写着其五大核心价值观："PATIENTS FIRST，THOUGHTFULNESS，OPTIMISM，URGENCY，TRUST（患者第一，体贴周到，乐观，紧迫，信任）"。不知道的人还以为，他们来到了第二家健赞。

在阿尔伯斯开始打造蓝图医药的时候，当他需要做重要决定时，都要靠特米尔来提供商业、文化和战略指导。他会经常私下寻求特米尔的建议来补充其董事会人选。他是亨利的 46 个门徒之一，亨利同阿尔伯斯一样非常珍惜这种关系。

另一个门徒是约翰·巴特勒，从 1997 年开始，他在健赞度过了 13 年。今天，他是阿克比亚制药（Akebia Therapeutics）（坎布里奇一家肾病公司）的总裁兼 CEO，在 2002 年至 2009 年间，他曾负责健赞的肾病业务，之后两年他又负责该公司的罕见病业务。他的办公室里有特米尔与患者在一起的照片。

作为阿克比亚制药公司的领导人，巴特勒这样回顾特米尔以及从他那里学到的东西：“我从亨利那里学到的是，你可以转身，但周围没有别人，对吧？没有别人。都要看你的。不管是制造问题、临床试验问题还是商务问题，最终都是你的责任。我从他那里学到了这个。

“亨利的确有以一种疯狂的方式进行深挖的能力……你知道，问他会问的问题……你骗不了他。他知道。他的电脑屏幕是打开的。他完全知道我们有多少瓶药，所以你最好也知道。他会质疑相关决定，我们会讨论这些决定，但他始终都会是支持的。他一次都没有否定过我的决定。他让你负责一项业务，而这项业务的'董事会'只有一人——亨利自己。”

巴特勒证实了其他人经常表述的特米尔的一项规则。当他在健赞的职业生涯早期担任总经理职务时，特米尔忠告他：“约翰，你任何时候都可以跟我有不同意见，但绝不要当众表达。”

特米尔的很多门徒都将他们在健赞时与特米尔的关系比作两个业务伙伴之间的关系，其中特米尔是高级合伙人，门徒是初级合伙人。这种关系并没有明说，但却是显而易见的。这样一种关系有利于建立信任，形成强烈的忠诚和让双方的使命保持一致，而用巴特勒的话来说这有两方面：“一种服务患者的狂热欲望和一种每季度实现每股收益指标的狂热欲望。”

这也使得特米尔能够紧贴公司业务，同时使得他的徒儿们能够在其膝下接受他的栽培。这的确是一种学徒形式。正如格雷格·菲尔普斯所说的那样，“这是一种很有激励性的管理方式，是最接近正式导师制的。”

大卫·米克尔接受特米尔培养23年，在其之后接替他成为健赞的CEO。他以一种不同的方式描述了特米尔的辅导风格：“从导师这种意义上来讲，亨利是一个伟大的榜样。我们都是通过观察来学习的，不是通过辅导来学习的。我从亨利那里得到的辅导非常少。不过，他知道他是在培养人，但却并不认为坐下来辅导人有多么重要。对我来说，那就是做出榜样来。他要保证我有足够多的机会去观察。”米克尔和其他人将特米尔的辅导风格描述为“有点儿不正式”。有些人会带着正式的议程去找特米尔，但这种拜访大部分都是没有什么条理的聊天。

一旦作为亨利门徒的领导人离开健赞，他们知道完成下一个任务是他们的责任，因为特米尔以用三个单词结束他与同事的讨论而闻名："It's your responsibility（这是你的责任）"。这三个单词在一次一次的谈话中被不断重复。按照他的世界观，个人责任和个人担当是没有谈判余地的。

特米尔旧部所反映出的另一个侧面是，他对女性的发展和提升所做出的承诺。除了盖尔·马德里斯外（她成了先是接受特米尔辅导，继而又当公司领导的有才华的女性典范），还有很多其他人。成为上市公司董事长或 CEO 的健赞公司前女性高管还包括艾莉森·劳顿、保拉·索泰拉普洛斯（Paula Soteropoulos）、朱莉·安妮·史密斯（Julie Anne Smith）、安·梅里菲尔德（Ann Merrifield）、艾莉森·汤顿-里格比、保拉·拉根（Paula Ragan）和阿丽莎·塞科尔。她们都是健赞旧部，特米尔在这些有才华的领导人的发展中都发挥了一定作用，对她们当中的几个人，他还发挥了主要作用。

艾莉森·劳顿是体现特米尔如何培养和辅导人才的一个好例子。她 1991 年以一个级别较低的"国际监管事务专员"身份进入健赞，是随丈夫从伦敦移居波士顿的。今天，她是卡莱多生物科学（Kaleido Biosciences）公司 CEO，该公司是生物技术行业的一个新贵，致力于释放人类微生物组的力量。

特米尔 26 年辅导劳顿的故事（其中 20 年是他们一起在健赞任职期间）在很多方面都是有启发性的。但重要的是，他愿意在人身上冒风险，他能够用自己的乐观和"我行"心态感染其周围的人，同时他也能够最为充分地发挥他人的潜能。

劳顿最终在 2010 年被选择领导健赞 10 亿美元的生物手术业务，她评价说："亨利喜欢发展人，给他们机会。如果有人干得非常出色，那么他就愿意在他们身上冒风险，尤其是如果他确信他们是合适人选的话。他非常支持给人们延伸发展的机会。

"对亨利来说，总有这种围绕患者的紧迫感。亨利是一个真正的冒险者，他会推着人往前走。如果他认为事情进展不够快，他就会挑战它。

"他也保护自己的将士，尤其是所在国的经理们，给他们自主权。他相信，他们了解其所在国家，他们了解那个国家的患者，他们了解什么适合那个地区。他允许他们自己来决策，而不是由总部来驱动。

"但他也认为应当有一个矩阵，因为这会在体系内产生一种张力，通过让人们去驱动和推动，就会形成制约和平衡，而你最后就会在合适的位置。"

特米尔辅导的另一位女性是保拉·索泰拉普洛斯，她现在领导着阿克希制药（Akcea Therapeutics）公司，这是一家上市的罕见病公司，专注于生产以RNA 为靶向的药品。索泰拉普洛斯 1992 年以工程师身份加入健赞，她的第一个职位是管理波士顿郊区弗雷明汉一个制药厂的扩建项目。

索泰拉普洛斯的职业发展受到了亨利·特米尔的推动，他很早就意识到了她的天赋和成长潜力。她的故事跟其他在职业发展开始时加入健赞的很多人相似。在进入该公司后的第二年，她有机会直接、定期地接触特米尔，管理健赞超过 1 亿美元的全球资本支出预算。

像艾德·凯耶和其他人那样，在管理自己负责的工作时，如果她认为自己有理，她也会跟特米尔据理力争。她回忆说："亨利不喜欢那样，但他欣赏我挑战他、回怼他。我在健赞是新手，地位比他要低很多层级。他花钱节俭。他很早就教给我如何有个人担当和如何寻找创新方式，以很少的预算完成工作。"

几年间，随着她的领导能力愈加明显和她自信心的增长，他对她的教育也强化了。她的工作频繁轮换，其中每一项工作都是建立在另一项工作之上。到21 世纪初，他们会在他位于健赞中心的办公室每月进行一对一的职业发展讨论，而且这种讨论总是自然而然进行的，几乎没有一个议程。索泰拉普洛斯回忆说："他会经常以'好的，你是怎么想的？'来开启谈话。"她还回忆说，"他是完美的聆听者。"这样一个技能她永远不会忘记。

"我个人从未想过要当 CEO。我从不认为我能成为或将成为一个 CEO。但亨利对我的信任超过了我对自己的信任。他意识到女性经常束缚自己。一天，他问我：'你想做什么，你想去哪里？我认为你应当作一个总经理。'亨利为我打开了那扇门。

"亨利会在他人身上冒风险。他对我们很多人都这么做过。我生命中最重要的一件事情是，他在我身上冒风险。他信任人，他带他们走出自己的舒适区，尽管有时这样会适得其反，但他会让你对自己的行为负责，让你能够发挥。"

在给治疗罕见病的昂贵药物定价时，他也给了索泰拉普洛斯教训和勇气。她说："他从不道歉。他深信推动创新是他的责任，作为这种责任的一部分，他必须打造一个可持续的业务。他认为这是我们作为一家公司的责任，但也是我们社会的责任。他会说：'如果我们要资助下一代创新，那么我们就必须有一定的价格和一定的利润。而且我们股东也期望得到一定回报。这很难，我知道这很难，但这也正是我们要这么做的原因。'"

特米尔的很多其他门徒在离开健赞后，都会继续去领导采用新的生命科学技术平台的公司，这些公司要治疗的罕见病太复杂，在他任职期间无法治疗。还有其他很多人则会在罕见病企业的董事会任职。将他们串联起来的同一个线条是希望——为罕见病患者提供希望，他们很多人所得的病都是太新奇或太罕见的病，都是健赞不能治疗的。

特米尔流散旧部的一个绝妙讽刺是，如果不是赛诺菲收购了健赞，那么这种流散将从不会发生。特米尔是抵制收购的。但正如大卫·米克尔几年后所回忆的那样，"该收购反倒是救了亨利，让故事的结局有一定说服力。"

紧接着发生的事情，保证了特米尔作为生物技术行业史上最伟大 CEO 之一的地位，因为这次收购释放出了强大的力量，在很大程度上显示了他的一生对罕见病药物开发的未来所产生的影响。渐渐地，高管们一波又一波地离开了该公司。特米尔的门徒们将为下一代创新播下种子。他启迪了他们，为他们每个人提供了他们将要创造的魔力所需要的技能，也提供了一个他们很多人将要接着去完成的使命。

特米尔在支持健赞旧部中男性和女性职业发展方面所表现出的慷慨大度，在生物技术历史上也许是无与伦比的。他的追随者人数之众，以及他们致力于继续推动他所发起的罕见病运动的决心（而所有这些都是为了履行他个人对每个患者福祉所承担的责任），在今天仍是他的传奇的一个核心和极为重要的构成部分。

第十三章

一个全面的公民

　　1999 年 10 月 29 日（星期五）晚上 8 点，波士顿当地知名人士、生物技术行业领导人和亨利·特米尔的朋友等一众人等，相聚在坎布里奇的皇家索尼斯塔酒店宴会厅，出席当年"金门奖"的颁奖典礼。自 1924 年以来一直为移民和难民提供服务的"新英格兰国际学院"，从 1970 年以来一直颁发该奖项，"通过表彰在国外出生的杰出美国人，来展现移民对这个国家的积极影响。"

　　这个奖项的名称来自刻写在"自由女神像"底座上的一个诗句："I lift my lamp beside the golden door（我在金门旁举起了明灯）"。以前的获奖者包括贝聿铭（I. M. Pei）、亚瑟·费德勒（Arthur Fiedler）和马友友（Yo-Yo Ma）。

　　今晚，该奖将颁发给亨利·特米尔。但首先，为了满足获得该奖的另一个条件——美国公民身份，他的入籍仪式将作为活动的一部分在颁奖之前进行。

　　站在宴会厅舞台上，这位系着黑领结，身高 5 英尺 10 英寸，体重 170 磅的荷兰候选人立正站立，左手举起，右手交叉放在胸前，等着入籍仪式主持人的指令。

　　当晚主持人、马萨诸塞州前州长迈克尔·杜卡基斯（Michael Dukakis）指示移民局官员仪式开始。他将带领大家宣誓："请跟我读……我在此宣誓……"亨利·特米尔将以 140 个单词的誓词完成一个他在 28 年前开始的旅程。离开讲台后，他将成为一名美国公民。

　　19 天后，泰德·肯尼迪参议员在《国会议事录》中输入了他自己致敬亨利·特米尔的内容，祝贺他不仅获得"金门奖"，而且成为美国公民。

53 岁，入籍成为美国公民的决定特米尔考虑了很多年。他是否应该正式入籍？他过去而且将来永远都将以自己是荷兰人为荣。但他内心的实用主义最终占了上风。他已对美国产生了深深的感激之情，而现在，他认为是时候了。

一年前，特米尔结束了另一个个人旅程。九年前，他的第一次婚姻以离婚告终，他的第一任妻子也早就回到了她的祖籍地英国。在此期间他约会过几个女人，但比琳达·赫雷拉（Belinda Herrera）才是那个成为他真正"灵魂伴侣"的人。她比其他所有人都爱他、支持他。

比琳达本是新墨西哥州人，数年前在波士顿定居。她先是于 1985 年在综合遗传学公司担任"财务行政助理"。有时，她也兼任综合遗传学公司 CEO 鲍勃·卡朋特的临时助理，后者是另一个生物技术先驱，也是特米尔来自百特的密友。当健赞在 1989 年收购综合遗传学公司时，卡朋特下台，比琳达进入特米尔的办公室担任"总裁助理"。

比琳达热情、聪慧，并受到同事爱戴。她和特米尔平静地约会，随着时间推移，关系也变得浪漫起来。鉴于情况发生了变化，她选择在 1997 年低调地离开她在健赞的职位，搬到了加州，住在她姐姐家里。但到那个时候，她和特米尔已经心心相印，无论生老病死都会在一起。亨利将会向她求婚。

1998 年 8 月，他们的婚礼在其位于缅因州"彼德福德游泳池（Biddeford Pool）"的海边住宅的客厅里举行。这是一个小型婚礼，参加者只有四对夫妻和几个家庭成员，其中包括特米尔的儿子尼古拉斯，他是从英国来到缅因州参加婚礼的。

婚礼之后，永远是荷兰人的特米尔，带着比琳达到新罕布什尔州的怀特山附近进行了一次露营旅行。那是他们的"蜜月旅行"。

那是某种特殊形式的"蜜月旅行"：尼古拉斯跟他们一起，在一个露营地待了几天时间，就住在一个蓝色的尼龙小帐篷里，打蚊子、烤热狗，而尼古拉斯就睡在他们中间。由于亨利现在是一家世界级的大型上市生物技术公司的 CEO，收入丰厚，所以比琳达也许曾想着要去塔希提岛或其他更合适的浪漫之地度假两周。但实际上，他们的"蜜月旅行"却是前往怀特山的一次露营之旅，还有他 12 岁的儿子跟着。但她不是一个爱抱怨的人。这并不奇怪：她完全了解她所爱上并与其结婚的这个男人。

1998 年 10 月，亨利和比琳达在马布尔黑德买下一座临港住宅，位置就在与"科林斯游艇俱乐部"相对的转弯处。他们一直住在波士顿市中心"商业码头"上一个可以俯瞰波士顿港的公寓里。不到两年，在 2000 年夏，比琳达生了他们唯一的孩子，一个漂亮的女儿，名叫阿德里安娜（Adriana）。

至此，特米尔已经深根于波士顿的社会漩涡中。虽然他说话仍然带有荷兰口音，有时为了产生最大效果口音甚至还很重，但他更愿意说英语。英语不仅仅只是一种通用语言，而且很早以前它就取代荷兰语成为他的主要交流方式。他经常去荷兰，如果其他荷兰人讲荷兰语，他会问人家是否介意用英语交谈。

特米尔并不是一个非常热衷于社交的人，但他喜欢花时间与跟自己未来愿景和志向相同的其他领导人在一起。而且，他的兴趣和愿景并不限于生物技术。在他余生中，他表现出了对于艺术、教育、经济以及向广大社区提供医疗服务的一种高雅并且不断增长的兴趣。

"时间是构成生命的材料，"另一个时代的另一位聪明的美国创新者本·富兰克林（Ben Franklin）曾经如此深沉地说，对亨利·特米尔来说也是这样。他的时间意识也非常强，也对怎样使用时间非常在意。他在工作之余的兴趣经常与其公职有关，而这些是他生活中的一个优先事项。

这些兴趣也成了帮助他声誉增长，使他日显重要的平台。他将成为一个杰出的、接地气的、英明的领导人。波士顿知名机构和生物技术公司董事会的负责人会寻求他的建议，彬彬有礼地欢迎他进入只有少数杰出人士才能去的地方，而他也具有适合这些地方的风度、智慧、才智和幽默感。

有人会说，特米尔自己开始也有一种矜持和冷漠，但在与他相遇和相处之后，这种矜持和冷漠就会消失，因为他的体贴、敏感和谦卑就会显现出来。几乎所有人都会觉得他能自然而然地招人喜欢。他眼中闪烁的光芒、他倾听他人观点的意愿以及他的自然魅力，都是他很能让人信服和招人喜欢的资本。他是那种能够轻而易举与人建立情感联系的人。虽然是荷兰人，但他也可能来自瑞士。他的个人魅力是天下通吃的。

在他花时间打造的第一批项目中，把波士顿打造成全球生命科学中心算是一个。到 20 世纪 80 年代后期，在他加入健赞几年之后，大波士顿地区作为全球生物技术"震中"的地位受到挑战，主要来自圣迭戈和旧金山湾区。

日后将成为世界上生物技术企业和人才最集中之地的坎布里奇的肯德尔广场，当时不过是它日后的雏形。旧金山有基因泰克公司；圣迭戈有杂交科技（Hybritech）公司。基因泰克作为行业领先公司和人才工厂自成一个类别。杂交科技是第一家被收购的生物技术大公司（1986 年被礼来公司以 4 亿美元收购），它培养了大批人才，也派生出一大批新的充满活力、资金充足的初创企业。

特米尔不是一个愿意接受现状的人，他将填补真空，一跃成为具有美好前景和吸引力的波士顿作为世界上最著名生命科学生态系统的一个著名代言人。1985 年，他与别人合作共同创办了麻省生物技术联盟（MassBio），该机构日后将成为今天代表 1200 个生命科学领域成员公司利益的一个主导性代言机构。

后来，一家大型国际战略咨询公司将成立一个"蓝带委员会"，其成员不仅包括特米尔，而且包括生物技术行业的其他高管和利益相关方，该委员会将为波士顿生命科学领域的未来绘制一个蓝图。特米尔刚刚让健赞上市，他对该委员会所提建议及其行动计划的兴趣是相当重要的。他和其他人所铺就的道路将改变波士顿。

在 20 世纪 90 年代初，特米尔将加入"科学博物馆董事会"，这是波士顿著名社区机构之一，他还将开始加入哈佛大学的一系列医学机构。这些机构中，他第一个要加入的是哈佛大学医学院的一个工作组，也称为"琼的梦想（Joan's Fantasy）"。

在当时，琼·里德（Joan Reede）博士刚刚进入哈佛大学医学院，领导该学院的多元化项目。她此前一直是一个年轻的儿科医生，受雇于波士顿一个社区医疗中心担任医学主任，为公立学校和少年监狱中的儿童提供支持。她有这么一个想法：打造一个项目，来识别、支持和辅导少数族裔学生、培训生和专业人士，使他们能够在自己本来并不知道的生物医学和健康科学领域谋求职业发展。

里德这样描述她面临的挑战和她第一次与特米尔相遇是怎样改变她一生的："我很天真。我在哈佛大学医学院的环境中是一个新手。这对我来说是一个全新的世界。所以,我写信联系所有这些公司,因为这些公司都说'我们关心多元化'。而我只得到一个回复,来自基因泰克。我当时 30 多岁,感到很沮丧。

"所以我跟一个人讲话,这个人将亨利描述为新英格兰生物技术 / 制药行业最为强势、最有影响和最为成功的人士。我拿起电话,拨打了查号台 411。

"我给健赞打电话,要跟亨利·特米尔通话。我简直惊呆了。他来到了电话前。亨利接了电话,他未必知道另一头是谁在跟他通话,但却愿意给我一个机会。他听了 15 分钟。他加入了我们。当我想起亨利·特米尔,我就会想起一个愿意接我电话的人。"

通过与马萨诸塞州医学会和新英格兰高等教育委员会的合作,里德博士此后很快发起了由哈佛大学医学院赞助的"生物医学科学职业项目(BSCP)"。在此后的 25 年里,特米尔成为里德最坚定的支持者之一,不仅为 BSCP 提供财政支持,而且还鼓励和辅导这位年轻的领导人,并给她提建议。

他指导她成立一个 501(c)3 机构,并加入了她的董事会。她之所以能够打造美国最成功的少数族裔生命科学多元化项目之一,他的帮助在其中功不可没。她在 2002 年被任命为哈佛大学医学院负责"多元化和社区伙伴关系"的院长。

虽然这将是第一个,但特米尔与哈佛大学及其医学机构的联系与深度介入将很难仅限于里德的成功项目。在 2004 年,特米尔将加入马萨诸塞州总医院(MGH)董事会。马萨诸塞州总医院是哈佛大学医学院的旗舰教学医院,一直名列世界上最顶尖的医院之一。在 2008 年,他将加入美国联盟医疗体系(Partners HealthCare)董事会。美国联盟医疗体系是哈佛大学医学院附属综合性医疗体系,每年通过包括马萨诸塞州总医院在内的五个著名哈佛大学医学院教学医院,为数以千计的患者提供医疗服务。

自 2003 年以来一直担任马萨诸塞州总医院院长的彼得·斯莱文(Peter Slavin)博士,记得 21 世纪初在哈佛大学医学院的一个研讨会上遇到特米尔的情形。特米尔受哈佛大学校长拉里·萨默斯(Larry Summers)和该研讨会共同主持人、哈佛商学院杰出教员迈克尔·波特(Michael Porter)邀请,就怎样发挥大波士顿地区生命科学资产的最大影响力和怎样使其获得最大成功发表高见。

他回忆说："当天有一系列演讲人和一系列开放性讨论。大约有 24 个人发言或参加了分组讨论，其中一个就是亨利·特米尔，我以前从未见过他……我发现他的观点要比其他所有人超前很多，我被他的智慧、他的见解、他的魅力和他的口才折服了。会议结束后，我想更多地了解他。我想让他参与到马萨诸塞州总医院的工作中来。

"非营利组织（也包括任何其他组织）的最好受托人，是给你的业务提供你从其他地方无法得到的见解的人。亨利在这个方面是一位大师。"

著名干细胞生物学家、哈佛大学医学院院长乔治·戴利（George Daley）博士也有类似的反应。戴利在很多年后的 2017 年，在他被任命为自己现在所领导的这所著名医学院新任院长的时候遇到亨利·特米尔。时任哈佛大学校长的德鲁·吉尔平·福斯特（Drew Gilpin Faust），将在爱姆伍德（哈佛历任校长官邸）举办一个晚宴，把即将上任的戴利介绍给生命科学界的各位领导，特米尔是被邀请的一位客人。

戴利将在那年春季考虑怎样更深入地参与到哈佛大学医学院群体中。他自 2000 年 12 月以来，一直任职于哈佛大学医学院院士委员会（HMS Board of Fellows）。他将在特米尔去世前几个星期与他见面。令人伤心的是，他们那次见面的谈话，将由于特米尔意想不到的溘然长逝而成为未完成的众多谈话之一。

戴利后来说："我认为，能像亨利那样普遍受人尊重的领导人非常少。他所受到的普遍尊重是非凡的。他使我想起了我在怀特海德研究所时的博士论文导师戴维·巴尔的摩（David Baltimore），后者在 37 岁这个比较小的年龄就获得了诺贝尔奖。跟戴维一样，亨利也很早就获得了很大成功，并且还能有一个难得的慷慨个性。亨利是以一种非常慈善的方式来利用自己的权力和声誉的。"

另一位哈佛大学著名人物，马萨诸塞州总医院和美国联盟医疗体系前 CEO 塞缪尔·蒂尔（Samuel Thier）博士，看到了特米尔作为波士顿知名人士之一能为社会做贡献的其他方式——他是一位能将人团结在一起的领导者。

他将以这种方式记住亨利的贡献："亨利看世界的视野比大部分人都开阔。

他没有以交易的方式看待事情，他能看到大局。他去世时，仿佛我们医疗行业一整块都死了。他是一个如此重要的核心人物。他在团结人方面有天赋。他的去世留下了一个巨大的空洞。我们始终将他视为我们当地文化和能力的一个重要组成部分。"

哈佛大家庭另一成员丹尼尔·哈伯（Daniel Haber）博士也将从特米尔的慷慨中获益。特米尔和他的妻子将在2011年给马萨诸塞州总医院一个礼物——推动成立"亨利和比琳达·特米尔靶向治疗中心"，一个专注于个性化医学的卓越临床研究中心。作为马萨诸塞州总医院癌症中心的一个核心部分，在哈伯领导下的这个中心将让人们时刻想到特米尔的善举。

哈伯还记得特米尔的愿景，也记得该中心与特米尔在医学问题上所采取的战略方法是如何契合。他说："这个中心完全适合亨利，因为这是从罕见病延伸到罕见癌症，找到自己的小众市场，使你能够让人群中一小部分群体的生活发生真正重要的变化……最初，该中心将仅仅只是一个足迹。然后，神奇的事情发生了，它成了马萨诸塞州总医院癌症研究方面我们几乎所有早期药物试验的中心。"它还将成为对有希望的药物治疗方法进行试验的一个中心。

在特米尔与哈佛各临床和研究机构建立联系的同时，他也通过自己作为MIT董事会（麻省理工学院的主管机构）成员的身份投身于推进科学和医学研究创新。2006年，应董事会主席达纳·米德（Dana Mead）的邀请，特米尔成为MIT董事会成员，他在该董事会任职11年，直到去世。2011年，特米尔受时任MIT董事会主席约翰·里德（John Reed）邀请加入MIT董事会执行委员会。

拉斐尔·赖夫（Rafael Reif）博士2006年任麻省理工学院教务长。作为一名电气工程师，他以对微电子学的贡献著称。2012年，他当选为麻省理工学院院长。特米尔在推荐他当选的遴选委员会任职。

赖夫亲眼见证了特米尔对MIT董事会的影响，他认为这种影响以两种特别的方式为特征：他平静的举止和他的好奇心。他说："各种董事会中有那么多人都喜欢以很多不同方式显示他们有多么聪明，从这种意义上来说，看到一个人是如此平静、如此深沉和如此明智是异乎寻常的。亨利是一个更为平静的人。他只是倾听，从不过分生气或过分高兴。他始终都很沉稳。当他感觉交谈可能有点儿偏离目标或走错方向时，他会只是观察，非常温和地将每个人都带回正确轨道。

"亨利是一个非常、非常诚实、正派和公平的人。我从未看到他有任何不可告人的想法。他在那里只是为了帮助本校尽可能做到最好。他始终想的都是什么才是正确的事情。亨利是那种当他想说什么时所有人都会停下来倾听的人。

"他对所有的可能性都极为好奇。他显然对生物医学，对任何与生物有关的东西、健康科学或技术都充满热情，这些东西对他来说就像是一块磁铁。他不像是对天体物理学和星系感到好奇，但如果他看到某种联系，他就会好奇。在这种意义上，宇宙就是他所好奇的。"

赖夫继任者，2004年秋从耶鲁大学新来的苏珊·哈克菲尔德（Susan Hockfield）博士这样回忆特米尔："我是在任麻省理工学院院长初期遇到亨利的。我不是很了解该地区的权力体系。亨利对该地区，以及对我们可以怎样利用该地区来放大我们在世界上其他地方的工作做了非常好的描述。他是一位真正的代言人，非常具有感染力。"

哈克菲尔德是一位神经科学家，也是麻省理工学院第一位女性院长和来自生命科学领域的院长。她这样描述特米尔对肯德尔广场的影响："我来的时候，肯德尔广场还不像它今天这样。诺华在这里，但辉瑞还没进来。当时这里有很多施工工地和停车场，但还没有建成今天这种样子。他是21世纪肯德尔广场的主要创始人之一。

"我这样说并没有政治上的意思，但亨利也极大支持了女性发展。我不断遇到在健赞担任各种重要职务的女性，我们都知道生物技术并不是对女性最友好的领域。他在推动很多女性职业发展方面成效显著。"

特米尔为他参与其中的一系列不同机构所提供的服务，都环绕着思虑周全、慷慨大度的主题。亨利对很多机构都很有热情，其中比较显著的是波士顿芭蕾舞团。这个芭蕾舞团是20世纪60年代在E.弗吉尼亚·威廉姆斯（E.Virginia Williams）的启发下成立创办的，后来成为波士顿最受推崇的文化机构之一。该芭蕾舞团现任艺术总监是1987年移民美国的芬兰人米科·尼西宁（Mikko Nissinen），他将领导这个机构，并将其称为"未来芭蕾舞团"。

尼西宁将成为芭蕾舞界最具有前瞻性思维的艺术总监之一，他将带领该芭蕾舞团全球巡回演出，从巴黎到首尔都留下自己的足迹。他还将继承和发扬威廉姆斯培养年轻舞者的传统，实质性地扩大该舞团芭蕾舞学校的规模，这是他和特米尔共同的兴趣所在。

尼西宁的学生之一是阿德里安娜·特米尔，而特米尔夫妇在此过程中也成为波士顿芭蕾舞团的忠实支持者。先是比琳达·特米尔，后是她丈夫，都将任职于该机构的董事会。他们还协助在"北波士顿"建立了波士顿芭蕾舞团一个新的、引人瞩目的分部，这个地方就在他们位于马布尔黑德的家附近。

尼西宁回忆，特米尔是一个实干的梦想家。他说："他是不怕做大梦的梦想家。但他想把事情做成，然后继续下去，然后再做更多事情。他不说废话，而是说：'好吧，我是这么看的。'而且他是完全正确的。"

他还在特米尔身上看到一种突出的能力，这种能力植根于他的倾听技巧和荷兰人文主义精神，那就是为他人提供他们充分发挥自己潜力所需空间。尼西宁回忆说："我必须承认，在我一生所遇到过的所有最伟大的人物当中，他具有作为一个出色倾听者所需的素质。是的，他会说话。他的语言天赋是金子般的，但他的倾听天赋是无价的。

"亨利是如此和善，而且，你知道吗，也是如此乐于接受。他与那些试图弄清你的意图并把你放在一个盒子里的人是完全相反的。他要做的则是，给你创造更大空间，让你能够成为你自己，扩大而不是限制你是谁……他允许你更大一些。他不会贬低你或限定你。他会扩大这个盒子，以至于最后没有了盒子。

"如果你听一些和尚念经，你会发现他们说话的语调像他，举止也像他。经文是嵌入其中的，就像一句深深的'嗯、嗯、嗯……'他只是任其自然。这就是他。"

作为该芭蕾舞团的艺术总监，尼西宁的洞察力将会被证明是独特的，但关于特米尔将如何应对2008～2010年间使世界经济陷入衰退的金融危机，其预见性却不是那么好。

2007 年，就在全球经济将濒于崩溃的前一年，特米尔受邀担任波士顿联邦储备银行副董事长，开始他作为其董事会成员的四年任期。依照《联邦储备法案》，他将是在该联邦储备银行代表"公众利益"的三个 C 类董事之一。波士顿联邦储备银行是美国 12 个联邦储备银行之一，它们共同负责促进国家经济增长和金融稳定，以及保护国家的银行体系。

波士顿联邦储备银行行长埃里克·罗森格伦（Eric Rosengren）回忆说："之所以让亨利进入董事会，主要是因为制药业是一个关键行业，同时健康和生命科学对新英格兰经济的重要性与日俱增……当我们进入 2008 年时，该地区的经济所存在的问题显然正变得越来越糟。'贝尔斯登'破产了，利差在扩大，而且进入秋季，'雷曼兄弟'又破产了。

"波士顿联邦储备银行和纽约联邦储备银行是金融危机期间仅有的两家具有流动性便利的联邦储备银行。波士顿联邦储备银行的流动性便利专注于阻止货币市场共同基金行业的挤兑。我们在一个周末设计出一种东西，叫作 AMLF（资产支撑商业票据货币市场共同基金流动性便利），它是一种提供流动性的基金，风险很大，但在遏阻危机上却很成功。

"亨利了解当时所发生事情的严重性和复杂性。他对稳定我们董事会的军心有很大影响。那是一个人们很容易变得非常不安的时期。"

到 2009 年底，健赞陷入了一场其自己的危机，罗森格伦回忆，当时特米尔疲于应对两个危机：一个是国家的经济危机，另一个是在健赞的奥斯顿·兰丁工厂所发生的危机。特米尔刚刚在 11 月被任命为波士顿联邦储备银行董事长，2010 年 1 月 1 日生效，"我认为那对他来说是一段非常艰难的时期。他在担任我们董事长的同时还要处理他自己公司里非常复杂的事情。我敢肯定，他当时压力很大，但他却没有真正表现出来。如果你只是一个坐在我们董事会会议室的局外人，那么你不会知道他生活中发生了什么变化。他还能保持一种非常平静的态度，尽管事实上我确信他的生活正在彻底颠覆。"

几年后，其他的国家领导人和民间领导人都对亨利·特米尔的生活以及他所服务过的很多非营利机构和慈善事业进行了回忆，但他们对他的服务所做的总结都没有马萨诸塞州州长德瓦尔·帕特里克（Deval Patrick）那么好。

　　帕特里克 2005 年见到了亨利·特米尔，当时他是马萨诸塞州州长候选人。但当时还处在选举早期，他当选的可能性也不大。他是竞争民主党提名的三个民主党人之一。他们是在一个生物技术会议上相见的。

　　帕特里克州长因特米尔在迎接他时所表现出的和善和开放而记住了他。由于这次相遇，他在 2005 年被邀请参观健赞新建的、获得"能源与环境设计先锋（LEED）"认证的总部大楼。这次相遇也为他们之间持续到特米尔生命结束的友谊奠定了基础。

　　德瓦尔·帕特里克 2006 年接替米特·罗姆尼（Mitt Romney）当选为马萨诸塞州第 71 任州长，2007 年初到任，连任两个四年任期，直到 2015 年初。

　　当被要求总结亨利·特米尔的一生及他的社会影响时，帕特里克州长先是眼睛朝下看，沉默片刻整理思绪，然后又恢复对视，用这样的话语来描述特米尔："我认为亨利·特米尔是一个'全面的公民（citizen in full）'。什么意思？这又回到了'融入民众（civic presence）'这么一个概念。是的，他是一个成功的、完美的商人。是的，他是一个有爱心的丈夫和顾家的男人。但让我记住亨利的，是他成为了整个群体的一员，作为整个群体的一员来做贡献，将邻居的梦想也看成是自己的梦想。

　　"他属于这个地方，这个地方也属于他。他认为自己需要做贡献，他也倾听别人可以为群体做的贡献，而且他并不认为只有他才能提供答案。这就是他的谦逊之处。

　　"尽管他很有天赋，但他对别人的意见也很有兴趣。一个强势的人要做到这一点是非常不容易的。他能把别人身上最好的东西挖掘出来。"

第十四章

马布尔黑德的神谕

晚上在亚岗昆俱乐部的晚餐结束了。这个俱乐部位于波士顿历史悠久的后湾区核心地带，有着宏伟的楼梯、柔和的灯光和优雅的装潢；它的墙壁轻轻诉说着岁月的传说。长期以来，特米尔一直在这个俱乐部举办董事会晚宴和健赞公司的其他活动，这是他最喜欢的此类聚会场所之一。

然而，今晚的情况却有所不同，正如有人后来描述的那样——"苦乐参半"。活动假装出一种庆祝的气氛，但大家都知道一切都变了，今后不会再跟以前一样了，这是不可避免的。

当晚共摆了 7 桌，有 52 人参加，有的人远道而来，大家都是来说"再见"的。那是一个回顾、追忆他们的成就，重新体味他们在健赞岁月的夜晚。那也是一个悼念他们所失的夜晚。

赛诺菲的收购将在下个星期完成。"有点儿伤感，"比琳达·特米尔回忆说，"因为这是亨利不想让发生的事情。他真的想按自己的方式在健赞结束他的职业生涯，这件不幸的事情、病毒（污染），以及之后发生的所有事情……我知道他对自己取得的成就感到自豪，他也为所发生的事情承担责任。"

除少数几个人外，房间里的人大都是曾经的或现任的健赞董事会成员和高层管理人员。在曾经的健赞人员中，有几个人 20 世纪 80 年代就在公司任职，包括亨利·布莱尔在内，这又为大家的叙旧增添了温度和深度。

房间里一些还将在该公司的收购方继续其职业生涯的人（大卫·米克尔就是其中之一）也参加了晚宴。赛诺菲和克里斯·菲巴赫为了让他们感到受欢迎做了不少努力。

埃利奥特·希尔贝克（Elliott Hillback）不会忽略这个晚宴的重要性。他支起了一个三脚架，用他的摄像机捕捉宴会上每个人所讲的话语、所说的祝词以及相互的赞誉。"那是一个难得的夜晚，"他回忆说，"相当动人。"

最后，特米尔说了几句动情的话。他在自己的结束语中向所有人表示感谢，感谢他们的忠诚、他们的奉献和他们的努力。在讲话时，他明显有些伤感。为了服务罕见病患者，打造一家独特的公司和保持对其命运的掌控，他们已经做了自己所有能做的。现在，是继续前行的时候了。

在他生命当中的这个时候，亨利的健康状况和财务独立使他能够做几乎所有想做的事情。他将在赛诺菲待到年中。大多数人预计他将退休。

然而，没有人会料到，特米尔宝贵的生命只剩下六年时间了。刚刚 65 岁的他还是像从前一样充满活力和好奇心。虽然需要短暂的休息，从过去两年的动荡中恢复，但他仍处在自己能力和水平的巅峰状态或接近巅峰状态。

那天晚上他离开后湾，与比琳达一起坐在自己的黑色奔驰车里，驶过托宾大桥，朝马布尔黑德方向驶去。那个时候，他已经以自己的方式开始将注意力转向未来了。

毕竟，亨利的一生都是关于未来的，他从不停留在过去。

1993 年诺贝尔生理学或医学奖获得者、麻省理工学院教授、百健共同创始人菲尔·夏普（Phil Sharp）博士很了解特米尔。"他从来都没有兴趣回头看，"夏普博士回忆说，"他只有兴趣向前看。他总是匆匆忙忙的。他看到自己可以做很多事情来改善生命，帮助他人。"

比琳达也了解特米尔的这一面，他们 20 世纪 80 年代末相遇时她就看到了这一点。

但是，在这个夜晚，她丈夫思想状态的另一面却引起了她的注意。她以前从未看到过他的这一面。他的自信已经动摇。"对亨利来说这是一个非常痛苦的时候，是一个情绪化的时期。他在工作上很强势，但当他回到家里，我认为他最大的恐惧是，每个人都会将这个看作是一种失败，对公司不是一件好事……那是一段艰难的时期。

"我认为他对接下来的事情感到有点儿紧张。我认为我比他自己更担心他，不知道（是不是这样）。亨利不是那种会轻易放松下来的人，他需要保持忙碌，不能整天坐在家里。

"我试图平静下来，让他确信自己做得对，会没事儿的，告诉他：'人们会需要你的，我知道你会接到电话的。'但我认为，他很担心人们会忘记他，不想让他参与，因为他还没有实现自己的大梦。

"即便是在压力重重的时候，他的坚韧也能帮助他在面对挑战时振作起来。我从没见过任何人像亨利那样，在面对最艰苦挑战时还能调整过来，在他人面前完全活在当下。他似乎总是以积极的心态对待逆境。"

然后，几个星期后，人们开始给他打电话了。这个"忧郁期"，正如比琳达后来描述的那样，是短暂的，只持续了几个星期。

不仅她和他的家人能帮助他渡过这个难关，其他人也一样。他最亲密的一些健赞同事都找到了他，尤其是他在马布尔黑德的邻居。其中最早向他伸出援手的包括艾德·凯耶、桑迪·史密斯和扬·范黑克。

但到6月份，这个时期就结束了。

"我认为他并没有花很长时间摆脱自己的犹豫和紧张，"比琳达回忆，"似乎一夜之间他就从'不确定我要干什么'变成了一如既往的忙碌。更多的人来找他，也有公司想要他的建议。亨利具有不可思议的倾听和沟通天赋。在思想上，他已做好了继续前行的准备，而且也急于继续前行。他把自己在健赞的时间看作是一个学习和成长的经历。"

突然之间，他似乎就变成了一个能够预知未来，能够知道一切，能够看到一切的"大君"。艾德·凯耶是对的，他后来在亨利去世后戏称他为"马布尔黑德的神谕"。

亨利一贯谦逊，想必会喜欢这种称呼，因为我们都珍惜自己在困惑时期得到的帮助。但对特米尔，事情远不止如此。

请他提供建议和咨询的要求如潮水般涌来，这再次向他证明他可以继续投身于自己所喜欢的事情——他的工作、患者的福祉，以及帮助他人。人们了解过去两年的经历让他付出的代价，他们准备好了继续跟他在一起，同甘共苦。

但他们也认识到，他在过去 35 年间所积累的经验、关系和智慧有多么深厚。

这些持续性的活动不仅将继续下去，而且他还可以去追求自己拖了多年的新的兴趣和事业。

三年前，亨利和比琳达在隔壁购买了一栋优雅的三层黄色隔板房。这是个很好的老房子，建于 19 世纪 90 年代，坐落在一个小悬崖上，可以看到马布尔黑德港的漂亮景色。房子前面建了一个石墙，以保护房子不受每年冬天袭击马布尔黑德海岸线的东北风影响。

亨利找到他在健赞的前助理玛丽·艾伦·穆奇（Marry Ellen Mucci），问她是否愿意帮他建立一个办公室。这个房子有空间放置他保存下来的 200 箱左右的资料，也有充足的会客空间。玛丽·艾伦答应了，她和比琳达着手对房子进行翻新。这个房子后来便被称为"黄宫"，它将以近乎完美的状态服务于亨利生命的下一个阶段。

正式来说，特米尔在健赞的最后一天是 2011 年 6 月 30 日，但一直到他生命中的最后一个月，特米尔都是数百人的职业咨询师和导师，他们在波士顿生物技术 CEO 会议、摩根大通年会、尼古湖会议，以及哈佛大学或麻省理工学院的活动上还都会看到亨利的身影。

他会把人叫到一边，问他们情况如何。人们会征求他关于商业计划和战略决策的意见。他也经常会被要求发表自己对未来的看法，这是他非常喜欢展开去讲的一个话题。

正如健赞的一位高管佐尔坦·西玛所说的那样，"亨利非常善于在人们离开公司后又跟他们重新联系。你可以离开公司，但你不会离开这个大家庭。他是不会长期树敌的，极少数人除外。"特米尔有办法跟旧部保持联系。如果你曾经是一名健赞员工，那么你注定将是他这个大家庭的一员。这一点不仅适用于健赞跟赛诺菲合并时在在职的人，也适用于早先在健赞工作的人。

作为这家被收购公司的前领导，特米尔将把他的忠诚一分为二——对健赞新所有者赛诺菲的忠诚；对正在评估他们职业选择的其前同事的忠诚。但这是离任 CEO 们的正常状态，特米尔也尽了自己最大努力支持克里斯·菲巴赫和大卫·米克尔，与此同时充当仍受雇于健赞的那些人们的一个传声筒和导师。

在他退出后，特米尔小心翼翼避免干涉健赞事务，因为他相信菲巴赫和米克尔能够领导好公司，能够引导好其方向。他们两人合作很好，对于两家合并后的公司他们也有一个共同的愿景。

用米克尔的话说，"克里斯和我有一个共同愿景，即允许这一小小的文化之岛成为赛诺菲内一个变化点，成为一个影响点，引入健赞所具有的那种简单的东西——显示一家公司也可以关心患者的能力。这是一种如此具有根本性意义的东西。"当然，这种东西一直是合并两家公司的一个核心前提。米克尔了解这一点，他始终都了解这一点。但也许更重要的是，在合并两家公司中负最终责任的菲巴赫也了解这一点。米克尔后来承认："克里斯的确在努力了解健赞。他和亨利建立了一种关系。这种关系是短暂的和独特的，但却是成功整合两家公司的关键。"

特米尔将在自己生命中最后六年帮助他人获得成功和实现他们的梦想，在此过程中他将获得很大满足。他在打造健赞和服务患者群体方面的责任已经转移到了一个新的所有者身上，但他对那些与自己享有同样热情的人们的成长和发展的支持却从未减少。

在这一时期寻求他建议的人的名单很长，而他也似乎不遗余力地去支持他们所有人。他的努力绝不仅限于为前健赞同事提供咨询，还延伸到了美国西海岸、欧洲和亚洲。

许多人都是对罕见病有兴趣的企业家和创新者，其中有些人还了解他在为其他生物医学先驱人物提供咨询方面的兴趣和经验。曾经咨询过他的若干CEO是欧洲裔的，其中包括成就卓著的优时比治疗（UCB）公司CEO罗克·多利弗（Roch Doliveux）（一位生活在比利时的法国人，领导着欧洲一家较大的、备受尊重的跨国制药企业）、丹尼尔·德波尔（Daniel de Boer）[荷兰ProQR生物技术（ProQR Therapeutics）公司创始人-CEO]、伊丽莎白·德洛斯·皮诺斯（Elisabet de los Pinos）博士[西班牙人，坎布里奇的奥拉生物科学（Aura Biosciences）公司创始人-CEO]，以及凯斯·贝恩（Kees Been）[荷兰人，坎布里奇的溶酶体生物技术（Lysosomal Therapeutics）公司创始人-CEO]。

他帮助过规划未来或在领导问题上提供过咨询的人也有一些代表，包括克里斯托夫·韦斯特法尔（Chritoph Westphal）[MD，几个生物技术集团的创始人 -CEO 和朗伍德风投（Longwood Ventures）公司的执行合伙人]、温迪·埃弗里特（Wendy Everett）[ScD，总部设在波士顿的卓越健康创新网络（NEHI）的总裁]，以及妮可·博伊斯（Nicole Boice），她正在创建一个新的罕见病游说机构，名叫全球基因（Global Genes），其总部将设在加州奥兰治县。

在这一时期，特米尔还曾寻求对一些年轻的、创新的生物技术初创公司进行投资。这为特米尔发挥自己好奇心和重商主义本能提供了另一个出口。在离开健赞之后的六年里，他在一些新兴的生物技术私人公司占了相当大的股权，这些公司包括 ProQR、阿拉基斯制药（Arrakis Therapeutics）公司、奥拉生物科学公司、溶酶体生物技术公司、X4 公司、阿坦克斯生物制药（Artax）公司和阿米里克斯制药（Amylyx）公司。

关于这一领域的合作问题，他找到了艾伦·沃尔茨（Alan Walts）博士，后者是特米尔在加入健赞时认识的。沃尔茨当时是麻省理工学院比尔·劳什（Bill Roush）实验室一名年轻的生物化学家和博士生，比亨利年轻 13 岁，他此后将接受特米尔的辅导，他们两人也成了密友。他们一起合作了 35 年时间。

在特米尔生命中最后六年的全部活动中，在企业和非营利机构董事会任职也占相当大比例。就在企业董事会任职而言，他曾任阿比奥梅德（Abiomed）公司非执行董事 28 年，这对他来说是一项重要工作。该公司的 CEO 迈克尔·米诺格（Michael Minogue）是 2004 年加入的，特米尔曾为他提供支持。他和米诺格曾一起度过了一些好时光，也共同经历了企业争斗。虽然阿比奥梅德作为一家医疗设备公司并不是罕见病行业的一员，但却是特米尔在健赞以外担任董事的第一家企业，因此阿比奥梅德在他生命中占有一个特殊位置。

虽然就在董事会任职年限来说，特米尔在莫德纳公司和艾尔建公司担任董事的时间要短一些，但他也为此感到自豪。这两家公司的 CEO 分别是斯特凡·班塞尔（Stéphane Bancel）博士和大卫·派奥特（David Pyott），在他任职期间两家公司都非常成功。莫德纳公司是一个非凡的融资机器，也是 mRNA 治疗药物领域的领头羊。在这家公司，特米尔与董事长努巴·阿费彦（Noubar Afeyan）博士密切合作，后者也是旗舰先锋（Flagship Pioneering）公司的执行合伙人。

在 2014 年 1 月，特米尔进入了艾尔建公司（眼科产品、皮肤病产品和医美产品领域的一家世界领先的公司）董事会，当时大约是在该公司被连环收购者瓦兰特制药（Valeant Pharmaceuticals）公司出人意料的恶意收购开始之前六星期。由于刚刚经历了赛诺菲 - 健赞收购过程，所以特米尔关于怎样抵挡恶意收购有着新鲜和贴切的观点。在这一混乱的时期，他为大卫·派奥特和董事会其他成员提供高见，使艾尔建公司最终在 2015 年 3 月与阿特维斯公司合并。

在特米尔离开健赞后所建立的合作关系中，很少有比他与约翰·马拉加诺尔（John Maraganore）博士的关系更为重要的。在特米尔离世时，他们两人相识已经快 20 年了，他们之间的关系要追溯到马拉加诺尔在千禧制药（Millennium Pharmaceuticals）公司工作时期。他们是在寻求一个业务发展交易时首次相遇的。

他们两人之间的谈话没有结果，这种情况也经常发生，但他们之间的友谊却建立起来了，而当马拉加诺尔博士 2002 年成为奥尼兰姆制药（Alnylam Pharmaceuticals）公司 CEO 时，他们之间的互动变得更为频繁了。

马拉加诺尔并不总是接受特米尔对成功前景的预期。他兴致勃勃地追忆了自己对特米尔和健赞商业主张的早期评估："当我在百健时，我们可以说是嗤之以鼻……'他在干什么？能有多少患戈谢病的人？他要怎么干？这怎么会成为一个生意？'"后来，他自嘲道："亨利让我们看到了他能做到，我猜我们都知道接下来的故事了。"

他们两人逐渐建立了一种密切的、非正式的导师 - 门徒关系，这种关系随着奥尼兰姆公司成长和成熟速度的加快而更加牢固。马拉加诺尔在孤儿药开发和商业化的公共政策方面也能受教于特米尔。

通过观察特米尔与肯尼迪参议员和其他政府官员在波士顿各种活动上的互动，他有效地受到了特米尔的辅导。他说："亨利是那些活动的召集人之一。他在这个方面是个大师。他会对我说：'约翰，当人们质疑你的价格，当人们质疑你的价格为什么要这么贵，你应当告诉他们，"请让我告诉你为什么。"不要采取守势，而要欢迎他们诘问，邀请他们到你公司去，向他们展示你所做的一切。'亨利能够在这个方面做得很好，能够邀请对话，而不是逃避对话，能够欢迎人们与他会面并向他们展示……他很了不起，我从中受教了。"

约翰·马拉加诺尔在之后几年间接替亨利·特米尔成为行业代言人之一，他在 2017 年至 2019 年间担任"生物技术创新组织（BIO）"主席。沿着特米尔之前的足迹，他将成为这类活动的召集人和领导人。

到 2017 年，特米尔已经不再站在健赞的平台上，但那些根深蒂固的基本元素还留在他身上。人们会奇怪，他怎么会有时间支持那么多人？他在发展下一代领导人继续履行其使命方面所表现出的效力和眼光已经得以确立。

亨利·特米尔在建立罕见病行业和将健赞打造成一家非常成功的跨国公司方面已经做出了巨大贡献，但也有人会说，特米尔生命中的这一时期与任何其他时期一样重要。他以同样强烈的投入、动力和专注帮助很多领导人追寻自己事业发展，以健赞为模板打造他们的公司和机构。他在这个方面也取得了同样的成果。特米尔在这短短六年间所做工作的影响力和重要性在今后很长时间都会被人们看到。

※　※　※

在他 2017 年 5 月 12 日因心脏病而突然去世的之后几天时间里，很多人都将纪念亨利·特米尔的生平，但很少有人能像他女儿阿德里安娜那样感动人。在八天后一个空气清新的春日早晨，麻省理工学院的克莱斯格礼堂内举行了特米尔的追悼会，共有六人致悼词，其中她女儿致的悼词，被参加追悼会的那600 人认为也许是他们所曾见过的最深刻、最动人的悼词。

那是用她自己的话讲述的她自己的故事。她当时 16 岁，是一位沉稳的女孩，看上去比自己的年龄显得更成熟。她回忆，一天晚上父亲从办公室回到家后，在她睡觉前，在床边给她读故事。那天晚上读的是谢尔·西尔弗斯坦（Shel Silverstein）的《爱心树》。那是一个寓言故事，讲的是一棵苹果树怎样将自己的不同部分一个一个地舍弃掉，来帮助一个需要的小男孩——先是它的果实，接着是它的树枝，最后是它的树干。再没有东西可给了，这棵苹果树就只剩下一个树桩了，于是它就请小男孩坐在上面。

但是，随着她一层一层地展开这一心酸的故事，人们真正看到的是这样一个隐喻，它让人们想起了她父亲无穷无尽的慷慨。在她坚定的、发人深思的少女之音里，很多人听到了亨利·特米尔本人的回声。

亨利·特米尔是一个外表上坚毅但却敏感的荷兰人，他以独特的良知与勇气解决了一个古老问题，这个问题就是，为那些患有先天性遗传病的不幸的人们提供治疗。他将因为很多事情而被人们记住。人们将记住他眼中闪烁的光芒、他的绿色激光指示器、他富有魅力的微笑、他的倔强；是的，他甚至还会因为健赞的高药价而被人们记住。

但没有什么比他最伟大的成就更值得铭记于心，那是一个将会改变世界的成就，那就是为世界上 6000 万被遗忘的罕见病患者提供希望。这些人在 1983 年的时候是没有希望的，在很多情况下是注定要年纪轻轻就痛苦死去的。

这一事业还有很多事情要做，特米尔的热情追随者相信他的使命是美好的，也看到了他的影响以及他是怎样做到的，他们将继续他的未尽事业。对这些人来说，他既授之以鱼，也授之以渔。

亨利·特米尔的影响已传遍世界。他改变了世界。因为他所做的这些事情，他将永远不会被忘记。

跋

不再被遗忘

1985 年秋，39 岁的亨利·特米尔做出了罕见病历史上最重要、最重大的决定之一。他不顾其他所有人的建议，为了挽救一个小男孩的生命，决定领导健赞公司"西利酶"的研发工作。这一决定迎来了生物技术行业中第一个为人类更广泛事业而奋斗之行动——罕见病药物的研究和开发以及罕见病的最终治疗。

亨利·特米尔的决定将被证明是一个开创性时刻，是能在世界范围内让人们对这些患者产生强烈热情，也为这些患者带来新希望的少数决定之一。它对未来的影响在当时是无法想象的。

特米尔的决定不仅将直接影响 5000 名戈谢病患者、他们的家人和他们护理人员的生活，而且还将永远改变那些活在全球罕见病群体中的人们的生活——这个群体今天估计约有 5 亿人。另外，它还将通过健赞公司的成功和发展为其他后来者指明道路。

自《孤儿药法案》通过以来，在过去 35 年间，全世界都对通过应用生物技术治疗很多罕见病患者这方面所取得的医学进展感到惊奇。

当亨利·特米尔加入健赞时，获批治疗罕见病适应证的产品数量屈指可数，这些产品很多都是为更大市场和更流行疾病开发的药品，只不过改变了它们的用途而已。

从《孤儿药法案》1983 年获批到 2019 年年中，药物开发者提交了超过 7500 份申请，请求 FDA 将其药物产品正式认证为孤儿药。在 1983 年，只有一个这样的请求；仅在 2018 年一年里，该机构就收到了 337 个请求。

今天，有超过 500 种获得 FDA 批准的孤儿药，覆盖 700 多个得到认证的孤儿病 / 罕见病适应证。FDA 在 2017 年和 2018 年分别批准了针对 81 个和 91 个适应证的孤儿药上市申请。这两年的批准数量加起来是 1983 年以来任何两年期间最大的。

美国市场孤儿药年销售额现在近 500 亿美元，约占美国处方药总市场的十分之一。一家著名市场研究公司最近预测，到 2024 年这一比例在美国市场将达到 20%，而 1997 年的可比数字为 4%。

2017 年，世界范围内，全球 20 大罕见病生物技术制药公司的孤儿药产品销售总额接近 1300 亿美元。目前，超过 40 种孤儿药的全球销售额超过 10 亿美元。

罕见病的更好诊断方法也已研发出来或正在研发当中。在很多情况下，这些疾病需要数年才能确诊，平均时间为 7.5 年。罕见病的更迅速诊断，将使治疗的启动更迅速，并使患者得到更好的治疗效果。

对罕见病疗法的强烈呼声在 20 世纪 80 年代渐弱，但随着患者家庭开始看到相关疾病有治愈的希望，或至少看到患者生活质量有实质性的提高，这种呼声持续增强。现在，患者游说组织的数量数以百计，新的家族基金会数量也数以百计，致力于提高人们对罕见病的意识和赞助相关研究工作。

企业用于罕见病研发的制药预算 / 生物技术预算也在增长，与人们在将新的、创新的诊断方法和治疗药物带给这些患者时所激发出的整体兴趣和热情保持同步。一位分析师保守估计，现在全球企业用于罕见病研发的年度支出超过 450 亿美元。研发罕见病治疗药物和诊断方法的企业数量也已达数百家。

而且，立法部门和监管部门也重新组织了这些新的治疗药物和诊断方法的审批程序，以支持研发工作和新产品上市。

在某种程度上，所有这些进展都源自那个决定命运的时刻，当时亨利·特米尔表态不仅支持布莱恩·博尔曼，而且支持在他之后的所有罕见病患者。在亨利·特米尔加入健赞的时候，这种投资、奉献、基础设施和未来希望都不存在。

　　要解决世界上所有罕见病问题还有很多工作要做。全世界罕见病超过 7000 种。但随着每一次新的成功（由于基因疗法、反义疗法、RNA 干预疗法或基因编辑等先进研究方法的采用），我们知道，人们已经取得了进步，并将继续取得进步。

　　今天，被诊断患有某种罕见病的不幸者，他们的前景要比以前任何时候都更加光明。这些患者绝没有被遗忘，而且尽管仍有超过 6000 种罕见病无法治疗，但人们正在做出巨大努力，来分析其遗传原因，并试图治疗其中的大部分（若是治疗全部仍有难度）。

　　但需要警惕的（如果有的话）是这样一个经济现实：这些疾病的长期治疗需要持续支付高额费用。就像一列失控的火车一样，它们不断攀升，挤占政府和私营部门的预算，用掉本来用于其他社会优先事项的资源。我们社会今后还将面临很多大问题，其中之一是，继续不断增加社会资源，来治疗这些难治的、毁灭性的疾病，而这些疾病只直接影响世界人口中的一小部分人。

　　在 1983 年进入健赞时，亨利·特米尔所面临的问题是，如何在社会优先事项和罕见病患者的担忧间进行权衡。我们应当感谢的是，他的决定不仅迅速，而且坚决且持久。

　　由于他的梦想，由于他在追求自己梦想时所表现出的良知与勇气，他留给我们的世界比以前更好了。

　　问题是，社会是否想让这些病情很重的患者得到治疗。我想是的。

　　　　　　　　　　　　　　　　　　　　　　——亨利·特米尔，1983 年

致　　谢

这样一个复杂和这样长久的旅程，如果没有那么多人自始至终所给予的关心和支持，是不会成功的。因此，我非常高兴向那些在写作《良知与勇气》过程中帮助过我的人致谢。

首先，我要向欧杰思（Odgers Berndtson）人才顾问有限公司执行合伙人史蒂夫·波特（Steve Potter）表示最深切的感谢，他为这部书的写作和研究工作提供了经费支持，包括对130多人进行数十次的录音采访。欧杰思公司给我提供支持的还有迈克·凯利（Mike Kelly），他是我的合作伙伴和公司医疗行业的全球负责人；希瑟·坎贝尔（Heather Campbell）；梅布尔·赛图（Mabel Setow）和南希·斯卡拉他（Nancy Scarlatta），她们在欧杰思公司波士顿办公室接待过我和我的很多采访对象；以及安妮·博德（Anne Board），她在准备作者建议书时给我提供了指导。而且，我的好朋友迈克尔·梅林克（Michaël Mellink）在我两次去荷兰采访亨利·特米尔兄弟姐妹和其他近十人时为我提供了支持，并且盛情款待了我。另外，我要感谢欧杰思公司合伙人和法国业务总监吉勒斯·戈德弗鲁瓦（Gilles Gaudefroy），感谢他帮助安排我去里昂，寻找特米尔与巴斯德·梅里厄公司的联系。我还要感谢亚历克斯·汤姆森（Alex Thomson）、尼克·布里尔（Nick Brill）和艾伦·里德（Allen Reed），他们都是欧杰思公司合伙人，跟我一起进行了各种不同的采访。

在欧杰思公司之外，我要向威廉·克莱恩（William Klein）致谢，他是我的主管编辑，在某些情况下还是我的共同作者，在我们认真准备本书手稿过程中为我提供了巨大帮助。威廉是一位经验丰富的评论作家，这是他的第一部书，也是我的第一部书。我们一起努力，一起学习，一起欢笑。威廉，谢谢你的坚定支持。你的技能和合作对本书的材料组成、呈现和主题构成都做出了很大贡献。我还要感谢我的好朋友桑迪·科斯塔（Sandy Costa），第一次是她给我们牵的线。

没有人比吉姆·杰拉蒂更值得我去表达深切的感激，他从我一开始写这部书就启发我和劝勉我。我永远不会忘记我们在 2017 年夏天的交谈，当时我正处在一个"辨别期"，试图决定我是否要将今后两年时间用在写《良知与勇气》上。吉姆的鼓励以及他妻子琼·伍德（Joan Wood）的鼓励都是不可或缺的。在本书的整个出版过程中，从协助我安排采访到协助我编辑书稿、确认事实细节、建议推广策略，以及在面临挑战时总能向我伸出援手，吉姆的友谊是无价的。谢谢你，吉姆。你在时间和精力上所表现出的慷慨与特米尔无异。

其他一些人在我的"辨别期"中也很慷慨地拿出了他们的时间来帮我，让我决定接受这项工作。在我考虑是否接受该任务时，大卫·米克尔博士、卡伦·阿恩斯坦、查理·库尼博士、佐尔坦·西玛、彼得·沃斯和克里斯·祖克（Chris Zook）都提供了有用的建议。

在这个方面，我还想向卡尔·施拉姆（Carl Schramm）博士表示谢意，他是第一个审读我最初的作者建议书并发表评论的人。卡尔写过七部书，他是一个有思想、有学问的人。卡尔，谢谢你的支持。在我撰写和出版本书过程中，你的意见和建议是无价的。

我要向我的朋友菲利普·格莱（Philip Goelet）博士和他妻子安尼特·霍格·格莱（Anette Hoegh Goelet）表示感谢。菲利普和安尼特的热情和支持是坚定的，对此我很感激。菲利普是研究分子生物学的——先是在诺贝尔奖获得者悉尼·布伦纳（Sydney Brenner）博士指导下在剑桥大学做研究，之后是在埃里克·坎德尔（Eric Kandel）博士指导下在哥伦比亚大学作一名海伦·黑·惠特尼研究员（Helen Hay Whitney Fellow）。

对菲利普和当时在冷泉港实验室（CSHL）做博士后研究工作的我的朋友丹尼尔·马尔沙克（Daniel Marshak）博士，我感谢他们介绍我认识冷泉港实验室出版社（CSHLP）的出版人和总编辑约翰·英格利斯（John Inglis）博士。菲利普在我最初接触英格利斯博士和向冷泉港实验室总裁兼 CEO 布鲁斯·斯蒂尔曼（Bruce Stillman）博士介绍我的使命中发挥了特别重要的作用。

对亨利·特米尔遗孀比琳达和她能干的助力玛丽·艾伦·穆奇，我表示深深的感激。对花费数小时准备将亨利·特米尔的文章进行存档的琳达·鲁宾斯坦（Linda Rubinsten）和劳丽·乌漫妮塔（Lorie Umanita），我同样表示深深的感激。她们在我获取和查阅大量文件过程中为我提供了巨大帮助——共有约200 个大文件盒，里面是 60 多年间积攒下来的材料，其细致程度无法想象，所有都与亨利·特米尔的生平有关，包括他的照片、学校成绩单、信件、新闻简报、奖项、向监管部门提交的材料、立法文件、讲话稿、董事会任命书以及白皮书。它们都极有资料价值，极为有用。

对比琳达，我要特别感谢你不顾失去亨利之后的悲伤接待我。对阿德里安娜和尼古拉斯，我也要表示同样的感谢。我知道当时是痛苦的，但我也希望，事后来看，结果会让你们高兴，希望事实将会证明这对于减轻你们的伤痛至少会起到一丁点儿作用。

对亨利·特米尔的兄弟姐妹——英内克、马利斯、保罗、波特和罗埃尔，我感谢你们 2018 年 11 月在蒂尔堡郊外保罗家里花了一个下午和晚上跟我在一起。我要特别感谢保罗和他妻子米尔（Mill）接待我们所有人，感谢他们提供的赏心悦目、美味可口的晚饭。同时我也要特别感谢他们所有兄弟姐妹为我提供与亨利在荷兰的成长期相关的照片。你们的追忆是动人的，对于了解亨利的根也是有用的。

如果我不对埃里克·雷曼（Eric Rayman）先生表示感谢是说不过去的。他是米勒·科赞尼克·萨默斯·雷曼（Miller Korzenik Sommers Rayman）公司的一个合伙人，我要感谢他在我们签订各种出版合同和协议时所分享的智慧和提供的法律建议。他的经验和视角是很有价值的，也是我很欣赏的。

我还要感谢我的出版代理商尼立姆和威廉姆斯（Kneerim & Williams）及其共同创始人、合伙人约翰·泰勒·威廉姆斯（John Taylor Willams）和他的同事霍普·丹纳坎普（Hope Denekamp），他们帮助我将《良知与勇气》

推介给出版商。他们是完美的专业人士，是他们所在行业的光荣，跟他们合作很愉快。

我要感谢科学史研究所（SHI）的高级顾问迈克尔·哈默施密特（Michael Hammerschmidt），感谢他帮助我从该研究所档案中检索各种材料。该研究所的帕特里克·谢伊（Patrick Shea）在这个方面对我也有很大帮助。

我还要感谢美银美林高级董事总经理和我的前投资银行顾问弗雷德·麦康吉（Fred McConkey），他慷慨大方地帮助我获得健赞股票在危机期间的价格数据，那段时期不仅对该公司的患者，而且对健赞股票持有人都是一段持续紧张的时期。

对于《职业印迹》（*Career Imprints*）作者、哈佛大学教授和塔克商学院毕业生莫妮卡·希金斯，我感谢她在我早期权衡自己写作本书要采用的方法时给我的建议。莫妮卡的学术生涯很成功，在我不仅要了解她早先对特米尔作为一个"百特男孩"所做的研究，而且要了解怎样利用学术资源和知识资本时，我们一起相处的时间很有用。

关于照片，我要感谢赛诺菲健赞 CEO 比尔·斯堡德（Bill Sibold）和他的同事：副总裁兼传播总监波·皮拉，数字通信经理詹妮弗·佩雷拉（Jennifer Pereira），以及负责罕见病的高级医学科学联络员兰斯·韦伯。在我需要帮助时，他们总是会积极回应，我也非常感谢他们的协助。

对弗兰克·撒西诺夫斯基（Frank Sasinowski）先生和他的助手约瑟芬·托朗特（Josephine Torrente），我感谢他们帮助研究《孤儿药法案》在通过、修订和执行方面所遇到的挑战，及与其相关的立法历史。

对弗雷霍格（Foley Hoag）律师事务所华盛顿办事处合伙人保罗·金（Paul Kim）先生，我感谢你帮助我获取爱德华·肯尼迪参议员的档案和为我整理关于肯尼迪参议员与亨利·特米尔友谊的背景材料。

对罗伯特·迪特尔曼（Robert Teitelman），我感谢他在准备作者建议书早期所提供的帮助，也感谢他跟我一起参加我第一批的五个采访。

对诺曼·巴顿，在研究葡糖脑苷脂酶的临床开发以及戈谢病和其他溶酶体贮积症治疗方法之演变中，我发现有些学术论文有用，我感谢他帮助我审阅这些论文。我还要感谢诺曼授权我使用与葡糖脑苷脂酶的关键临床研究相关的某些照片。

还有一些人帮助我核对相关章节中的材料是否符合事实，在某些情况下也对这些材料进行编辑，因为他们是所描述事件的亲历者。这些人包括吉姆·杰拉蒂、桑德拉·普尔、金杰·摩尔、彼得·沃斯、克里斯·菲巴赫、曹文凯、阿比·迈耶斯和乌兹马·沙阿。

我还要感谢布莱恩·博尔曼的母亲罗宾·伊利，她为本书"引子：一号患者"以及"第四章：不可能完成的任务"提供了资料，也帮助确认了相关资料。在早期，伊利博士就是一个"斗士母亲"的代名词，她为了自己孩子的健康和福祉不懈奋斗，继而又去支持其他有罕见病患儿的家庭。

我感谢大卫·派奥特在让我了解飞利浦公司的故事方面所做的努力——他送给我一本弗里茨·飞利浦（Fritz Philip）的书，我当时在评估二战对年轻的亨利·特米尔成长期的影响。

另外，埃利奥特·希尔贝克还特意让我使用他录制的 2011 年 3 月 21 日在亚岗昆俱乐部举行的晚宴的一个录像带，在这个晚宴上，健赞高管团队以及前高管相互进行了道别。这个录像带对于了解当时苦乐参半的场景和大家郁闷的情绪非常有用。

NIH 罕见病研究办公室前主任、药学博士斯蒂文·格罗夫特（Stephen Groft），在帮助我撰写本书"跋"时极为慷慨。斯蒂文四十多年为罕见病研究不知疲倦地游说，他的努力极大地改善了全世界罕见病患者的生活。谢谢你，斯蒂文。

还有一大批人，人数太多，我无法一一感谢，他们是花时间接受我进行录音采访的 130 多位采访对象。在很多情况下，这些人都欢迎我去他们家里。有的人还不辞辛苦，在某些情况下也不顾恶劣天气来到我在波士顿的办公室。他们关于亨利·特米尔的故事以及他们对亨利·特米尔的追忆都是非常精彩的。采访的时长从半小时到三小时不等。对于那些接受我采访时间比较长的人，我尤其想感谢亨利·布莱尔、鲍勃·卡朋特、杜克·科利尔、杰弗里·考克斯、杰克·赫弗南、埃利奥特·希尔贝克、戴夫·麦克拉克伦（Dave McLachlan）、大卫·米克、阿比·迈耶斯、玛丽·内森（Mary Nethan）、格雷格·菲尔普斯、桑德拉·普尔、加布·施默格尔、桑迪·史密斯、玛丽斯·圣菲尔德·范德林德、彼得·沃斯，当然还有吉姆·杰拉蒂。所有接受采访者提供的背景资料都极为有用，为书稿增添了细节和色彩。他们当中近一半人为亨利·特米尔工作过，其中几个人还在他的董事会任职或是反过来——特米尔在他们的董事会任职。他们当中很多人是医生、患者或患者利益代言人。他们的名字列在本书中的其他地方。我向他们所有人表示特别的感谢，也欠他们一份人情。

鉴于本书的主题内容，我的很多采访都是在马萨诸塞州的波士顿或坎布里奇进行的。在过去两年里，有很多个夜晚，惠特·瓦格纳（Whit Wagner）和海伦（Helen）·瓦格纳都在他们气派的灯塔山顶层公寓里为我提供晚饭和睡觉的地方。他们是慷慨的朋友，我感谢他们对我的支持，感谢他们用微笑、愉快的心情、一杯年份合适的波特酒和一张欢迎垫接待我经常来访。

我还要感谢冷泉港实验室出版社的工作人员，在我们出版《良知与勇气》的过程中，他们都付出很多。他们当中，执行总监和出版人约翰·英格利斯博士在这个过程中是一个超好的合作伙伴。谢谢你，约翰。他精明能干的助手们包括：出版人行政助理马拉·马祖罗（Mala Mazzullo）；编辑服务总监让·阿根廷（Jan Argentine）；书籍出版经理和设计师丹尼斯·韦斯（Denise Weiss）；产品开发与营销总监韦恩·曼诺斯（Wayne Manos）；出版编辑凯瑟琳·巴比奥（Kathleen Bubbeo）；出版服务总监琳达·萨斯曼（Linda Sussman）；财务总监斯蒂夫·努斯鲍姆（Steve Nussbaum）；以及市场推广经理罗伯特·雷德蒙德（Robert Redmond）。还有，我要感谢冷泉港图书档案馆的汤姆·亚当斯（Tom Adams）将图片进行数字化处理。

我要特别感谢冷泉港实验室出版社项目经理伊内兹·思雅里亚诺（Inez Sialiano）和许可协调员卡罗尔·布朗（Carol Brown）。他们教给我对引用的材料和照片怎样获得许可和同意。在接近交稿期限时，我们几乎每天都交谈，我欣赏他们的勤恳，也重视他们的经验。

最后，我感谢我的爱妻安妮（Anne），感谢我的三个孩子萨拉（Sara）、彼得（Peter）及佩顿（Peyton），感谢他们自己的爱人，感谢他们支持我度过了一段有意义的、有时也比较难捱的时期。这种工作需要非同寻常的专注力，我感谢家人的理解和支持，因为我经常不在家——即便当我在家时也需要他们的理解和支持。在整个旅程中，他们自始至终都给予了我耐心和鼓励，也分享了他们的想法，对此我很感激。如果没有他们，那么《良知与勇气——一部眼光卓著的 CEO 亨利·特米尔的生物科技巨头炼成记，一场罕见病行业的开创史》这部书可能永远都不会写出来。

约翰·霍金斯
美国弗吉尼亚州夏洛茨维尔
2019 年 4 月 8 日

资料来源

  2017 年 10 月 20 日至 2019 年 2 月 5 日所做采访，连同原始研究、参考资料和额外阅读材料一起，用于从个人角度为每一章提供背景材料和历史事实。直接引语与页码相应，之后为一个采访对象的主列表。

引言 一号患者

采访和背景信息

巴顿，诺曼（Barton，Norman）

博伊斯，妮可（Boice，Nicole）

德雷克，彼得（Drake，Peter）

哈夫纳，玛琳（Haffner，Marlene）

鲁宾斯坦，琳达（Rubinstein，Linda）

罗迪什，哈维（Lodish，Harvey）

迈耶斯，阿比（Meyers，Abbey）

摩尔，艾琳（金杰）［More，Eileen（Ginger）］

莫斯西基，理查德（Moscicki，Richard），见 xv 页

帕帕佐普洛斯，斯泰里奥斯（Papadopoulos，Stelios）

舍布朗慕，吉姆（Sherblom，Jim）

汤顿 - 里格比，艾莉森（Taunton-Rigby，Alison）

伊利，罗宾（Ely，Robin A.），见 xii-xiv 页

泽古尼，埃利亚斯（Zerhouni，Elias）

亨利·A. 特米尔引语和来源

Clarke, Toni. Special report: inside the battle for Genzyme's future. Reuters, news story, May 5, 2010. https://www. reuters.com/article/us-usa-biotech-genzvme-idUSTRE6445JA20100505

Crawford J. 2010. The business of saving lives. Babson Magazine, Spring 2010.

Panel remarks, Biotech Showcase, January2017. Reported by Richetti E. 2017. The advocates of rare disease advocates: remembering Henri Termeer. Partnering Insight, July 15, 2017. https://knect365.com/partnering-insight/ article/c333f395-beca-406d-8e2d-e3f48a9670a9/the-advocate-of-rare-disease-advocates-remembering-henri- termeer

Usdin S. 2017. Henri: N of 1, how the late Genzyme CEO Henri Termeer created the orphan drug industry. Bio Century, May, 19, 2017. https://www.biocentury .com/biocentury/strategv/2017-05-19/how-late-enzvme-ceo-henri- termeer-created-orphan-drug-industry

参考资料 / 额外阅读材料

Trams EG, Brady RO. 1960. Cerebroside synthesis in Gaucher's disease. J Clin Invest, 39: 1546-1550.

Brady RO, Kanfer J, Shapiro D. 1965. The metabolism of glucocerebrosides. I. Purification and properties of a glucocerebroside-cleaving enzyme from spleen tissue. J Biol Chem, 240: 39-43.

Brady RO, Kanfer J, Shapiro D. 1965. Metabolism of glucocerebrosides. II. Evidence of an enzymatic deficiency in Gaucher's disease. Biochem Biophys Res Commun, 18: 221-225.

Brady RO, Kanfer JN, Bradley RM, Shapiro D. 1966. Demonstration of a deficiency of glucocerebroside-cleaving enzyme in Gaucher's disease. J Clin Invest, 45: 1112-1115.

Brady RO. 1966. The sphingolipidoses. N Engl J Med, 275: 312-318.

Brady RO, Kanfer JN, Mock MB, Fredrickson DS. 1966. The metabolism of sphingomyelin. II. Evidence of an enzymatic deficiency in Niemann-Pick disease. Proc Natl Acad Sci, 55: 366-369.

Brady RO, Gal AE, Bradley RM, Martensson E, Warshaw AL, Laster L. 1967. Enzymatic defect in Fabry's disease. Ceramidetrihexosidase deficiency. N Engl J Med, 276: 1163-1167.

Kampine JP, Brady RO, Kanfer JN, Feld M, Shapiro D. 1967. Diagnosis of Gaucher's disease and Niemann-Pick disease with small samples of venous blood. Science, 155: 86-88.

Brady RO. 1969. Tay-Sachs disease. N Engl J Med, 281: 1243-1244.

Kolodny EH, Brady RO, Volk BW. 1969. Demonstration of an alternation of ganglioside metabolism in Tay-Sachs disease. Biochem Biophys Res Commun, 37: 526-531.

Sloan HR, Uhlendorf BW, Kanfer JN, Brady RO, Fredrickson DS. 1969. Deficiency of sphingomyelin-cleaving enzyme activity in tissue cultures derived from patients with Niemann-Pick disease. Biochem Biophys Res Commun, 34: 582-588.

Brady RO, Johnson WG, Uhlendorf BW. 1971. Identification of heterozygous carriers of lipid storage diseases. Currrent status and clinical applications. Am J Med, 51: 423-431.

Brady RO, Uhlendorf BW, Johnson WG. 1971. Fabry's disease: antenatal detection. Science, 172: 174-175.

Epstein CJ, Brady RO, Schneider EL, Bradley RM, Shapiro D. 1971. In utero diagnosis of Niemann-Pick disease. Am J Hum Genet, 23: 533-555.

Ho MW, SeckJ, Schmidt D, Veath ML, Johnson W, Brady RO, O'Brien JS. 1972. Adult Gaucher's disease: kindred studies and demonstration of deficiency of acid p-glucosidase in cultured fibroblasts. Am J Hum Genet, 24: 37-45.

Johnson WG, Brady RO. 1972. Ceramide trihexosidase from human placenta. Methods Enzymol, 28: 849-856.

Schneider RO, Ellis WG, Brady RO, McCulloch JR, Epstein CJ. 1972. Infantile (type II) Gaucher's disease: in utero diagnosis and fetal pathology. J Pediatrics, 81:1134-1139.

Tallman JF, Johnson WG, Brady RO. 1972. The metabolism of Tay-Sachs ganglioside: catabolic studies with lysosomal enzymes from normal and Tay-Sachs brain tissue. J Clin Invest, 51: 2339- 2345.

Johnson WG, Desnick RJ, Long DM, Sharp HL, Krivit W, Brady B, Brady RO. 1973. Intravenous injection of purified hexosaminidase A into a patient with Tay-Sachs disease. Birth Defects Orig Artic Ser, 9: 120-124.

Brady RO, Tallman JF, Johnson WG, Gal AE, Leahy WR, Quirk JM, Dekaban AS. 1973. Replacement therapy for inherited enzyme deficiency. Use of purified ceramide trihexosidase in Fabry's disease. N Engl J Med, 289: 9-14.

Pentchev PG, Brady RO, Hibbert SR, Gal AE, Shapiro D. 1973. Isolation and characterization of glucocerebrosidase from human placental tissue. J Biol Chem, 248: 5256-5261.

Brady RO, Pentchev PG, Gal AE, Hibbert SR, Dekaban AS. 1974. Replacement therapy for inherited enzyme deficiency. Use of purified glucocerebrosidase in Gaucher's disease. N Engl J Med, 291: 989-993.

Pentchev PG, Brady RO, Gal AE, Hibbert SR. 1975. Replacement therapy for inherited enzyme deficiency. Sustained clearance of accumulated glucocerebroside in Gaucher's disease following infusion of purified glucocerebrosidase. J Mol Med, 1: 73-78.

Beutler E, Dale GL, Guinto DE, Kuhl W. 1977. Enzyme replacement therapy in Gaucher's disease: preliminary clinical trial of a new enzyme preparation. Proc Natl Acad Sci, 74: 4620-4623.

Furbish FS, Blair HE, Shiloach J, Pentchev PG, Brady RO. 1977. Enzyme replacement therapy in Gaucher's disease: large-scale purification of glucocerebrosidase suitable for human administration. Proc Natl Acad Sci, 74: 3560-3563.

Brady RO, Furbish FS. 1982. Enzyme replacement therapy: specific targeting of exogenous enzymes to storage cells. In Membranes and transport, Vol. 2 (ed. Martonosi AN), pp. 587-592. Plenum, New York.

Barton NW, Furbish FS, Murray GJ, Garfield M, Brady RO. 1990. Therapeutic response to intravenous infusions of glucocerebrosidase in a patient with Gaucher disease. Proc Natl Acad Sci, 87: 1913-1916.

Barton NW, Brady RO, Dambrosia JM, Di Bisceglie AM, Doppelt SH, Hill SC, Mankin HJ, Murray GJ, Parker RI, Argoff CE,et al. 1991. Replacement therapy for inherited enzyme deficiency: macrophage-targeted glucocerebrosidase for Gaucher's disease. N Engl J Med, 324: 1464-1470.

Murray GJ, Howard KD, Richards SM, Barton NW, Brady RO. 1991. Gaucher's disease: lack of antibody response in 12 patients following repeated intravenous infusions of mannose terminal glucocerebrosidase. J Immunol Methods, 137: 113-120.

Grabowski GA, Barton NW, Pastores G, Dambrosia JM, Banerjee TK, McKee MA, Parker C, Schiffmann R, Hill SC, Brady RO. 1995. Enzyme therapy in type 1 Gaucher disease: comparative efficacy of mannose-terminated glucocerebrosidase from natural and recombinant sources. Ann Internal Med, 122: 33-39.

一般性背景资料来源

Conversations with Henri Termeer, oral history conducted by Ted Everson, Jennifer Dionisio, Pei Koay, and Arnold Thackray, May 23, December 7, 2006; August 2, 2007; December 18, 2008; and September 30, 2011; edited by Gavin Rynne and Mark Jones. © 2012 The Life Sciences Foundation, San Francisco.

Mikami K. 2017. Orphans in the market: The history of Orphan Drug policy. In Social history of medicine, Vol. 1, pp. 1-22, hkx098. Oxford University Press, Oxford, https://doi.org/10.1093/ shm/hkx09

第一章　具有内在潜质的领导人

采访和背景信息

利特柴尔德，约翰（Littlechild，John）

塔米尼奥（特米尔），英内克［Taminiau（née Termeer），Ineke］，见 7 页

特米尔，保罗（Termeer，Paul），见 6 页

特米尔，比琳达（Termeer，Belinda）

特米尔，波特（Termeer，Bert），见 5 页

特米尔，罗埃尔（Termeer，Roel），见 9 页

特米尔，尼古拉斯（Termeer，Nicholas）

韦尔杜恩（特米尔），马利斯［Verduijn（née Termeer），　伊利，罗宾（Ely，Robin）
　　Marlies］，见 4 页

亨利·A. 特米尔引语和来源

Belinda Termeer interview.

McPherson C. 1997. "Henri Termeer: an oral history." High school student paper, November 17, 1997 (family collection).

Conversations with Henri Termeer, oral history conducted by Ted Everson, Jennifer Dionisio, Pei Koay, and Arnold Thackray, May 23, December 7, 2006; August 2, 2007; December 18, 2008; and September 30, 2011; edited by Gavin Rynne and Mark Jones. © 2012 The Life Sciences Foundation, San Francisco.

一般性背景资料来源

Philips F. 1976. 45 years with Philips: an industrialist's life. Blandford, Poole, United Kingdom.

第二章　翅膀

采访和背景信息

巴雷尔，艾伦（Barrell，Alan），见 18 页　　　　库尼，查理（Cooney，Charles）
德雷克，彼得（Drake，Peter）　　　　　　　　利特柴尔德，约翰（Littlechild，John）
范黑克，扬（van Heek，Jan）　　　　　　　　摩尔，艾琳（金杰）［More，Eileen（Ginger）］
菲尔普斯，格雷格（Phelps，Greg）　　　　　　穆夫莱，杰勒德（Moufflet，Gerard）
甘茨，比尔（Gantz，Bill），见 20 页　　　　　帕帕佐普洛斯，斯泰里奥斯（Papadopoulos，Stelios）
杰拉蒂，吉姆（Geraghty，James）　　　　　　施默格尔，加布（Schmergel，Gabriel），见 17 页
卡朋特，鲍勃（Carpenter,Bob），见 20，22 页　史密斯，C. 雷（Smith，C. Ray）
卡萨门托，丘克（Casamento，Chuck）　　　　希尔贝克，埃利奥特（Hillback，Elliott）
卡斯塔尔迪，戴大（Castaldi，Dave），见 21 页　休厄特，比尔（Huyett，Bill）
克里斯滕森，古斯塔夫（Christensen，Gustav）　伊利，罗宾（Ely，Robin）

参考资料/额外阅读材料

The University of Chicago News Office Press Release. 1997. William B. and Catherine V. Graham give $10 million to the University of Chicago Center for Continuing Studies renamed in their honor. University of Chicago, Illinois, March 18.

Higgins MC. 2005. Career imprints: creating leaders across an industry. Jossey-Bass, San Francisco.

第三章　大融合

采访和背景信息

奥尔德里奇，理查德（Aldrich，Richard）　　　　波普斯，理查德（Pops，Richard）

参考资料 / 额外阅读材料

Golden F. 1981. Shaping life in the lab: the boom in genetic engineering. Time, March 9.

Waxman HA. 1986. The history and development of the Orphan Drug Act. In Orphan diseases and orphan drugs (eds. Scheinberg IH, Walshe JM), pp. 135-149. Manchester University Press, Manchester, NH.

Watson N. 2003. This Dutchman is flying maverick. Biotech firm Genzyme is winning big profits from a contrarian strategy: think small. Fortune, June 23.

Green H. 2008. Interview conducted by Matthew Shindell, October 8. The San Diego Technology archive (SDTA), UC San Diego Library, La Jolla, CA, with permission.

Steele J. 2008. 30th Hybritech reunion marks biotech's genesis. San Diego Union Tribune, September 14.

一般性背景资料来源

Papadopoulos S. 2003. Going public with a valuation higher than $300 million may now be necessary to attract interest from institutional investors. Nature.doi:10.1038/89401. https:// www .nature.com/bioent/2003/030101/full/ nbt0601supp_ BE18.html

Padgett JF, Powell WW. 2012. The emergence of organizations and markets, pp. 379-433. Princeton University Press, Princeton, NJ.

Meyers AS. 2016. Orphan drugs: a global crusade.www.abbeysmeyers.com

第四章　不可能完成的任务

采访和背景信息

范黑克，扬（van Heek, Jan）

菲尔普斯，格雷格（Phelps, Greg）

弗莱明，戴夫（Fleming, Dave）

佛彼时，斯科特（Furbish, Scott），见 43 页

哈夫纳，玛琳（Haffner, Marlene）

哈克菲尔德，苏珊（Hockfield, Susan）

赫弗南，杰克（Heffernan, Jack）

杰拉蒂，吉姆（Geraghty, James）

卡朋特，鲍勃［Carpenter, Robert（Bob）］

卡萨门托，丘克（Casamento, Chuck）

考克斯，杰弗里（Cox, Geoffrey），见 46 页

库尼，查理（Cooney, Charles）

劳顿，艾莉森（Lawton, Alison）

鲁宾斯坦，琳达（Rubinstein, Linda）

罗迪什，哈维（Lodish, Harvey）

马拉加诺尔，约翰（Maraganore, John）

迈耶斯，阿比（Meyers, Abbey）

米克尔，大卫（Meeker, David）

米斯特里，普拉莫德（Mistry, Pramod）

摩尔，艾琳（金杰）［More, Eileen（Ginger）］，见 37-38 页

莫斯西基，理查德（Moscicki, Richard）

内森，玛丽（Nathan, Mary）

帕帕佐普洛斯，斯泰里奥斯（Papadopoulos, Stelios）

舍布朗慕，吉姆（Sherblom, Jim），见 38-39，45-47 页

施默格尔，加布（Schmergel, Gabriel）

塔约特，琼 - 路易斯（Tayot, Jean-Louis）

汤顿 - 里格比，艾莉森（Taunton-Rigby, Alison），见 45-46 页

韦伯，兰斯（Webb, Lance）

沃尔茨，艾伦（Walts, Alan）

沃斯，彼得（Wirth, Peter），见 40 页

希尔贝克，埃利奥特（Hillback, Elliott）

夏普，菲尔（Sharp, Phil）

伊利，罗宾（Ely, Robin），见 47 页

参考资料/额外阅读材料

Bartlett CA. 2002. Genzyme's Gaucher initiative: global risk and responsibility. Harvard Business School, Boston, 5-303-066, December 13.

Bartlett CA, McLean AN. 2002. Genzyme's Gaucher initiative: global risk and responsibility. Harvard Business School, N9-303-048, September 10.

第五章　打开希望之门

采访和背景信息

阿利斯基，威廉（Aliski, William）

巴顿，诺曼（Barton, Norman），见 51 页

拜尔斯，朗达（Buyers, Rhonda），见 55 页

博伊斯，妮可（Boice, Nicole）

戴利，乔治（Daley, George）

德雷克，彼得（Drake, Peter）

蒂尔，塞缪尔（Thier, Samuel）

蒂尔尼，托米（Tierney, Tomye），见 54 页

范黑克，扬（van Heek, Jan）

菲尔德鲍姆，卡尔（Feldbaum, Carl），见 53-54 页

哈伯，丹尼尔（Haber, Daniel）

哈夫纳，玛琳（Haffner, Marlene）

豪，约翰（Howe, John）

赫弗南，杰克（Heffernan, Jack），见 49-50 页

杰拉蒂，吉姆（Geraghty, James）

金，约翰（King, John）

凯耶，艾德（Kaye, Ed）

考克斯，杰弗里（Cox, Geoffrey）

柯立芝，凯瑟琳（Coolidge, Kathleen）

克劳利，约翰（Crowley, John）

库尼，查理（Cooney, Charles）

莱昂纳德，丹（Leonard, Dan）

劳顿，艾莉森（Lawton, Alison）

鲁宾斯坦，琳达（Rubinstein, Linda）

罗迪什，哈维（Lodish, Harvey）

马拉加诺尔，约翰（Maraganore, John）

迈耶斯，阿比（Meyers，Abbey），见 51 页

梅里菲尔德，安（Merrifeld，Ann）

米克尔，大卫（Meeker，David），见 52 页

米斯特里，普拉莫德（Mistry，Pramod）

莫斯西基，理查德（Moscicki，Richard），见 57 页

内森，玛丽（Nathan，Mary）

帕帕佐普洛斯，斯泰里奥斯（Papadopoulos，Stelios）

皮拉，波（Piela，Bo）

瑞英，杰米（Ring，Jamie）

塞科尔，阿丽莎（Secor，Alicia）

沙阿，乌兹马（Shah，Uzma）

舍布朗慕，吉姆（Sherblom，Jim）

圣菲尔德·范德林德，玛丽斯（Schoneveld van der Linde，Maryze）

史密斯，艾伦（Smith，Alan）

斯卡列茨基，马克（Skaletsky，Mark）

汤顿 - 里格比，艾莉森（Taunton-Rigby，Alison），见 50 页

特里，沙伦（Terry，Sharon）

韦伯，兰斯（Webb，Lance）

沃尔茨，艾伦（Walts，Alan）

希尔贝克，埃利奥特（Hillback，Elliott）

伊利，罗宾（Ely，Robin）

约翰逊，杰克（Johnson，Jack）

泽古尼，埃利亚斯（Zerhouni，Elias）

参考资料 / 额外阅读材料

Reilly PR. 2015. Orphan: the quest to save children with rare genetic disorders. Cold Spring Harbor Laboratory Press, Cold Spring Harbor, NY.

一般性背景资料来源

Pollack A. 2000. Two paths to the same protein. The New York Times, March 28.

Deegan PB, Cox TM. 2012. Imiglucerase in the treatment of Gaucher disease: a history and perspective. Drug Des Devel Ther, 6: 81-106.

第六章　职责、荣誉和患者

采访和背景信息

阿利斯基，威廉（Aliski，William）

拜尔斯，朗达（Buyers，Rhonda），见 61 页

波普斯，理查德（Pops，Richard），见 66 页

博伊斯，妮可（Boice，Nicole）

曹文凯（Dzau，Victor）

戴利，乔治（Daley，George）

德雷克，彼得（Drake，Peter），见 59 页

蒂尔，塞缪尔（Thier，Samuel）

蒂尔尼，托米（Tierney，Tomye）

范黑克，扬（van Heek，Jan）

菲尔德鲍姆，卡尔（Feldbaum，Carl）

哈伯，丹尼尔（Haber，Daniel）

哈夫纳，玛琳（Haffner，Marlene），见 66 页

豪，约翰（Howe，John）

赫弗南，杰克（Heffernan，Jack）

杰拉蒂，吉姆（Geraghty，James）

金，约翰（King，John），见 66 页

凯耶，艾德（Kaye，Ed）

考克斯，杰弗里（Cox，Geoffrey）

柯立芝，凯瑟琳（Coolidge，Kathleen），见 62 页

克劳利，约翰（Crowley，John）

库格林，鲍勃（Coughlin，Bob）

莱昂纳德，丹（Leonard，Dan）

劳顿，艾莉森（Lawton，Alison）

鲁宾斯坦，琳达（Rubinstein，Linda）

马德里斯，盖尔（Maderis，Gail）

迈耶斯，阿比（Meyers，Abbey），见 67 页

梅里菲尔德，安（Merrifeld，Ann）

米克尔，大卫（Meeker，David）

米斯特里，普拉莫德（Mistry，Pramod）

莫斯西基，理查德（Moscicki，Richard）

内森，玛丽（Nathan，Mary）

皮拉，波（Piela，Bo）

普尔，桑德拉（Poole，Sandra），见 63-64 页

瑞英，杰米（Ring，Jamie），见 63 页

塞科尔，阿丽莎（Secor，Alicia）

沙阿，乌兹马（Shah，Uzma）

舍布朗慕，吉姆（Sherblom，Jim）

圣菲尔德·范德林德，玛丽斯（Schoneveld van der
　　Linde，Maryze），见 64-65 页

史密斯，艾伦（Smith，Alan）

史密斯，桑迪（Smith，Sandy）

斯卡列茨基，马克（Skaletsky，Mark）

索顿斯托尔，彼得（Saltonstall，Peter）

汤顿 - 里格比，艾莉森（Taunton-Rigby，Alison）

特里，沙伦（Terry，Sharon）

韦伯，兰斯（Webb，Lance），见 60-61 页

希尔贝克，埃利奥特（Hillback，Elliott）

约翰逊，杰克（Johnson，Jack）

泽古尼，埃利亚斯（Zerhouni，Elias）

一般性背景资料来源

Lincoln E. 2017. Patient-centricity: answering industry's key questions.LifeScienceLeader.com, pp. 42-43, July 2017.

第七章　进入虎穴

采访和背景信息

阿利斯基，比尔（Aliski，Bill），见 74-75 页

拜尔斯，朗达（Buyers，Rhonda）

波普斯，理查德（Pops，Richard）

曹文凯（Dzau，Victor）

德雷克，彼得（Drake，Peter）

邓西尔，德博拉（Dunsire，Deborah）

范黑克，扬（van Heek，Jan）

菲尔德鲍姆，卡尔（Feldbaum，Carl）

菲尔普斯，格雷格（Phelps，Greg）

弗勒利希，萨拉（Froehlich，Sara）

格林伍德，吉姆（Greenwood，Jim），见 82 页

哈夫纳，玛琳（Haffner，Marlene）

霍尔库姆，凯（Holcombe，Kay）

杰拉蒂，吉姆（Geraghty，James）

卡朋特，鲍勃［Carpenter，Robert（Bob）］

科利尔，杜克（Collier，Duke），见 71 页

克劳利，约翰（Crowley，John）

库格林，鲍勃（Coughlin，Bob）

劳顿，艾莉森（Lawton，Alison）

马德里斯，盖尔（Maderis，Gail）

迈克尔·罗森布拉特（Rosenblatt，Michael）

迈耶斯，阿比（Meyers，Abbey），见 73，79 页

迈耶斯，迈克尔（Myers，Michael），见 80-81 页

麦格雷恩，玛丽（McGrane，Mary）

麦克，康妮（Mack，Connie）

麦克拉克伦，戴夫（McLachlan，David）

米斯特里，普拉莫德（Mistry，Pramod）

莫斯西基，理查德（Moscicki，Richard）

内森，玛丽（Nathan，Mary）

帕帕佐普洛斯，斯泰里奥斯（Papadopoulos，Stelios）

撒西诺夫斯基，弗兰克（Sasinowski，Frank）

施默格尔，加布（Schmergel，Gabriel）

史密斯，艾伦（Smith，Alan）

史密斯，桑迪（Smith，Sandy）

韦伯，兰斯（Webb，Lance）

沃斯，彼得（Wirth，Peter）

希尔贝克，埃利奥特（Hillback，Elliott）

参考资料 / 额外阅读材料

Beutler E. 1991. Gaucher's disease. N Engl J Med, 325: 1354-1360.

Cushman JH Jr. 1992. Incentives for research on drugs are debated. The New York Times, January 22. https://nyti.
ms/29aTv4a

Figueroa ML, Rosenbloom BE, Kay AC, Garver P, Thurston DW, Koziol JA, Gelbart T, Beutler E. 1992. A less costly regimen of alglucerase to treat Gaucher's disease. N Engl J Med, 327: 1632- 1636.

Garber AM. 1992. No price too high. N Engl J Med, 327: 1676-1678.

Garber AM, Clark AE, Goldman DP, Gluck ME. 1992. Federal and private roles in the development and provision of alglucerase therapy for Gaucher disease. U.S. Congress Office of Technology Assessment, Report No. OTA-BP-H-104, Washington, DC.

Moscicki RA, Taunton-Rigby A. 1993. Treatment of Gaucher's disease. N Engl J Med, 328: 1564; author reply, 1567-1568.

Kroll J. 2008. Howard's end: Metzenbaum was true to form through his last days in the Senate. Plain Dealer Extra, March 12 (originally published in The Plain Dealer December 4, 1994). jkkroll@plaind.com.

一般性背景资料来源

Metzenbaum HM. 1992. Anticompetitive abuse of the Orphan Drug Act: Invitation to high prices. Hearing before the subcommittee on antitrust, monopolies and business rights of the Committee on the Judiciary U.S. Senate, January 21, 1992, Serial No. J-102-48, Washington, DC.

Termeer H. 1993. The cost of miracles. The Wall Street Journal, op-ed, November 16.

Rosenblatt M, Termeer H. 2017. Reframing the conversation on drug pricing. N Engl J Med (Catalyst).https://catalvst.neim.oig/reframing-conversation-drug-pricing/

Augustine NR, Madhaven G, Nass SJ. 2018. Making medicines affordable: a national imperative, 1st ed. National Academies Press, Washington, DC.

第八章　从巴西到中国

采访和背景信息

戴利，乔治（Daley, George）

邓西尔，德博拉（Dunsire, Deborah）

蒂尔尼，托米（Tierney, Tomye），见 84-85 页

范黑克，扬（van Heek, Jan）

菲尔德鲍姆，卡尔（Feldbaum, Carl）

弗莱明，戴夫（Fleming, Dave）

哈夫纳，玛琳（Haffner, Marlene）

豪，约翰（Howe, John），见 90-91 页

赫弗南，杰克（Heffernan, Jack）

杰拉蒂，吉姆（Geraghty, James），见 94 页

凯耶，艾德（Kaye, Ed）

考克斯，杰弗里（Cox, Geoffrey）

克劳利，约翰（Crowley, John）

劳顿，艾莉森（Lawton, Alison）

鲁宾斯坦，琳达（Rubinstein, Linda）

马德里斯，盖尔（Maderis, Gail）

麦克，康妮（Mack, Connie）

麦克拉克伦，戴夫（McLachlan, David）

麦克唐纳，杰夫（McDonough, Geoff）

梅杰，迪克（Meijer, Dick），见 93 页

梅里菲尔德，安（Merrifield, Ann）

米克尔，大卫（Meeker, David）

米斯特里，普拉莫德（Mistry, Pramod），见 90-91 页

莫斯西基，理查德（Moscicki, Richard）

皮拉，波（Piela, Bo）

普尔，桑德拉（Poole, Sandra）

瑞英，杰米（Ring, Jamie）

塞科尔，阿丽莎（Secor, Alicia）

沙阿，乌兹马（Shah, Uzma），见 83-86 页

圣菲尔德·范德林德，玛丽斯（Schoneveld van der

Linde，Maryze）

史密斯，艾伦（Smith，Alan）

史密斯，桑迪（Smith，Sandy），见 86、88 页

汤顿 - 里格比，艾莉森（Taunton-Rigby，Alison）

韦伯，兰斯（Webb，Lance）

维瓦尔第，罗杰里奥（Vivaldi，Rogerio），见 86-89 页

西玛，佐尔坦（Csimma，Zoltan）

希尔贝克，埃利奥特（Hillback，Elliott）

薛群（Xue，James），见 91-92 页

因切尔蒂，卡洛（Incerti，Carlo）

泽古尼，埃利亚斯（Zerhouni，Elias）

一般性背景资料来源

Bartlett CA, McLean AN. 2002. Genzyme's Gaucher initiative: global risk and responsibility. Harvard Business School, Boston.

Project HOPE Report. 2005. South Asia: Genzyme and Project HOPE partner to rebuild critical health care programs in tsunami-affected areas. Project HOPE Report, published July 13. https:// reliefweb.int

第九章　公司高管眼中的特米尔

采访和背景信息

阿恩斯坦，卡伦（Arnstein，Caren）

阿尔伯斯，杰夫（Albers，Jeff）

巴特勒，约翰（Butler，John）

曹文凯（Dzau，Victor），见 111 页

蒂尔尼，托米（Tierney，Tomye）

恩涅迪，马克（Enyedy，Mark）

范黑克，扬（van Heek，Jan），见 96 页

菲尔德鲍姆，卡尔（Feldbaum，Carl）

菲尔普斯，格雷格（Phelps，Greg），见 95 页

赫弗南，杰克（Heffernan，Jack），见 99 页

杰拉蒂，吉姆（Geraghty，James）

卡朋特，鲍勃［Carpenter，Robert（Bob）］

凯耶，艾德（Kaye，Ed），见 99-100 页

考克斯，杰弗里（Cox，Geoffrey）

科利尔，杜克（Collier，Duke）

劳顿，艾莉森（Lawton，Alison），见 97-98 页

马德里斯，盖尔（Maderis，Gail）

迈耶斯，阿比（Meyers，Abbey）

麦克拉克伦，戴夫（McLachlan，David）

麦克唐纳，杰夫（McDonough，Geoff）

梅里菲尔德，安（Merrifield，Ann）

莫斯西基，理查德（Moscicki，Richard）

皮拉，波（Piela，Bo），见 102 页

普尔，桑德拉（Poole，Sandra）

瑞英，杰米（Ring，Jamie）

塞科尔，阿丽莎（Secor，Alicia），见 97 页

史密斯，桑迪（Smith，Sandy），见 95-96 页

索泰拉普洛斯，保拉（Soteropoulos，Paula）

韦伯，兰斯（Webb，Lance）

维瓦尔第，罗杰里奥（Vivaldi，Rogerio）

沃尔茨，艾伦（Walts，Alan）

沃斯，彼得（Wirth，Peter），见 98 页

伍德，琼（Wood，Joan），见 98 页

西玛，佐尔坦（Csimma，Zoltan）

希尔贝克，埃利奥特（Hillback，Elliott）

休厄特，比尔（Huyett，Bill）

薛群（Xue，James）

因切尔蒂，卡洛（Incerti，Carlo）

一般性背景资料来源

Termeer HA. 2014. A biotechnology entrepreneur's story: advice to future entrepreneurs. In Biotechnology entrepreneurship, pp. 15-20. Elsevier, New York.

第十章 危机

采访和背景信息

阿恩斯坦，卡伦（Arnstein, Caren），见 107 页

班福思，马克（Bamforth, Mark）

波普斯，理查德（Pops, Richard）

曹文凯（Dzau, Victor）

冲田，布莱尔（Okita, Blair）

德雷克，彼得（Drake, Peter）

邓西尔，德博拉（Dunsire, Deborah）

菲巴赫，克里斯（Viehbacher, Chris）

菲尔德鲍姆，卡尔（Feldbaum, Carl）

费勒，卡洛斯（Ferrer, Carlos）

赫弗南，杰克（Heffernan, Jack）

杰拉蒂，吉姆（Geraghty, James）

卡朋特，鲍勃［Carpenter, Robert（Bob）］

凯耶，艾德（Kaye, Ed），见 108 页

库格林，鲍勃（Coughlin, Bob）

马德里斯，盖尔（Maderis, Gail）

马拉加诺尔，约翰（Maraganore, John）

麦克，康妮（Mack, Connie）

麦克唐纳，杰夫（McDonough, Geoff），见 108 页

梅里菲尔德，安（Merrifield, Ann）

米克尔，大卫（Meeker, David）

莫斯西基，理查德（Moscicki, Richard）

帕帕佐普洛斯，斯泰里奥斯（Papadopoulos, Stelios），见 104 页

皮拉，波（Piela, Bo）

普尔，桑德拉（Poole, Sandra），见 106-107, 109 页

塞科尔，阿丽莎（Secor, Alicia）

史密斯，桑迪（Smith, Sandy）

斯卡列茨基，马克（Skaletsky, Mark）

韦伯，兰斯（Webb, Lance）

沃尔茨，艾伦（Walts, Alan）

沃斯，彼得（Wirth, Peter）

伍德，琼（Wood, Joan）

西玛，佐尔坦（Csimma, Zoltan）

希尔贝克，埃利奥特（Hillback, Elliott）

夏普，菲尔（Sharp, Phil）

休厄特，比尔（Huyett, Bill）

约翰逊，杰克（Johnson, Jack），见 109 页

泽古尼，埃利亚斯（Zerhouni, Elias）

参考资料 / 额外阅读材料

McDonough G. 2009. Genzyme provides update on Cerezyme supply and 2009 financial information. Sanofi Genzyme News release, August 10, EX-99.1 2 a09-16351_4ex99dl.htm EX-99.1.

Lord R. 2011. Patients suffer as drug maker rations Fabrazyme medicine. Pittsburgh Post-Gazette, July 10.

第十一章 卫兵交接

采访和背景信息

奥恩斯科夫，弗莱明（Ornskov, Flemming）

班福思，马克（Bamforth, Mark）

波普斯，理查德（Pops, Richard）

曹文凯（Dzau, Victor），见 124-125 页

冲田，布莱尔（Okita, Blair），见 116 页

德雷克，彼得（Drake, Peter）

邓西尔，德博拉（Dunsire, Deborah）

蒂尔尼，托米（Tierney, Tomye），见 121 页

菲巴赫，克里斯（Viehbacher, Chris），见 119 页

菲尔德鲍姆，卡尔（Feldbaum, Carl）

费勒，卡洛斯（Ferrer, Carlos）

杰拉蒂，吉姆（Geraghty, James）

卡朋特，鲍勃［Carpenter, Robert（Bob）］

凯耶，艾德（Kaye, Ed）

科利尔，杜克（Collier, Duke）

克里斯滕森，古斯塔夫（Christensen, Gustav）

库格林，鲍勃（Coughlin, Bob）

劳顿，艾莉森（Lawton, Alison）

马德里斯，盖尔（Maderis, Gail）

马拉加诺尔，约翰（Maraganore, John）

麦克，康妮（Mack, Connie）

麦克唐纳，杰夫（McDonough, Geoff）

梅里菲尔德，安（Merrifield, Ann）

米克尔，大卫（Meeker, David）

莫斯西基，理查德（Moscicki, Richard）

帕帕佐普洛斯，斯泰里奥斯（Papadopoulos, Stelios）

皮拉，波（Piela, Bo）

普尔，桑德拉（Poole, Sandra）

塞科尔，阿丽莎（Secor, Alicia）

史密斯，桑迪（Smith, Sandy）

斯堡德，比尔（Sibold, Bill）

斯卡列茨基，马克（Skaletsky, Mark）

瓦莱里奥，丁科（Valerio, Dinko）

韦伯，兰斯（Webb, Lance）

沃尔茨，艾伦（Walts, Alan）

沃斯，彼得（Wirth, Peter），见 124 页

伍德，琼（Wood, Joan）

西玛，佐尔坦（Csimma, Zoltan）

夏普，菲尔（Sharp, Phil）

休厄特，比尔（Huyett, Bill）

约翰逊，杰克（Johnson, Jack）

泽古尼，埃利亚斯（Zerhouni, Elias）

参考资料 / 额外阅读材料

Anderson, Howard. 2010. Carl Icahn's battle to take down Genzyme, op-ed. The Boston Globe, April 13.

Everett W, Adams M. 2010. Keeping the life in life sciences, op-ed. The Boston Globe, April 13.

George W. 2010. Another view: can biotech survive Icahn? New York Times blog, June 3.

第十二章　健赞旧部

采访和背景信息

阿尔伯斯，杰夫（Albers, Jeff），见 131 页

奥恩斯科夫，弗莱明（Ornskov, Flemming）

巴特勒，约翰（Butler, John），见 132 页

贝恩，凯斯（Been, Kees）

博格，约书亚（Boger, Joshua）

德波尔，丹尼尔（de Boer, Daniel）

德雷克，彼得（Drake, Peter），见 129 页

德洛斯·皮诺斯，伊丽莎白（de los Pinos, Elisabet）

邓西尔，德博拉（Dunsire, Deborah）

多利弗，罗克（Doliveux, Roch）

恩涅迪，马克（Enyedy, Mark）

范黑克，扬（van Heek, Jan）

菲巴赫，克里斯（Viehbacher, Chris）

菲尔德鲍姆，卡尔（Feldbaum, Carl）

菲尔普斯，格雷格（Phelps, Greg），见 132 页

格林伍德，吉姆（Greenwood, Jim）

杰拉蒂，吉姆（Geraghty, James）

卡朋特，鲍勃（Carpenter, Bob）

凯耶，艾德（Kaye, Ed）

科利尔，杜克（Collier, Duke）

克里斯滕森，古斯塔夫（Christensen, Gustav），见 126 页

库格林，鲍勃（Coughlin, Bob）

劳顿，艾莉森（Lawton, Alison），见 130，133-134 页

马德里斯，盖尔（Maderis, Gail）

马拉加诺尔，约翰（Maraganore, John）

麦克唐纳，杰夫（McDonough, Geoff）

梅里菲尔德，安（Merrifield, Ann）

米克尔，大卫（Meeker, David），见 126，132，135 页

莫斯西基，理查德（Moscicki, Richard）

帕帕佐普洛斯，斯泰里奥斯（Papadopoulos, Stelios）

皮拉，波（Piela, Bo）

普尔，桑德拉（Poole, Sandra）

塞科尔，阿丽莎（Secor, Alicia）

史密斯，桑迪（Smith, Sandy）

斯堡德，比尔（Sibold, Bill）

斯莱文，彼得（Slavin, Peter）

索泰拉普洛斯，保拉（Soteropoulos, Paula），见 134-135 页

瓦莱里奥，丁科（Valerio, Dinko）

维瓦尔第，罗杰里奥（Vivaldi, Rogerio）

沃尔茨，艾伦（Walts, Alan）　　　　　夏普，菲尔（Sharp, Phil）

沃斯，彼得（Wirth, Peter）　　　　　　休厄特，比尔（Huyett, Bill）

伍德，琼（Wood, Joan）　　　　　　　薛群（Xue, James）

西玛，佐尔坦（Csimma, Zoltan）　　　　因切尔蒂，卡洛（Incerti, Carlo）

参考资料 / 额外阅读材料

Tirrell M. 2011. Genzyme chief's Sanofi deal payout as much as $221.2 million. https://www.bloomberg.com/news/
articles/201 l-03-098/genzvme-chief-s-sanofi-deal-pavout-as-much-as-221-2- million

Weisman R. 2015. How Genzyme became a source of biotech executives. The Boston Globe, July 12.

一般性背景资料来源

Sonenfeld J. 1988. The hero's farewell: what happens when CEOs retire. Oxford University Press, New York.

Blanchard K, Diaz-Ortiz C. 2017. One minute mentoring: how to find and work with a mentor—and why you'll
benefit from being one. HarperCollins, New York.

第十三章　一个全面的公民

采访和背景信息

埃弗里特，温迪（Everett, Wendy）　　　　　库格林，鲍勃（Coughlin, Bob）

班塞尔，斯特凡（Bancel, Stéphane）　　　　赖夫，拉斐尔（Reif, Rafael），见 142 页

博格，约书亚（Boger, Joshua）　　　　　　里德，琼（Reede, Joan），见 139-140 页

博伊斯，妮可（Boice, Nicole）　　　　　　罗森格伦，埃里克（Rosengren, Eric），见 145 页

曹文凯（Dzau, Victor）　　　　　　　　　米诺格，迈克尔（Minogue, Michael）

戴利，乔治（Daley, George），见 141 页　　尼西宁，米科（Nissinen, Mikko），见 144 页

蒂尔，塞缪尔（Thier, Samuel），见 141-142 页　帕特里克，德瓦尔（Patrick, Deval），见 146 页

格林伍德，吉姆（Greenwood, Jim）　　　　派奥特，大卫（Pyott, David）

哈伯，丹尼尔（Haber, Daniel），见 142 页　斯莱文，彼得（Slavin, Peter），见 140 页

哈克菲尔德，苏珊（Hockfield, Susan），见 143 页　索顿斯托尔，彼得（Saltonstall, Peter）

豪，约翰（Howe, John）　　　　　　　　　特米尔，比琳达（Termeer, Belinda）

杰拉蒂，吉姆（Geraghty, James）　　　　　沃斯，彼得（Wirth, Peter）

卡朋特，鲍勃（Carpenter, Bob）　　　　　夏普，菲尔（Sharp, Phil）

参考资料 / 额外阅读材料

U.S. Senate Congressional Record. 1999. Henri Termeer presented with the International Institute of Boston's
Golden Door Award, p 29999. U.S. Government Publishing Office, Washington, DC.

第十四章　马布尔黑德的神谕

采访和背景信息

埃弗里特，温迪（Everett，Wendy）

奥恩斯科夫，弗莱明（Ornskov，Flemming）

班塞尔，斯特凡（Bancel，Stéphane）

贝恩，凯斯（Been，Kees）

博格，约书亚（Boger，Joshua）

博伊斯，妮可（Boice，Nicole）

德波尔，丹尼尔（de Boer，Daniel）

德洛斯·皮诺斯，伊丽莎白（de los Pinos，Elisabet）

邓西尔，德博拉（Dunsire，Deborah）

多利弗，罗克（Doliveux，Roch）

恩涅迪，马克（Enyedy，Mark）

范黑克，扬（van Heek，Jan）

菲尔普斯，格雷格（Phelps，Greg）

格林伍德，吉姆（Greenwood，Jim）

哈克菲尔德，苏珊（Hockfield，Susan）

豪，约翰（Howe，John）

卡朋特，鲍勃（Carpenter，Bob）

凯耶，艾德（Kaye，Ed），见 149 页

科利尔，杜克（Collier，Duke）

马拉加诺尔，约翰（Maraganore，John），见 153 页

麦克唐纳，杰夫（McDonough，Geoff）

米克尔，大卫（Meeker，David），见 151 页

米诺格，迈克尔（Minogue，Michael）

派奥特，大卫（Pyott，David）

皮拉，波（Piela，Bo）

塞科尔，阿丽莎（Secor，Alicia）

史密斯，桑迪（Smith，Sandy）

斯堡德，比尔（Sibold，Bill）

斯莱文，彼得（Slavin，Peter）

索泰拉普洛斯，保拉（Soteropoulos，Paula）

特米尔，比琳达（Termeer，Belinda），见 147-149 页

瓦莱里奥，丁科（Valerio，Dinko）

维瓦尔第，罗杰里奥（Vivaldi，Rogerio）

沃尔茨，艾伦（Walts，Alan）

沃斯，彼得（Wirth，Peter）

伍德，琼（Wood，Joan）

西玛，佐尔坦（Csimma，Zoltan），见 150 页

希尔贝克，埃利奥特（Hillback，Elliott），见 148 页

夏普，菲尔（Sharp，Phil），见 148 页

休厄特，比尔（Huyett，Bill）

薛群（Xue，James）

跋　不再被遗忘

采访和背景信息

格罗夫特，斯蒂文（Groft，Stephen）

杰拉蒂，吉姆（Geraghty，James）

参考资料 / 额外阅读材料

National Organization for Rare Disorders (NORD) Report. 2018. Orphan drugs in the United States: Growth trends in rare disease treatments. IQVIA Institute for Human Data Science. https://www.iqvia.com/institute/reports/orphan-drugs-in-the-united-states-grovvth-trends-in-rare-disease-treatments

U.S. Government Accountability Office (GAO) Report to Congressional Requesters. 2018. Orphan drugs: FDA could improve designation review consistency; rare disease drug development challenges continue. https://www.gao.gov/products/GAO-19-83

Orphan Product Designations and Approval. https://www.ngocommitteerarediseases.org/

一般性背景资料来源

Sasinovvski FJ, Panico EB, Valentine JE. 2015. Quantum of effectiveness evidence in FDA's approval of orphan drugs: update, July 2010 to June 2014. Ther Innov Reg Sci, 49: 680-697. doi: 10.1177/0092861511435906

全书一般性背景资料来源

Deutsch CH. 1988. Staying alive in biotech: a struggling young company learns that bureaucracy is not all bad. The New York Times, Sunday, November 6.

Ghoshal S, Bartlett CA. 1988. The individualized corporation: a fundamentally new approach to management. Great companies are defined by purpose, process, and people. William Heinemann, Random House, London.

James FE. 1988. SmithKline to buy 9.6% Invitron stake in pact for manufacturing AIDS drug. The Wall Street Journal, Tuesday, September 6.

Steyer R. 1988. Protein PRETZELS: cell "factories" use a genetic twist to give drugs more potency. Science Notes, Tuesday, April 12.

Cogner JA. 1989. The charismatic leader: behind the mystique of exceptional leadership. Jossey-Bass, San Francisco.

Hawkins JD. 1991. Gene structure and expression, 2nd ed. Press Syndicate of the University of Cambridge, Cambridge.

Berg P, Singer M. 1992. Dealing with genes: the language of heredity. University Science Books, Mill Valley, CA.

Werth B. 1994. The billion-dollar molecule: the quest for the perfect drug. Simon & Schuster, New York.

Kotter JP. 1996. Leading change. Harvard Business School Press, Boston.

Bauman RP, Jackson P, Lawrence JT. 1997. From promise to performance: a journey of transformation at SmithKline Beecham. Harvard Business School, Boston.

Anand G. 2010. The cure: how a father raised $100 million and bucked the medical establishment in a quest to save his children. HarperCollins, New York.

Jones M, Dick B, Nelson H. 2012. Honoring 25 years of biotech leadership: the Biotech Hall of Fame awards. Life Sciences Foundation, San Francisco.

Bartlett CA, Khanna T, Choudhury P. 2012. Genzyme's CSR dilemma: how to play its HAND. Harvard Business School, Boston.

Termeer HA. 2014. A biotechnology entrepreneur's story: advice to future entrepreneurs. In Biotechnology entrepreneurship, Chap. 2, pp. 15-20. Elsevier, New York.

Brooks D. 2015. The road to character. Random House, New York.

Schramm CJ. 2018. Burn the business plan: what great entrepreneurs really do. Simon & Schuster, New York.

Genzyme, 2001. A different vision: the making of Genzyme. 20th anniversary book. Genzyme, Boston.

Conversations with Henri Termeer, oral history conducted by Ted Everson, Jennifer Dionisio, Pei Koay, and Arnold Thackray, May 23, December 7, 2006; August 2, 2007; December 18, 2008; and September 30, 2011; edited by Gavin Rynne and Mark Jones. © 2012 The Life Sciences Foundation, San Francisco.

主列表——采访对象

阿恩斯坦，卡伦（Arnstein, Caren）	2018 年 10 月 31 日接受采访
阿尔伯斯，杰夫（Albers, Jeff）	2018 年 7 月 26 日接受采访
阿利斯基，威廉（Aliski, William）	2019 年 1 月 7 日接受采访
埃弗里特，温迪（Everett, Wendy）	2018 年 12 月 17 日接受采访
奥恩斯科夫，弗莱明（Ornskov, Flemming）	2018 年 10 月 24 日接受采访
奥尔德里奇，理查德（Aldrich, Richard）	2018 年 12 月 11 日，2018 年 12 月 12 日接受采访
巴顿，诺曼（Barton, Norman）	2018 年 10 月 3 日接受采访
巴雷尔，艾伦（Barrell, Alan）	2018 年 9 月 5 日接受采访
巴特勒，约翰（Butler, John）	2018 年 7 月 24 日接受采访
拜尔斯，朗达（Buyers, Rhonda）	2018 年 10 月 26 日接受采访
班福思，马克（Bamforth, Mark）	2018 年 12 月 4 日接受采访
班塞尔，斯特凡（Bancel, Stéphane）	2018 年 2 月 27 日接受采访
贝恩，凯斯（Been, Kees）	2018 年 8 月 1 日接受采访
波普斯，理查德（Pops, Richard）	2018 年 7 月 25 日接受采访
博格，约书亚（Boger, Joshua）	2018 年 12 月 4 日接受采访
博格，雅克（Berger, Jacques）	2018 年 5 月 31 日接受采访
博伊斯，妮可（Boice, Nicole）	2018 年 6 月 6 日接受采访
布莱尔，亨利（Blair, Henry）	2018 年 2 月 8 日接受采访
曹文凯（Dzau, Victor）	2018 年 3 月 13 日接受采访
冲田，布莱尔（Okita, Blair）	2018 年 9 月 14 日接受采访
戴利，乔治（Daley, George）	2018 年 2 月 27 日接受采访
德波尔，丹尼尔（de Boer, Daniel）	2018 年 5 月 28 日接受采访
德雷克，彼得（Drake, Peter）	2018 年 1 月 22 日接受采访
德洛斯·皮诺斯，伊丽莎白（de los Pinos, Elisabet）	2018 年 8 月 30 日接受采访
邓西尔，德博拉（Dunsire, Deborah）	2018 年 7 月 25 日接受采访
蒂尔，塞缪尔（Thier, Samuel）	2018 年 12 月 17 日接受采访
蒂尔尼，托米（Tierney, Tomye）	2018 年 3 月 22 日接受采访
多利弗，罗克（Doliveux, Roch）	2018 年 5 月 30 日接受采访
恩涅迪，马克（Enyedy, Mark）	2018 年 3 月 21 日接受采访
范黑克，扬（van Heek, Jan）	2018 年 4 月 2 日接受采访
菲巴赫，克里斯 [Viehbacher, Chistopher（Chris）]	2018 年 8 月 2 日接受采访
菲尔德鲍姆，卡尔（Feldbaum, Carl）	2018 年 5 月 9 日接受采访

菲尔普斯，格雷格（Phelps, Greg）　　　　　2018 年 2 月 6 日接受采访

费勒，卡洛斯（Ferrer, Carlos）　　　　　　2018 年 12 月 10 日接受采访

弗莱明，戴夫（Fleming, Dave）　　　　　　2018 年 4 月 18 日接受采访

弗勒利希，萨拉（Froehlich, Sara）　　　　　2018 年 11 月 20 日接受采访

甘茨，比尔［Gantz, Wilbur（Bill）］　　　　2018 年 10 月 3 日接受采访

格林伍德，吉姆［Greenwood, James（Jim）］　2018 年 6 月 13 日接受采访

格罗夫特，斯蒂文（Groft, Stephen）　　　　未记录

哈伯，丹尼尔（Haber, Daniel）　　　　　　2018 年 7 月 26 日接受采访

哈夫纳，玛琳（Haffner, Marlene）　　　　　2018 年 3 月 6 日接受采访

哈克菲尔德，苏珊（Hockfield, Susan）　　　2018 年 6 月 6 日接受采访

豪，约翰（Howe, John）　　　　　　　　　2018 年 3 月 14 日接受采访

赫弗南，杰克（Heffernan, Jack）　　　　　2018 年 2 月 22 日接受采访

霍尔库姆，凯（Holcombe, Kay）　　　　　　2019 年 1 月 5 日接受采访

杰拉蒂，吉姆（Geraghty, James）　　　　　2018 年 2 月 7 日，2018 年 10 月 16 日接受采访

金，约翰（King, John）　　　　　　　　　2018 年 11 月 29 日接受采访

卡朋特，鲍勃［Carpenter, Robert（Bob）］　2018 年 2 月 7 日，2018 年 10 月 11 日接受采访

卡萨门托，丘克（Casamento, Chuck）　　　　2018 年 10 月 2 日接受采访

卡斯塔尔迪，戴夫（Castaldi, Dave）　　　　2018 年 10 月 11 日接受采访

凯耶，艾德（Kaye, Ed）ward（Ed）　　　　2018 年 2 月 21 日接受采访

考克斯，杰弗里（Cox, Geoffrey）　　　　　2018 年 2 月 6 日接受采访

柯立芝，凯瑟琳（Coolidge, Kathleen）　　　2018 年 10 月 31 日接受采访

科利尔，杜克（Collier, Duke）　　　　　　2018 年 3 月 1 日接受采访

克劳利，约翰（Crowley, John）　　　　　　2018 年 10 月 29 日接受采访

克里斯滕森，古斯塔夫（Christensen, Gustav）　2018 年 10 月 2 日接受采访

库格林，鲍勃（Coughlin, Bob）　　　　　　2018 年 8 月 2 日接受采访

库尼，查理（Cooney, Charles）　　　　　　2017 年 10 月 23 日接受采访

莱昂纳德，丹（Leonard, Dan）　　　　　　2018 年 11 月 29 日接受采访

赖夫，拉斐尔（Reif, Rafael）　　　　　　　2018 年 11 月 29 日接受采访

劳顿，艾莉森（Lawton, Alison）　　　　　　2018 年 1 月 23 日接受采访

里德，琼（Reede, Joan）　　　　　　　　　2018 年 11 月 29 日接受采访

利特柴尔德，约翰（Littlechild, John）　　　2018 年 5 月 19 日接受采访

鲁宾斯坦，琳达（Rubinstein, Linda）　　　　2018 年 3 月 1 日接受采访

罗迪什，哈维（Lodish, Harvey）　　　　　　2017 年 10 月 27 日接受采访

罗森格伦，埃里克（Rosengren, Eric）　2018 年 12 月 4 日接受采访

马德里斯，盖尔（Maderis, Gail）　2018 年 4 月 13 日接受采访

马拉加诺尔，约翰（Maraganore, John）　2018 年 8 月 1 日接受采访

迈克尔·罗森布拉特（Rosenblatt, Michael）　2017 年 10 月 24 日接受采访

迈耶斯，阿比（Meyers, Abbey）　2018 年 1 月 29 日接受采访

迈耶斯，迈克尔（Myers, Michael）　2019 年 2 月 5 日接受采访

麦格雷恩，玛丽（McGrane, Mary）　2018 年 11 月 6 日接受采访

麦克，康妮（Mack, Connie）　2018 年 12 月 27 日接受采访

麦克拉克伦，戴夫（McLachlan, David）　2018 年 2 月 7 日接受采访

麦克唐纳，杰夫［McDonough, Geffery（Geoff）］　2018 年 8 月 1 日接受采访

梅杰，迪克［Meijer, Richard（Dick）］　2018 年 12 月 6 日接受采访

梅里菲尔德，安（Merrifield, Ann）　2018 年 3 月 22 日接受采访

米克尔，大卫（Meeker, David）　2017 年 10 月 25 日接受采访

米诺格，迈克尔（Minogue, Michael）　2018 年 12 月 15 日接受采访

米斯特里，普拉莫德（Mistry, Pramod）　2018 年 7 月 23 日接受采访

摩尔，艾琳（金杰）［More, Eileen（Ginger）］　2018 年 3 月 15 日接受采访

莫斯西基，理查德（Moscicki, Richard）　2018 年 1 月 31 日，2019 年 1 月 10 日接受采访

穆夫莱，杰勒德（Moufflet, Gerard）　2018 年 10 月 4 日接受采访

内森，玛丽（Nathan, Mary）　2018 年 2 月 12 日接受采访

尼西宁，米科（Nissinen, Mikko）　2018 年 11 月 16 日接受采访

帕帕佐普洛斯，斯泰里奥斯（Papadopoulos, Stelios）　2018 年 3 月 26 日接受采访

帕特里克，德瓦尔（Patrick, Deval）　2018 年 10 月 31 日接受采访

派奥特，大卫（Pyott, David）　2018 年 2 月 6 日接受采访

皮拉，波（Piela, Bo）　2018 年 10 月 3 日接受采访

普尔，桑德拉（Poole, Sandra）　2018 年 5 月 9 日，2018 年 10 月 3 日接受采访

瑞英，杰米（Ring, Jamie）　2018 年 12 月 3 日接受采访

撒西诺夫斯基，弗兰克（Sasinowski, Frank）　2018 年 11 月 8 日接受采访

塞科尔，阿丽莎（Secor, Alicia）　2018 年 4 月 5 日接受采访

沙阿，乌兹马（Shah, Uzma）　2018 年 8 月 2 日接受采访

舍布朗慕，吉姆（Sherblom, Jim）　2018 年 4 月 4 日接受采访

圣菲尔德·范德林德，玛丽斯（Schoneveld van der Linde, Maryze）　2018 年 11 月 2 日接受采访

施默格尔，加布（Schmergel, Gabriel）　2018 年 9 月 20 日接受采访

史密斯，C.雷（Smith，C. Ray）　　　　　　2018 年 4 月 2 日接受采访

史密斯，艾伦（Smith，Alan）　　　　　　　2018 年 2 月 27 日接受采访

史密斯，桑迪［Smith，Sanford（Sandy）］　　2018 年 3 月 29 日接受采访

斯堡德，比尔（Sibold，Bill）　　　　　　　2018 年 3 月 21 日接受采访

斯卡列茨基，马克（Skaletsky，Mark）　　　2018 年 10 月 4 日接受采访

斯莱文，彼得（Slavin，Peter）　　　　　　2018 年 11 月 1 日接受采访

索顿斯托尔，彼得（Saltonstall，Peter）　　　2018 年 11 月 1 日接受采访

索泰拉普洛斯，保拉（Soteropoulos，Paula）　2018 年 7 月 24 日接受采访

塔米尼奥，英内克（Taminiau，Ineke）　　　2018 年 11 月 3 日接受采访

塔约特，琼 - 路易斯（Tayot，Jean-Louis）　　2018 年 5 月 31 日接受采访

汤顿 - 里格比，艾莉森（Taunton-Rigby，Alison）　2018 年 3 月 20 日接受采访

特里，沙伦（Terry，Sharon）　　　　　　　2018 年 12 月 1 日接受采访

特米尔，保罗（Termeer，Paul）　　　　　　2018 年 11 月 3 日接受采访

特米尔，比琳达（Termeer，Belinda）　　　　2018 年 11 月 3 日，2018 年 12 月 18 日接受采访

特米尔，波特（Termeer，Bert）　　　　　　2018 年 11 月 3 日接受采访

特米尔，罗埃尔（Termeer，Roel）　　　　　2018 年 11 月 3 日接受采访

特米尔，尼古拉斯（Termeer，Nicholas）　　　2018 年 12 月 18 日接受采访

瓦莱里奥，丁科（Valerio，Dinko）　　　　　2018 年 5 月 28 日接受采访

韦伯，兰斯（Webb，Lance）　　　　　　　　2018 年 10 月 12 日接受采访

韦尔杜恩，马利斯（Verduijn，Marlies）　　　2018 年 11 月 3 日接受采访

维瓦尔第，罗杰里奥（Vivaldi，Rogerio）　　　2018 年 2 月 28 日接受采访

沃尔茨，艾伦（Walts，Alan）　　　　　　　2018 年 10 月 2 日接受采访

沃斯，彼得（Wirth，Peter）　　　　　　　　2018 年 3 月 21 日接受采访

伍德，琼（Wood，Joan）　　　　　　　　　2018 年 2 月 17 日接受采访

西玛，佐尔坦（Csimma，Zoltan）　　　　　　2018 年 2 月 22 日接受采访

希尔贝克，埃利奥特（Hillback，Elliott）　　　2018 年 2 月 22 日，2018 年 10 月 12 日接受采访

夏普，菲尔［Sharp，Phillip（Phil）］　　　　2018 年 3 月 1 日接受采访

休厄特，比尔（Huyett，Bill）　　　　　　　2018 年 3 月 1 日接受采访

薛群（Xue，James）　　　　　　　　　　　2018 年 5 月 9 日接受采访

伊利，罗宾（Ely，Robin）　　　　　　　　　2017 年 10 月 20 日接受采访

因切尔蒂，卡洛（Incerti，Carlo）　　　　　　2018 年 10 月 29 日接受采访

约翰逊，杰克（Johnson，Jack）　　　　　　　2018 年 11 月 27 日接受采访

泽古尼，埃利亚斯（Zerhouni，Elias）　　　　2018 年 7 月 18 日接受采访

附录 I

时 间 线

重要里程碑

1940 年	雅克·特米尔和玛丽·特米尔 4 月 2 日结婚；五星期后，纳粹入侵荷兰；雅克参加荷兰军队，被俘，被囚禁在德国，然后被释放回家。
1946 年	1946 年 2 月 28 日亨利出生在位于荷兰蒂尔堡胡佛街 39 号的家中，父母亲分别为雅克·特米尔和玛丽·特米尔，他在家里六个孩子中排行第四，在四个男孩子中排行第二。
1953 年	特米尔家搬到了位于伯吉米斯特苏吉街 10 号的一个新房子，在蒂尔堡大学附近。
1958～1961 年	特米尔有一段时间对国际象棋非常着迷，他以荷兰特级大师马克斯·尤伟为偶像，学习成绩受到了影响。
1964 年	特米尔从蒂尔堡圣奥德佛斯高中毕业。
1964 年	特米尔进入荷兰皇家空军位于布雷达的基地，成为一名后勤兵。
1966 年	特米尔以少尉军衔从荷兰皇家空军退役。
1966 年	特米尔入读鹿特丹的伊拉斯姆斯大学经济学院学习经济学。
1968 年	特米尔前往英国，进入鞋子零售商诺维克公司实习（实习目的是写一篇毕业论文）；他成为该公司的一名"集团系统经理"，常驻东安格利亚。
1971 年	在他英国女朋友玛吉·里奇斯的陪伴下，特米尔于 8 月份前往美国，入读位于夏洛茨维尔的弗吉尼亚大学达顿商学院。
1971 年	特米尔于 1971 年 10 月 8 日在夏洛茨维尔跟玛吉·里奇斯结婚。
1973 年	特米尔从弗吉尼亚大学达顿商学院毕业，获得 MBA 学位。
1973 年	特米尔加入百特特拉维诺公司，担任国际营销副总裁助理，常驻伊利诺伊州芝加哥。
1974 年	特米尔成为百特公司海兰德治疗产品分部国际产品规划经理，常驻加州奥兰治县。
1974 年	特米尔被选中执行一项为期三个月的特殊任务，向百特 CEO 比尔·格雷尔姆汇报工作，常驻布鲁塞尔。
1974～1976 年	特米尔成为百特公司人造器官分部国际营销经理，常驻芝加哥。
1976～1979 年	特米尔成为位于德国慕尼黑的百特德国公司总经理。

1979～1983 年　特米尔被任命为百特海兰德治疗产品分部执行副总裁，常驻加州格伦代尔。

1981 年　健赞在美国特拉华州成立，创始人为科学家亨利·布莱尔、企业家谢里丹·斯奈德和橡树投资伙伴公司的风投资本家。

1983 年　《孤儿药法案》被罗纳德·里根总统签署成为法律。

1983 年　4 月份，在共同创始人谢里丹·斯奈德的倡议下，健赞与"生物信息合伙人（BIA）"签订一项 10 年协议，后者是由生命科学领域八位科学家所拥有的一个公司，他们都是麻省理工学院和哈佛大学的全职教授。

1983 年　10 月份，特米尔加入位于马萨诸塞州波士顿的健赞公司，成为公司总裁和董事，向共同创始人和 CEO 谢里丹·斯奈德汇报工作。在加入时，特米尔的底薪为 11 万美元，他被允许以每股 4.32 美元的价格购买 108500 股的健赞普通股股票。

1984 年　12 月 15 日，布莱恩·博尔曼成为用"酶取代疗法"治疗的第一个戈谢病患者，用的是来自人胎盘的葡糖脑苷脂酶。

1985 年　在 4 月份发起寻找其继任者后，CEO 斯奈德在 12 月份的健赞董事会会议上威胁要开除特米尔。在这个会议上，董事会做出另一选择，将特米尔提升为总裁和 CEO。

1986 年　健赞公司在 6 月 6 日通过一个总额为 2820 万美元的 IPO 上市，承销商为基德·皮博迪、蒙哥马利证券公司和考恩公司，公司估值（交易前）为 5300 万美元。

1988 年　特米尔升任健赞公司董事长、总裁兼 CEO。

1989 年　健赞收购综合遗传学公司，这是打造其哺乳动物细胞培养生产能力的关键一步。

1989 年　特米尔与玛吉·里奇斯的婚姻以离婚结束，玛吉回到了自己的祖籍国英国，并在那里定居。

1989 年　特米尔加入阿比奥梅德公司董事会，这是他所加入的第一个企业董事会，任职 28 年，直到 2017 年去世。

1991 年　"西利酶"被美国 FDA 批准用于戈谢病的治疗，全世界这种病的患者估计只有 5000 人。

1993 年　比尔·克林顿就职成为第 42 位美国总统；《健康安全法案》提出；特米尔动员并与他人共同领导生物技术界对此做出回应，反对该法案。

1994 年　"思而赞"（"西利酶"的一个 rDNA 后续产品）被美国 FDA 批准用于戈谢病的治疗。

1995 年　奥斯顿·兰丁工厂正式开业。

1996 年　参议员爱德华·肯尼迪成为"参议院之狮"，他将在此后十年对美国健康立法工作产生深远影响；特米尔与参议员肯尼迪的友情加深。

1997 年　亨利的父亲雅克·特米尔去世，享年 87 岁。

1998 年　特米尔于 8 月 1 日在自己位于缅因州"彼德福德游泳池（Biddeford Pool）"的夏季住宅与来自美国新墨西哥州的比琳达·赫雷拉结婚。他们在马萨诸塞州的马布尔黑德买了一栋房子，并于 2000 年 5 月搬入其中。

1999 年　特米尔成为一名归化的美国公民；证书是 1999 年 10 月 20 日拿到的。

2003 年　4 月份，健赞的罕见病药物"法布赞"和"艾而赞"都获得美国 FDA 批准。

2004 年　特米尔进入马萨诸塞州总医院董事会，其董事职位一直保持到他去世。

2006 年　健赞的罕见病药物"美而赞"获得美国 FDA 批准。

2006～2007 年	特米尔 2006 年进入 MIT 董事会；他后来于 2011 年被选入其执行委员会，这个职位一直保持到他去世。
2007 年	特米尔进入波士顿联邦储备银行董事会，担任副主席。
2008 年	特米尔夫妇买下了"黄宫"，这是俯瞰马布尔黑德港的一个雄伟的住宅，后来成为特米尔的办公室（2011～2017 年）。
2009 年	奥斯顿·兰丁工厂的危机开始，在 6 月 16 日宣布了 Vesivirus 2117 病毒污染，该工厂被关闭以清除污染；产品供应短缺和配给随即发生。患者和他们的医生都很生气。
2010～2011 年	特米尔担任波士顿联邦储备银行主席两年时间。
2010 年	激进投资者卡尔·伊坎和拉尔夫·惠特沃思大量增持健赞股票，施加他们的影响力，并提名四个董事进入健赞董事会。
2010 年	根据其 2009 年 45.8 亿美元的营收，健赞首次被提名为"财富 500 强"公司。
2010 年	与健赞公司奥斯顿·兰丁工厂的运行相关的"永久禁制同意令"于 5 月份向特米尔和健赞发出。赛诺菲 - 安万特接触健赞，开始商谈合并问题。
2011 年	2011 年 2 月 16 日，赛诺菲和健赞联合宣布，赛诺菲将以 201 亿美元现金外加 30 亿美元的潜在"期待价值权（CVR）"考虑收购健赞。该合并被宣布为一个"新的开始"。
2011 年	2011 年 4 月 8 日，赛诺菲对健赞的收购完成。健赞股票被摘牌，该公司合并进了赛诺菲，成为后者的一个新部门，并被重新命名为赛诺菲健赞。大卫·米克尔以 CEO 和亨利·特米尔继任者的身份成为赛诺菲健赞的领导人。
2011～2017 年	特米尔离任后开始了六年时间的工作：辅导很多领导人，接受并履行很多董事职能，支持生命科学领域的企业家，对年轻又有希望的生物技术企业进行投资，以及为他人提供服务——包括企业和非营利机构。
2012 年	"亨利和比琳达·特米尔靶向治疗中心"在马萨诸塞州总医院成立并对外开放，该中心的成立得益于特米尔夫妇 1000 万美元的慷慨捐款。
2014 年	亨利母亲玛丽·特米尔去世，享年 100 岁。
2017 年	2017 年 5 月 12 日，星期五，亨利·特米尔在马萨诸塞州马布尔黑德去世，享年 71 岁。葬礼弥撒于 2017 年 5 月 22 日在马布尔黑德的"海洋之星圣母教堂"举行，之后他被葬在附近的"水景墓园（Waterside Cemetery）"入土为安。

非营利机构董事会任命

1995～2017 年	生物医学科学职业项目（BSCP）
1987～2011 年	生物技术创新组织（BIO） 副主席，1993～1995 年；主席，1995～1997 年；荣誉主席，2012～2017 年
2008～2017 年	波士顿芭蕾舞团董事会
2009 年	马萨诸塞州长经济顾问委员会
2007～2011 年	波士顿联邦储备银行 副董事长，2007～2009 年；董事长，2010～2011 年
2000～2017 年	哈佛大学医学院院士委员会

2011～2017 年	哈佛大学医学院治疗学顾问委员会
2004～2017 年	马萨诸塞州总医院（MGH）
2006～2017 年	麻省理工学院（MIT）董事会成员
2011～2017 年	MIT 执行委员会，董事会成员
1992～2017 年	科学博物馆，波士顿
2002～2017 年	卓越健康创新网络（NEHI）
2008～2017 年	美国联盟医疗体系（Partners HealthCare）
2002～2011 年	美国药品研究与制造商协会（PhRMA）
2006～2017 年	世界健康基金会
2013 年	WGBH 媒体公司

企业董事会任命

1987～2017 年	阿比奥梅德（Abiomed）
2014～2015 年	艾尔建（Allergan）
2010～2017 年	奥拉生物科学（Aura Biosciences）
1992～2003 年	自体免疫（Autoimmune）
2011～2016 年	阿维奥（Aveo）
1996～2002 年	迪亚克林（Diacrin）
1996～2002 年	迪亚克丝（Dyax）
1922 年被任命	盖尔泰克（Geltex）
1983～2001 年	健赞（Genzyme）
1998～2002 年	健赞转基因（Genzyme Transgenics）
	综合遗传学公司实验室（IG Laboratories）
	因特基因（Introgene）
1993 年被任命	莲花发展（Lotus Development）
2005～2015 年	医学模拟（Medical Simulation）
2013～2017 年	莫德纳制药（Moderna Therapeutics）
	新赞 II（Neozyme II）
2014～2017 年	ProQR 生物技术（ProQR Therapeutics）
2011～2016 年	维拉斯特姆（Verastem）
	萨诺瓦（Xenova）

重要行业奖项和荣誉

2008 年	BIO- 科学历史研究所，生物技术遗产奖

2010 年	波士顿生物技术，CEO 终身成就奖
2007 年	安永会计师事务所（Ernst & Young），大师企业家奖
2009 年	弗若斯特沙利文公司（Frost & Sullivan），制药和生物技术终身成就奖
1991 年、1994 年	尼古湖会议，最佳生物技术奖
1997 年	尼古湖会议，名人堂
1992 年	美林证券（Merrill Lynch）、安永会计师事务所，年度企业家
1995 年	《成功》（SUCCESS）杂志，年度自由侠
1990 年、1991 年、1992 年	《华尔街记录报》，CEO 金奖

重要学术奖项和荣誉

1999 年	美国艺术与科学院，当选院士
2010 年	巴布森学院，杰出企业家协会
2005 年	英国皇家内科医师学会，当选荣誉院士
2011 年	弗雷明汉州立大学，荣誉科学博士学位
2011 年	东北大学，荣誉全球商务博士学位
2007 年	马萨诸萨大学，荣誉科学博士学位
2011 年	特文特大学（荷兰），荣誉博士学位
1996 年	伍斯特州立学院，荣誉工商管理博士学位

重要社区奖项和荣誉

1995 年	反诽谤联盟，自由火炬奖
1997 年	马萨诸塞州，州长新美国人奖
1997 年	库欣主教特殊儿童学校，年度慈善家
1999 年	生物医学职业发展计划，希望奖
1999 年	新英格兰国际学院，金门奖
2000 年	遗传病基金会，人道主义奖
2003 年	美国心脏协会，生命之心奖
2003 年	美国畸形儿基金会，富兰克林·德拉诺·罗斯福人道主义奖
2005 年	美国，全国技术和创新奖章（代表健赞领取）
2010 年	荷美基金会，威廉·米登多夫大使奖
2012 年	全国泰 - 萨克斯病及同源病协会，活动主宾
2012 年	全国基因公司，罕见病项目终身成就奖
2015 年	世界孤儿药大会，美国终身成就奖

附录 II

照　片　集

雅克和玛丽·特米尔的家胡佛街 39 号在荷兰蒂尔堡市中心一条繁华的市场街上，右侧是德累斯曼百货店，左侧是著名的金伯利时装店。这座三层砖楼是家庭鞋店"特米尔鞋业公司"所在地，在一层，特米尔一家住在上面两层。亨利·特米尔 1946 年 2 月 28 日出生在这座楼的二层，并在这里一直住到 1953 年，至全家搬到郊外蒂尔堡大学附近一个富人区。（照片使用得到亨利·特米尔家人许可。）

亨利·特米尔小时候跟大多数小男孩一样，淘气、好奇和好玩。（照片使用得到亨利·特米尔家人许可。）

进入青春期后，亨利·特米尔的兴趣转向了滑旱冰、骑自行车和探索鹿特丹附近荷兰海岸线沙滩上废弃的德军碉堡。（照片使用得到亨利·特米尔家人许可。）

从 12 岁开始，在此后三年里，特米尔（最左边）特别喜欢下国际象棋，这个业余爱好一直保持到他学业受到影响和他母亲进行干预。然而，这却是他余生的一个兴趣。很多熟悉特米尔的人，都将他战略眼光的至少一部分归功于国际象棋。在集体讨论时，他声称自己经常要比屋里所有人多看几步棋。（照片使用得到亨利·特米尔家人许可。）

19岁时，特米尔（左）服荷兰的强制性兵役，在荷兰皇家空军当了两年后勤兵，先是驻扎在布雷达，后来驻扎在海牙附近一个空军基地。当时他的军衔是少尉。他说这是一个重要经历，使他对自己的领导能力有了信心。（照片使用得到亨利·特米尔家人许可。）

作为全班 105 名学生中，5 个国际 MBA 学生当中的一个，亨利·特米尔 1971 年秋入学，1973 年春在 27 岁时从弗吉尼亚大学达顿商学院毕业。（照片使用得到亨利·特米尔家人许可。）

比尔·格雷尔姆（其同事都称他"格雷尔姆先生"）是特米尔在百特公司的第一个导师，作为公司 CEO，他也是一个对特米尔产生了深远影响的人——不仅影响了特米尔的快速职业发展和领导理念，而且影响了他日后怎样领导健赞公司。（照片是 1989 年在为比尔·格雷尔姆举行的一个正式晚宴上拍摄的。）（照片使用得到亨利·特米尔家人许可。）

特米尔一家关系很近。亨利在家里六个孩子中排行第四，他日后形容父母亲"在教育孩子方面很有天分，既严格，又温暖。"由左至右前排：雅克·特米尔、玛丽·特米尔；中排：英内克·特米尔、马利斯·特米尔；后排：罗埃尔·特米尔、亨利·特米尔、保罗·特米尔、波特·特米尔。（照片使用得到亨利·特米尔家人许可。）

1983年10月，亨利·特米尔加入健赞，他将到该公司位于尼伦街75号的总部上班，总部办公室在大楼15层，这个地方在波士顿被称为"战区"的服装区中心地带，那个年代毒品和卖淫嫖娼泛滥。（照片使用得到亨利·特米尔家人许可。）

在从20世纪80年代中到80年代末整个这一时期的很多星期六上午，健赞领导层都要与"生物信息合伙人（BIA）"见面，他们是一批来自麻省理工学院和哈佛大学的杰出教职员工，就生命科学领域一系列广泛的问题为健赞提供咨询。由左至右，后排：亨利·特米尔、谢里丹·斯奈德、查理·库尼、格雷尔姆·沃克、亨利·布莱尔、贝琪·罗伯逊、威廉·劳什、朝坤·里亚；前排：汉密史·黑尔、乔治·怀特塞兹、克里斯·沃尔什、蒂比·珀斯力科、吉姆·舍布朗慕；照片中缺失者：哈维·罗迪什、安东尼·辛斯基。（照片使用得到亨利·特米尔家人许可。）

麻省理工学院全球生物处理专家查理·库尼博士（坐着者当中的左边一个）在帮助健赞扩大其高分子量生物药，尤其是"西利酶"和"思而赞"（健赞罕见病产品中最早的两个）的生产规模中发挥了重要作用。在这张照片上，库尼坐在健赞共同创始人亨利·布莱尔旁边，亨利·特米尔站着，贝琪·罗伯逊（坐着者当中最右边一个，她是健赞的一名科学家）一起参加讨论。（照片使用得到亨利·特米尔家人许可。）

在 1983 年代表 BIA 的 10% 股份加入健赞董事会后，查理·库尼担任健赞非执行董事直到 2011 年，总共在这个职位上干了 28 年。他与谢里·斯奈德、金杰·摩尔和约翰·利特柴尔德在 1983 年秋将特米尔招聘到健赞中都发挥了重要作用。（照片使用得到亨利·特米尔家人许可。）

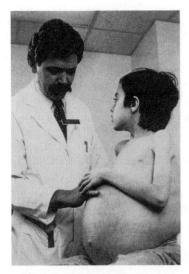

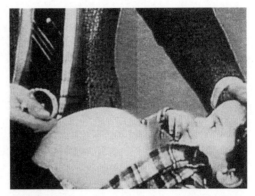

转化医学专家诺曼·巴顿博士正在检查一个戈谢病晚期的小男孩。这些患者如果得不到治疗，经常会发生肝脏和脾脏肿大、贫血、血小板数量少等，只能依靠轮椅生活，甚至早夭。（照片使用得到诺曼·巴顿博士许可。）

健赞的第一位患者布莱恩·博尔曼出生于1979年底，照片中的他处于戈谢病的有症状阶段，在接受该公司的实验性酶取代疗法（ERT）之前，他第一次接受治疗是在1983年12月。罗斯科·布雷迪博士和他在NIH实验室的其他成员（尤其是巴顿博士、约翰·巴林杰博士和斯科特·佛彼时博士）主持对博尔曼的治疗。

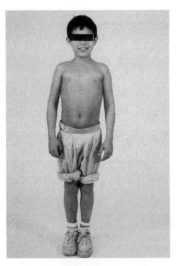

布莱恩·博尔曼对酶取代疗法（ERT）有反应，照片是几年后在他7岁时拍摄的，当时他身体状况良好。（照片使用得到诺曼·巴顿博士许可。）

现在仍在接受酶取代疗法（ERT）治疗的布莱恩·博尔曼过着正常、健康的生活，担任"全国戈谢病基金会"总裁兼CEO，这是由他父母成立的专为满足戈谢病患者群体需求的一个基金会。

巴斯德·梅里厄公司在帮助健赞开发"西利酶"中发挥了重要作用，它为健赞提供了全世界 70% 的胎盘，健赞可以从中提取其救命药生产中所用的活性药物成分。如果没有巴斯德·梅里厄公司的支持，可能就不会有我们今天所知的健赞。每年大约需要 22 000 个胎盘来对每个戈谢病患者进行酶取代疗法（ERT）治疗。（照片使用得到赛诺菲许可。）

照片拍摄于 20 世纪 80 年代，亨利·特米尔、彼得·沃斯［健赞当时的外聘律师，来自波士顿的帕尔默和道奇（Palmer & Dodge）律师事务所，他后来于 1996 年加入健赞］和亨利·布莱尔（健赞共同创始人）在开心地笑，因为健赞正在发展成为一个全球性的、垂直整合的生物制药企业。（照片使用得到赛诺菲健赞许可。）

这张照片拍摄于 1985 年前后，那一年，年轻高管亨利·特米尔又多了一个 CEO 头衔。（照片使用得到亨利·特米尔家人许可。）

照片上公司 CFO 吉姆·舍布朗慕和亨利·特米尔手持一张支票，亨利·布莱尔在一旁看着。这张支票代表健赞公司普通股 1986 年 6 月 6 日上市所获收益。通过上市，健赞获得的毛收益为 2830 万美元，扣除上市费用和支付给"献售股东"的收益之后的净收益为 2150 万美元。包括上市募集到的资金在内，这次上市使健赞公司市值达到 7500 万美元。（照片使用得到赛诺菲健赞许可。）

亨利·特米尔站在自己办公室里，公司上市的"墓碑广告"挂在后面的墙上。在"西利酶"于 1991 年上市之前，健赞主要依靠来自旗下不同企业的现金流及通过"研发有限合伙人"募集到的资金。（照片使用得到亨利·特米尔家人许可。）

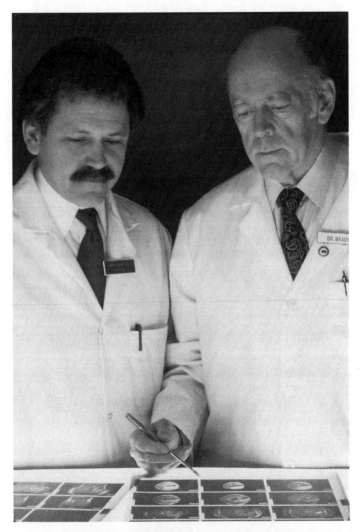

1990 年初春，罗斯科·布雷迪博士（右）和诺曼·巴顿博士（左）在看 12 位患者的腹部磁共振成像（MRI）扫描图像，这些患者来自在 NIH 进行的以药物注册为目的的临床试验，由健赞赞助。该临床试验的成功，使"西利酶"于 1991 年 4 月 5 日被 FDA 批准，用于戈谢病的治疗。（照片使用得到诺曼·巴顿博士许可。）

2001 年，斯科特·佛彼时博士、亨利·特米尔、亨利·布莱尔和罗斯科·布雷迪博士在一起，纪念"西利酶"推出 10 周年。该药物的推出是罕见病临床史上一个标志性事件。虽然布雷迪领导的 NIH 研究小组启迪和开发了"西利酶"，但佛彼时却是在改变其糖侧链，从而释放其临床疗效的开发过程中起到关键和主要作用的科学家。佛彼时在 20 世纪 80 年代中期离开 NIH 加入健赞，帮助扩大该药物生产过程的规模。（照片使用得到赛诺菲健赞许可；摄影：兰斯·韦伯。）

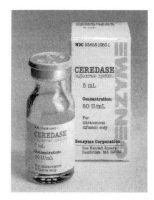

1991 年 4 月，"西利酶"成为第一批上市并明确只治疗一种超罕见疾病"戈谢病"的生物技术药物之一，该疾病在全世界大约有 5000 位患者。"西利酶"来自人胎盘，是特米尔在随后几年打造健赞的罕见病产品组合，迎来生物技术孤儿药热潮的"定海神针"。（照片使用得到赛诺菲健赞许可。）

哈佛大学医学院教授、马萨诸塞州总医院临床免疫学家理查德·莫斯西基博士 1992 年初加入健赞，担任公司第一任首席医疗官。莫斯西基博士为特米尔的未来愿景及其热情和个人魅力所吸引，成为特米尔最信任的顾问之一，对健赞的未来产生了深远影响。（照片使用得到赛诺菲健赞许可。）

1995年，亨利·特米尔在公司位于查尔斯河畔的奥斯顿·兰丁工厂开业典礼上坐在马萨诸塞州州长威廉·韦尔德和健赞公司运营总监杰弗里·考克斯博士之间。该工厂明确是为制造"思而赞"建设的，该药物是"西利酶"的重组版和后继产品。（照片使用得到亨利·特米尔家人许可。）

特米尔在奥斯顿·兰丁工厂开业典礼上讲话。他从自己在百特公司的经历知道，健赞需要创建一个新的重组DNA生产流程和一个新工厂，来为戈谢病患者提供一种治疗药物，这个流程和工厂要能够避免血源性病毒的感染风险。（照片使用得到亨利·特米尔家人许可。）

奥斯顿·兰丁工厂在波士顿被称为"查尔斯河上的大教堂"。有人认为特米尔是按照一座欧洲教堂来设计的。2009 年，由于该工厂在其生物反应器中使用了从新西兰进口的被污染的胎牛血清而受到病毒污染，它成了一场"危机"的原因。该工厂的生产条件受影响，导致其被关闭并采取去污染措施，也导致健赞最关键的、单一来源的产品（包括"思而赞"和"法布赞"）供应暂时中断。公司承受着收益方面的压力，激进投资者也注意到了。这场危机使得健赞历史上，也使得特米尔历史上出现了困难的一章。（摄影：尼克·惠勒。）

到 2000 年，特米尔已成为生物技术行业最著名的发言人之一，经常出入华盛顿权力中心，并且经常由其助手丽萨·雷恩斯陪同，后者"9·11"时因乘坐美国航空公司 77 号航班而遭遇不幸。上图：特米尔与克林顿总统在一起；下图：特米尔与众议院议长纽特·金里奇和丽萨·雷恩斯（右）在一起。（照片使用得到赛诺菲健赞许可。）

特米尔与小布什总统在一起，这是他 2005 年代表健赞领取"全国技术和创新奖章"。健赞获得这一奖章，是因为它"开创性地使数千名罕见病患者的健康得到极大改善和利用生物技术开发创新性的新药。"（照片使用得到赛诺菲健赞许可。）

亨利·特米尔和美国食品药品监督管理局（FDA）局长大卫·凯斯勒博士
（1990～1997年在任）在波士顿相遇后交谈。（照片使用得到亨利·特米尔
家人许可。）

特米尔与其在立法部门的最强同盟爱德华·肯尼迪参议员（人称"参议院
之狮"）经常讨论医疗改革问题，不仅包括与罕见病有关的问题，而且包括
与FDA改革、药物定价和生物类似药相关的问题。他们也喜欢玩水，人们
时不时地会看到他们在海恩尼斯港附近水域开着肯尼迪50英尺长的"协和"
牌木制双桅纵帆船"米娅"消遣。（照片使用得到亨利·特米尔家人许可。）

随着健赞声望和财富在 20 世纪最后 10 年和 21 世纪前 10 年的增长，特米尔也为华尔街所熟知。健赞发行在纳斯达克上市的"追踪股"5 年时间（2003 年放弃），这种做法让投资者更加关注到该公司。（照片使用得到亨利·特米尔家人许可。）

健赞在 2010 年 5 月被认定为
"财富 500 强"公司之一,这
无疑是作为领导人的特米尔会
感到自豪的一个成就。为了纪
念这一成就,他将这期《财
富》杂志封面裱在画框中,挂
在他"黄宫"的办公室里。
(照片使用得到亨利·特米尔
家人许可。摄影:约翰·霍金
斯。)

在其全盛期,由凯鹏华盈公司风投资本家布鲁克·拜尔斯(最左)和投
资者/咨询师史蒂夫·伯里尔(最右)每年在南加州主持的尼古湖会议,
是最著名的生物技术公司 CEO 聚会之一。这张照片拍摄于 1979 年,与
拜尔斯和伯里尔站在一起的是生物技术四巨头 ——安进创始人和 CEO
乔治·拉斯曼(左二);阿尔扎公司前 CEO 欧尼·马里奥(左三);传奇
性的雷曼兄弟公司副董事长和医疗行业投资银行家弗雷德·弗兰克(左
四);健赞董事长 CEO 亨利·特米尔(右二)。(照片使用得到亨利·特
米尔家人许可。)

亨利·特米尔与其国际业务负责人桑迪·史密斯（左）全球旅行，每周最多会见到公司在 15 个国家的总经理。此照片为他们工作之余在新加坡动物园里消遣。（照片使用得到亨利·特米尔家人许可。）

在长达 20 年的时间里，特米尔都从托米·蒂尔尼（左）那里获得支持，她制定并领导了健赞在世界各地很多发展中国家的公益性药物使用计划。这张照片是在新加坡拍摄的，与蒂尔尼和特米尔在一起的是两只黑猩猩。（照片使用得到亨利·特米尔家人许可。）

2002 年 10 月 7 日至 8 日，健赞在马里兰州贝塞斯达举办了一个盛大活动，以庆祝罗斯科·布雷迪博士在科学和医学方面的终身成就。这一为期两天的活动被称为"布雷迪盛宴"，参加者自世界各地而来。特米尔在正式晚宴上向布雷迪授予了一只"斯图本玻璃鹰"，让活动达到了高潮。布雷迪博士是临床研究方面的一个传奇，尤其是在溶酶体贮积症领域，他于 2016 年 6 月 13 日去世，享年 92 岁。（照片使用得到兰斯·韦伯许可。）

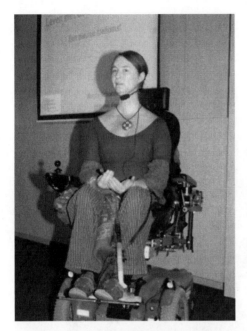

玛丽斯·圣菲尔德·范德林德是一位出生在荷兰，依靠轮椅生活的蓬佩病患者，于1978年8岁时确诊。她现任自己创立的患者权益组织"以患者为中心的解决方案（Patient Centered Solutions）"的总裁。感叹于她的勇气，特米尔定期和她见面，讨论怎样开发治疗药物来改善全世界蓬佩病患者的生活。（照片使用得到赛诺菲健赞许可。）

特米尔跑遍全球去见罕见病患者，给予他们希望和鼓励。这张照片是他在看望一个小患者，可以看到他蹲下来，使自己的高度与对方视线平齐。（照片使用得到亨利·特米尔家人许可。）

亨利·特米尔不仅经常看望健赞在遥远地方的患者，而且经常视察公司在不同地方的工厂。这张照片是他与桑德拉·普尔在一起，后者在2004~2009年负责健赞在比利时赫尔的工厂。照片中还有亨利的母亲玛丽·特米尔（中）。普尔幽默地称玛丽是这些视察过程中的关注焦点，甚至到了几乎像是"她在负责"一样。（照片使用得到赛诺菲健赞许可。）

玛丽·特米尔2004年在实质性更新和扩建后的健赞赫尔工厂开业典礼上与比利时公主阿斯特里德殿下握手。（照片使用得到亨利·特米尔家人许可。）

生物技术创新组织（BIO）CEO 吉姆·格林伍德 2008 年在给特米尔颁发该组织的生物技术遗产奖。该组织每年与科学历史研究所共同在 BIO 的年会上将该奖项颁发给一位帮助"治愈世界、助力世界、养育世界（to heal, fuel and feed the world）"的生物技术领导人，它是该行业表彰杰出服务的最令人羡慕且最富有声望的奖项之一。（照片使用得到詹姆斯·格林伍德许可。）

当被要求描述其老朋友亨利·特米尔时（他们于 2005 年相见），马萨诸塞州前州长德瓦尔·帕特里克将其描述为一位"全面的公民（Citizen in Full）"和一位不仅能看到自己的梦想也能看到旁人的梦想的人。（照片使用得到亨利·特米尔家人许可。）

2011年1月24日，在瑞士达沃斯瓦尔德酒店一个包间内，克里斯·菲巴赫和亨利·特米尔共进晚餐，享用柏图斯酒庄2001年出品的一瓶精美的波美侯葡萄酒，其间他们就将健赞合并进赛诺菲达成了协议。后来，菲巴赫将另一瓶同款酒送给特米尔做礼物（如照片所示），并在瓶子标签左边空白处题写了如下文字："Best wishes, Chris, March 2011."（最诚挚的祝愿，克里斯，2011年3月。）这瓶酒如今仍在特米尔家的酒窖里。（照片使用得到亨利·特米尔家人许可。）

2011年2月16日上午，特米尔和菲巴赫（左）在波士顿举行了一个联合新闻发布会，宣布赛诺菲和健赞合并，这一交易花了9个月才完成，并获得两家公司董事会的同意。为了收购健赞，赛诺菲要提供201亿美元的现金，外加30亿美元的"期待价值权"。他们将这一交易称为一个"新的开始"。（照片使用得到《波士顿先驱报》许可。）

2011 年 4 月 8 日，在赛诺菲收购完成后，大卫·米克尔成为健赞下一任首席执行官，特米尔（坐着者）在全神贯注地听其继任者讲话。（照片使用得到赛诺菲健赞许可。）

特米尔辅导了公司很多年轻领导人，他们当中很多人在离开健赞自己创业时，都采用了从健赞核心价值观中汲取的信条。其中有这样一个典型信条，今天还能在由特米尔门徒杰夫·阿尔伯斯领导的坎布里奇生物技术公司蓝图医药的大厅里见到，该信条概括了健赞文化的五个主题。（照片由蓝图医药提供并得到其许可。）

2011 年从健赞退休之后，特米尔在"黄宫"里设置了一个办公室。"黄宫"建于 1890 年，位置在马布尔黑德港口的最顶端。这是一个非常棒的老房子，有其自己的温暖和魅力，是他和妻子比琳达几年前买下来的。（摄影：斯科特·布斯。）

2012 年 10 月 2 日，特米尔家人与马萨诸塞州总医院领导和职员一起庆祝"亨利和比琳达·特米尔靶向治疗中心"开业。该中心能够开业，是因为特米尔夫妇最初慷慨捐款 1000 万美元。这是进行新型癌症疗法人体临床试验的第一个中心，它在几个新型疗法的开发中起到了全球范围的领导作用。这些疗法改变了全世界患者的治疗标准，也佐证了亨利和比琳达·特米尔"给患者生活带来有意义改变"的愿景和承诺。照片上从左到右：马萨诸塞州总医院院长彼得·斯莱文博士、马萨诸塞州总医院癌症中心主任丹尼尔·哈伯博士、马萨诸塞州总医院癌症中心患者约翰·墨菲、阿德里安娜·特米尔、比琳达·特米尔、亨利·特米尔、马萨诸塞州总医院癌症中心临床研究主任凯斯·弗莱厄蒂博士。（照片使用得到丹尼尔·哈伯博士许可。）

特米尔非常喜欢帮助他人发起他们自己的计划。由琼·里德博士（左）领导的哈佛大学医学院"生物医学科学计划"就属于这种情况。最开始作为"琼的梦想（Joan's Fantasy）"，在识别、支持和辅导选择在健康科学领域从业的少数族裔人士方面，该计划发展成为美国最为成功、最受人尊重的计划之一。（照片提供：琼·里德；摄影：杰夫·西波斯。）

亨利·特米尔在麻省理工学院董事会（麻省理工学院的主管机构）任职 11 年，其中 6 年任职于该董事会的执行委员会。在这张照片上，他在与董事长罗伯特·米拉德讨论当天的活动。（摄影：约翰·吉路里。）

这张照片拍摄于 2011 年 11 月 25 日，亨利·特米尔刚从特文特大学获得一个荣誉学位，他在学位授予仪式之后的庆祝招待会上与荷兰女王贝娅特丽克丝陛下交谈。（照片使用得到亨利·特米尔家人许可。）

在 2007 年进入波士顿联邦储备银行（FRB Boston）董事会担任副董事长之后，特米尔又于 2010 年 1 月 1 日升任其董事长，他在这个职位上一直任职到 2011 年底。在副董事长和董事长职位上，特米尔领导波士顿联邦储备银行经历了全球经济危机，与此同时，他作为企业高管的职业生涯却因健赞在奥斯顿·兰丁工厂的危机而终结。在这张照片上，特米尔与波士顿联邦储备银行董事会其他成员在一起，站在他对面（照片中最右）的是该机构 CEO 埃里克·罗森格伦。（照片使用得到埃里克·罗森格伦许可。）

亨利和比琳达·特米尔是波士顿芭蕾舞团的热情支持者。这张照片是他们与该芭蕾舞团艺术总监米科·尼西宁在该芭蕾舞团 2010 年春季舞会上，该舞会当年在一个叫"城堡（The Castle）"的地方举行——"城堡"是一个改建的历史建筑，过去是一个军械库。比琳达·特米尔在 2002 年至 2014 年间任职于波士顿芭蕾舞团理事会。她培养了亨利对芭蕾舞的兴趣，这种兴趣在他们女儿阿德里安娜开始跳舞后更加浓厚了。亨利·特米尔 2012 年也进入了该理事会，与比琳达·特米尔的任期重叠近两年时间，他在该理事会的任职直到他在 2017 年去世才结束。（摄影：埃里克·安东尼奥。）

亨利·特米尔和比琳达·赫雷拉在经过多年恋爱长跑后于 1993 年 8 月 1 日结婚。这张照片中，他们在其位于缅因州"彼德福德游泳池（Biddeford Pool）"的海边住宅的客厅里庆祝结婚，婚礼欢乐、亲密。（照片使用得到亨利·特米尔家人许可。）

很多人得知亨利和比琳达的蜜月旅行都会窃笑——他们的蜜月旅行是在怀特山的一次露营之旅，陪伴他们的是亨利12岁的儿子尼古拉斯。他们这次旅行的大部分时间都是在打蚊子和烤热狗中度过的。（照片使用得到亨利·特米尔家人许可。）

亨利和比琳达有一个女儿阿德里安娜，她是亨利的掌上明珠。很多人都说她2017年5月20日为其父亲所致的悼词，是他们所听到过的最为感人的悼词之一。（照片使用得到亨利·特米尔家人许可。）

这张照片是亨利、比琳达、尼古拉斯和阿德里安娜在缅因州"彼德福德游泳池（Biddeford Pool）"拍摄的，和他们在一起的是他们家的拉布拉多寻回犬"伍迪"。（照片使用得到亨利·特米尔家人许可。）

虽然分散在几个国家，但特米尔家族有个在荷兰定期举行全家大团圆的长久传统。（照片使用得到亨利·特米尔家人许可。）

在亨利·A. 特米尔先生 2017 年 5 月 12 日突然不幸去世前，他和他的太太结婚近 19 年。他的追悼会是 5 月 20 日在位于马萨诸塞州坎布里奇的麻省理工学院克莱斯格礼堂举行的，一天之后又在马萨诸塞州马布尔黑德的"海洋之星圣母教堂"举行了葬礼弥撒。他的遗体葬在马布尔黑德的"水景墓园（Waterside Cemetery）"。（照片使用得到亨利·特米尔家人许可。）

驶向夕阳——亨利·特米尔喜欢海洋和他的"欣克利"牌单桅帆船"蒂朱巴"。(照片使用得到亨利·特米尔家人许可。)

索　引